ADIÓS AL HAMBRE EMOCIONAL

Deja de
comer a todas horas
y consigue tu peso ideal sin dietas

Laia Solé

edaf

ADIÓS AL HAMBRE EMOCIONAL

Deja de

comer a todas horas
y consigue tu peso ideal sin dietas

Laia Solé

edaf

www.edaf.net

MADRID - MÉXICO - BUENOS AIRES - SANTIAGO

2019

Editorial Edaf, S.L.U.
Jorge Juan, 68,
28009 Madrid, España
Teléf.: (34) 91 435 82 60
www.edaf.net
edaf@edaf.net

Ediciones Algaba, S.A. de C.V.
Calle 21, Poniente 3323 - Entre la 33 sur y la 35 sur
Colonia Belisario Domínguez
Puebla 72180 México
Telf.: 52 22 22 11 13 87
jaime.breton@edaf.com.mx

Edaf del Plata, S.A.
Chile, 2222
1227 Buenos Aires (Argentina)
edaf4@speedy.com.ar

Edaf Chile, S.A.
Coyancura, 2270, oficina 914, Providencia
Santiago - Chile
comercialedafchile@edafchile.cl

Abril de 2019

ISBN: 978-84-414-3933-7
Depósito legal: M-9873-2019

*A Joan y Teresa, mis padres, por ser el terreno fértil
que me ha permitido aprender a valerme por mí misma
y florecer.
A León, donde quiera que estés.*

«El hambre por el amor es más difícil de saciar
que el hambre por el pan».

Madre Teresa de Calcuta

Índice

Parte I
TOMANDO CONSCIENCIA

Prólogo

«Que la comida sea tu alimento
y el alimento tu medicina».

Hipócrates

Cuando Laia me propuso hace unos días escribir el prólogo de este libro, lo primero que sentí fue sorpresa, porque no lo esperaba. Enseguida mi sorpresa se tornó en alegría; siempre es un placer colaborar con alguien que tiene tanta luz interior, que es capaz no solo de alumbrar su propio espacio, sino que ilumina y mejora la vida de todas las personas que la rodean.

—He pensado en ti, porque quiero que el prólogo lo escriba una persona realmente convencida de que no hay mejor medicina que el Amor.

—Pues no se hable más.

Efectivamente, el amor es la mejor medicina, porque repara incluso las heridas que no se ven, esas que suelen ser las de peor pronóstico y, casi siempre, el origen del resto de patologías orgánicas.

Uno de los órganos diana que más se resienten cuando las emociones se quedan atascadas es el sistema digestivo. Recuerdo a una niña que sufrió durante dos años un terrible dolor de estómago que no había forma de calmar con los fármacos habituales. Curiosamente, le desaparecía cuando comenzaba a bailar. Su madre se llevaba las manos a la cabeza: «Doctora, ¿qué pensaría usted si la viera postrada en la cama, llorando sin parar y de repente pega un salto y se pone a bailar como loca, y me mira y me dice que ya no le duele?». La madre no creía que existiera dolor ninguno. Comprendí el proceso cuando supe que el dolor era provocado por la mala relación que tenía con su tutora del colegio. Una vez que terminó su periodo estudiantil, se curó como por arte de magia y el estómago no volvió a dolerle.

Si fuéramos conscientes de que en el tubo digestivo hay más neuronas que en la mismísima médula espinal y que es justamente en las tripas donde se «cuecen» la mayoría de las sustancias que nos enferman o nos sanan, seríamos mucho más cuidadosos al elegir, no solo qué comemos, sino cómo, dónde y con quién compartimos el acto de alimentarnos.

Cuando los pacientes me preguntan si creo que algún alimento concreto puede sentarles mal, siempre les respondo que no me pregunten a mí, sino a su estómago. El cuerpo es sabio y sabe muy bien cómo curarse a sí mismo, siempre que no nos empeñemos en ponerle zancadillas.

Una de las más grandes zancadillas que solemos ponernos a nosotros mismos son nuestros propios pensamientos. Esos locos chillones que nos martillean y nos tienen divagando entre el ayer y el mañana. Para no oírlos, nos rodeamos de ruido externo, cuanto más alto mejor. Cuando nuestras tripas se encogen y nos avisan de que algo no va bien en ese revoltijo de culpas y de miedos, también camuflamos su llamada con lo primero que encontramos al abrir la nevera, que curiosamente suele ser un calórico pastel de crema y chocolate o unas cuantas empanadillas. Engullimos comidas, noticias, temores, prisas, atascos, ruidos, etiquetas… Y después tomamos antiácidos para paliar la sensación de que nuestras tripas están a punto de explotar.

Hace unos años integré en mi vida personal el *Mindfulness*. Al comprobar su capacidad sanadora y, sobre todo, que no tiene efectos secundarios ni contraindicaciones, lo comencé a utilizar como un «medicamento» más en mi ejercicio diario de la Medicina. Y los resultados son tan sorprendentes, que pienso que debería formar parte de todas las especialidades.

Realmente, creo que aprender a vivir «Aquí y Ahora» y alimentarnos «Aquí y Ahora» debería ser una asignatura obligatoria en todas las escuelas y, por supuesto, sería estupendo que formara parte del maletín de urgencias de todos mis colegas.

Recomiendo, por prescripción facultativa, saborear cada uno de los capítulos de este libro e integrar en nuestra alimentación cotidiana cada una de sus recomendaciones.

Dra. Carmen S. Alegría
Médico convencida de que no hay mejor Medicina que el Amor

Algunas consideraciones previas

De pequeña comía muy poco y mi madre me administraba un «estimulante del hambre». Aunque el medicamento no me estimulaba nada, me encantaba su sabor y me lo tomaba a modo de biberón. Cosas de la vida, de mayor desarrollé un hambre insaciable. A veces me pregunto si me pasaría igual que al galo Obélix, que siendo pequeño cayó dentro de la marmita de poción mágica y la sobredosis de pócima a tan corta edad le causó efectos permanentes.

Esta soy yo de pequeña, en una sobremesa en el Pokin's (una especie de Mc Donald's de los años 80). Aunque no fuera consciente de ello, mi relación adictiva con la comida ya se estaba cociendo.

Durante gran parte de mi vida adulta, he vivido encarcelada por mi imagen corporal y obsesionada con la comida: lo primero en lo que pensaba por la mañana al levantarme era en la comida. Y lo último en que pensaba cuando me acostaba por la noche, era en mi cuerpo. Dedicaba demasiado tiempo a cavilar sobre lo que debía y lo que no debía comer, comía de forma emocional, con la consiguiente culpabilidad.

Hasta que llegué a tal saturación, agotamiento y ansiedad que no me quedó otra opción que abordar mi problema, transformando mi manera de relacionarme con los alimentos. Para ello, primero tuve que abordar otras cuestiones, que aparentemente poco tenían que ver con la comida. Descubrí que el conflicto con la comida era la expresión de problemas más profundos. Que había que ampliar el enfoque para poder ver todos los factores que condicionan nuestra relación con la comida para poder construir nuestra propia alimentación.

Hoy tengo una relación armónica con la comida, conmigo misma y con mi cuerpo. Y el propósito de este libro es compartir todas las enseñanzas y técnicas que me han ayudado a conseguirlo.

Algunas indicaciones previas

Soy consciente de que la lectura es la forma más ineficaz de aprendizaje. La información es necesaria, pero solo con entender las cosas a nivel intelectual no basta. De hecho, saber algo y no practicarlo, es como no saberlo.

Por otro lado, mi experiencia como organizadora y exadicta a cursos de desarrollo personal, me ha demostrado que el 95 % de los alumnos no mantiene la práctica de lo adquirido en los seminarios (y numerosos estudios así lo corroboran). Y desde la Programación Neurolingüística (PNL) sabemos que la información se retiene mucho mejor cuando los distintos canales de aprendizaje (el visual, el auditivo y el cinestésico o de sensaciones corporales) se ven implicados.

Teniendo en cuenta todos estos factores, el presente libro no se reduce a meras lecturas; está concebido como un manual interactivo que requerirá de tu participación activa. Te pediré que realices variadas actividades y que escribas mucho, para que acumules práctica y asimiles mejor las lecciones.

Así, la lectura va acompañada de:

- Retos sencillos para aplicar en el terreno práctico lo aprendido en cada sección.
- Ejercicios guiados por mí, en formato audio y vídeo.

Para acceder a todos estos recursos gratuitamente solo tienes que seguir estas sencillas instrucciones:

1. Visitar la página www.hambredeamor.com y acceder al apartado «El Libro»

2. Introducir esta contraseña: ADIOSHAMBREEMOCIONAL

3. En los capítulos en que te lo indique, descárgate los ejercicios correspondientes.

Además el texto va acompañado de iconos que te guiarán en tu camino y llamarán tu atención sobre asuntos de vital importancia que no debes olvidar[1]:

HAZTE PREGUNTAS	RETO	EJERCICIO

Preguntas para que encuentres las respuestas que ya están en tu corazón o en tu subconsciente.	Sencillos ejercicios ideados para que los pongas en práctica en el mismo momento en que los leas.	A diferencia de los retos, los ejercicios requieren más tiempo de práctica y de repetición.

ADVERTENCIA	SABÍAS QUE...	*TAKE AWAY*

Avisos sobre las trampas en las que puedes caer. ¡Basados en la experiencia personal!	Estudios, experimentos y curiosidades que abordan las cuestiones tratadas en el libro de forma más científica.	Resúmenes o recapitulaciones de ideas clave que es importante que te lleves contigo.

---

[1] Aprovecho para comentarte que, según los neurólogos, un texto con imágenes se recuerda en un 65 %, y sin imagen en un 10 %. De ahí la conveniencia de incorporar estos complementos gráficos.

PERLA DE SABIDURÍA	CONSEJO DE LA ABUELA	MUY IMPORTANTE

Pequeñas dosis de sabiduría que te harán mejor persona.	Toma nota de los consejos de la abuela y evitarás catástrofes.	Este icono lo verás poco, pero, cuando aparezca, grábate su mensaje a fuego. Es como un *take away* pero al máximo de serio.

CUIDA TUS PALABRAS	VISUALIZACIÓN CREATIVA

El lenguaje influye en nuestra forma de ver el mundo, así que sé consciente de las palabras que (te) dices.	Utiliza tu imaginación para crear lo que se descas en la vida.

Voces por todas partes

Así como existen diferentes clases de verde (verde manzana, verde oliva, verde esmeralda, verde oscuro, verde claro, turquesa o verde botella), en nuestra mente conviven distintos «yoes» que conforman nuestra identidad. Facetas distintas que se mezclan con nuestro yo verdadero, más estable y permanente.

YO VERDADERO

Todas ellas tienen algo en común: nosotros mismos. De la misma manera que las diversas clases de verde son verdes —pero cada una con una tonalidad distinta—, nosotros seguimos siendo nosotros, aunque nos mostremos de diferentes modos.

Por ejemplo, a la hora de plantearte un cambio de hábitos, uno de tus «yoes» propone: «Me voy a poner a dieta». Pero al día siguiente, otro «yo» sugiere: «No pasa nada si me como ese donut. Un día es un día y el lunes ya lo haré perfecto». De pronto, otra voz arremete: «Soy un desastre. No tengo fuerza de voluntad». Y otra: «Soy y siempre seré una vaca gorda».

Es esencial poner un poco de orden a nuestra cháchara mental. A lo largo del libro identifico a varios de estos «yoes» representándolos con ilustraciones, poniéndoles nombre y reproduciendo sus diálogos. Estas metáforas convierten esas voces en algo externo a ti, lo cual es interpretado por tu cerebro como que la cosa no va contigo. Y esto facilita que tu centro de gravedad, tu voz verdadera o tu esencia tome las riendas de ese caballo desbocado que es la mente.

El tema de la alimentación emocional es complejo y puede tener aspectos violentos, pues comer en exceso y con ansiedad es un acto de odio hacia nosotros mismos. Por eso he adoptado un modo de tratarlo que resulte amable y estimulante, tanto en las ilustraciones como en la expresión lingüística.

Además, tanto al inicio como al final de cada apartado encontrarás un resumen de sus ideas principales. Esto ayudará a retener mejor la información y a crear patrones neuronales fuertes en tu cerebro que te facilitarán la integración de los hábitos de alimentación consciente, para transformar la manera que tienes de relacionarte con la comida y con la vida.

Finalmente, si quieres plantearme preguntas o hacerme algún comentario, puedes seguirme en Instagram (hambre_de_amor) o publicar fotos y comentarios vinculados al Hashtag #adiosalhambreemocional en esta misma red. Soy muy activa en las redes, así que te contestaré seguro.

Te recomiendo que, como mínimo, accedas a la página de recursos gratuitos, para que empieces este viaje con todo el equipaje a mano.

¿Empezamos?

Parte 1

TOMANDO CONSCIENCIA

Presentación

Este libro está dirigido especialmente a quienes están en lucha contra las dietas, quienes no se sienten capaces de controlar lo que comen, quienes sufren de hambre emocional y quienes han probando todo tipo de métodos que no les han funcionado (o que solo les han dado resultados a corto plazo). Si es tu caso, te anuncio, de entrada, que has estado abordando la pérdida de peso de una manera equivocada. Todo lo que has intentado hasta ahora ha sido desde fuera hacia adentro, forzándote a comer escasamente y prohibiéndote los alimentos que tanto ansías. Has puesto parches sin ir a la raíz del problema, a las causas ocultas que desencadenan tu hambre incontrolable. Y te has creído que has fallado porque te falta fuerza de voluntad.

No te lo reproches. En la actualidad existen miles de métodos de adelgazamiento o destinados a cambiar nuestra manera de comer, que nos prometen cambios rápidos y milagrosos de imagen. El problema de la mayoría de estas propuestas es que intentan imponer cambios desde el exterior, centrándose exclusivamente en lo que se pone o lo que se deja de poner en el plato. Ofrecen soluciones definitivas y sencillas a un problema tan complejo como es el de la relación con la comida, con una mirada muy estrecha y superficial y, por tanto, ineficaz a largo plazo.

En el fenómeno del hambre y del sobrepeso intervienen muchísimos factores (de naturaleza genética, biológica, cultural, ambiental, social y, especialmente, psicológica) y, por lo general, los expertos en nutrición comparten lo que a ellos personalmente les ha funcionado. Si tu configuración de todos estos factores es parecida a la del experto, puede que su método te funcione. Pero si hay poca similitud entre él y tú, sus consejos pueden, más que ayudarte, confundirte.

Francamente, si las dietas milagrosas funcionaran, te habrían servido de algo hace tiempo, y no habría sobrepeso ni obesidad en el mundo. Pero todas las dietas presentan un error fatal: contemplan el cuerpo del ser humano como un almacén en el que entran y salen calorías, sin tener en cuenta la complejidad de las hormonas, las emociones, los procesos y los mecanismos compensatorios que influyen a la hora de regular el peso. Operan bajo la premisa de que podemos obligarnos a perder peso a través de la fuerza de voluntad. Pero esta premisa no es cierta, por lo que cualquier planteamiento apoyado en ella será ineficaz.

Lo revolucionario del programa que tienes en tus manos es que desvía el foco de atención del plato y lo pone en ti, en el modo en el que comes, en tu mente pensante y tu corazón emocional. Porque la comida no es más que comida, y por sí sola, no engorda. Tu forma de comer sí. Aborda el problema de raíz, reeducando tu cerebro con la práctica de sencillos hábitos de alimentación consciente *(mindful eating)*, un recurso antiquísimo cuya práctica tiene más de 2.000 años de antigüedad, de baja tecnología y bajo coste. Recientes investigaciones han demostrado su increíble eficacia sobre los hábitos alimentarios, el comer compulsivo (como los antojos y los atracones) y el aumento de la sensación de calma y felicidad.

No es una nueva forma de dieta, porque está más que demostrado que el medio para perder peso no es el esfuerzo ni la lucha contra el cuerpo. Consiste en un radical entrenamiento desde una perspectiva mente-cuerpo-emociones, porque, como verás, para transformar el cuerpo primero tienes que transformar tu interior, al ritmo que sea más adecuado para ti.

El libro no solo aborda tu relación con la comida, sino la que mantienes contigo, con el miedo y con el amor: el miedo es el propulsor de tus conductas autodestructivas, y el propósito de este programa es que lo reemplaces por el amor. Porque el amor es la única receta milagrosa que da resultados a largo plazo.

Destinarás menos tiempo y energía a pensar en la comida y en tu peso, y más tiempo a disfrutar y a apreciar tu vida. En consecuencia, tu forma de relacionarte con la comida y con tu cuerpo se transformará. Dejarás de buscar en la comida cosas que esta nunca te podrá dar. Volverás a comer para vivir, en lugar de vivir para comer. Y tu peso ideal progresivamente se reequilibrará, de forma natural y permanente.

Este camino no es para todo el mundo. Pero es el camino

Los programas de desarrollo personal nos suelen atraer con suculentos titulares del tipo «Crea la vida de tus sueños en 21 días», «Alcanza la iluminación en 7 pasos», pero este libro no promete tanto. Para la gran mayoría de mortales, los cambios significativos no se producen por leer unas páginas y extraer algunas ideas interesantes. Requieren de un tiempo para digerir e integrar sus distintas etapas. Y como te comentaba antes, la información es importante, pero para generar cambios duraderos en las costumbres, en la mayoría de los casos no es suficiente. Si no se acompaña de práctica, su utilidad es muy escasa.

Tal vez estás deseando que te ofrezca una pastilla mágica de efectos instantáneos, pero te mentiría si te prometiera que, con solo leer un repertorio de recetas, resolverás todos tus problemas. Para que los cambios se mantengan en el tiempo de forma permanente es necesario ir más allá de la información y los principios abstractos.

Aquí tendrás que currar, aprendiendo a comer y a vivir conscientemente y a cultivar un conocimiento más profundo de tu propia persona y de tus hábitos. Esto es más complejo y lento que ceder tus decisiones sobre qué comer, cuándo comer y qué cantidad comer a un experto, una autoridad externa a ti que te diga qué es lo que tienes que hacer. Pero abrirá un camino ante ti que te permitirá:

- **Dejar atrás el comer por ansiedad y el hambre emocional**. No vas a poner parches a tu problema, vas a comprender por qué hasta ahora no has podido gestionar tu hambre incontrolable, a pesar de todos tus intentos y de tu fuerza de voluntad. Aniquilarás las causas mentales y emocionales de la gordura.
- **Tener una relación 100 % en paz** con la comida, con tu cuerpo y contigo. Solo comerás cuando tengas hambre física. Y la comida dejará de controlar tu vida y ocupará el lugar que le corresponde.

- **Volver a disfrutar de la comida.** En vez de basarte en la fuerza de voluntad, volverás a comer con normalidad, de forma intuitiva, como lo hacen las personas «delgadas por naturaleza».

- **Sentirte feliz en tu piel.** Estar a gusto y cómodo con lo que eres y con tu cuerpo. Vas a priorizarte, a cuidarte, a amarte y a protegerte como lo harías con la persona a la que más amas del mundo.

- **Libertad.** Este programa sigue la filosofía de la «no dieta». Mi intención no es que te conviertas en alguien que come «bien», imponiéndote rígidas reglas que no puedes incumplir nunca jamás. Esto no es vida, ni es sostenible a largo plazo. Estos planteamientos son de «nutrición» y «dietética», enfoques de la alimentación que no se defienden en este libro.

- **Recuperar tu peso ideal.** Aplicarás los hábitos de alimentación consciente que, de un modo sencillo y práctico, te permitirán lograr tu peso ideal (y mantenerlo) para siempre.

Un 1 % al día
es un 365 % al año

«La mayoría de la gente
sobrestima lo que puede conseguir
en un año y subestima lo que puede
conseguir en diez».

Bill Gates

Te pido que no te tomes este programa como una carrera de velocidad y que te sientas libre de andar el camino al ritmo y con la intensidad que tú decidas. Este libro ha sido concebido para llevarse a cabo de forma gradual y progresiva para que, como el buen guisado, se vaya cociendo en tu interior pausadamente, mientras saboreas, digieres y disfrutas el proceso a cada paso. Porque más que un remedio rápido que requiere fuerza de voluntad durante un tiempo (para luego abandonarlo y regresar al estado inicial), se trata más bien de que transformes tu modo de vivir. Y recuerda: un 1 % cada día es un 365 % al cabo del año.

1

Hazte preguntas

¿Este programa es para ti?

Como te comentaba, este libro no es para todo el mundo. Lee las siguientes afirmaciones y marca las que reflejen mejor tu situación respecto a tu relación con la comida y con tu cuerpo.

☐ **Usas la comida por razones emocionales.** Comes más cuando te sientes triste, aburrido, solo o para calmar el estrés y la ansiedad cotidianos.

☐ **Sientes que pierdes el control ante la comida**. Especialmente por la tarde o por la noche.

☐ **Pasas del control al descontrol.** En los episodios de descontrol, tiendes a comer alimentos ricos en grasa, sal o azúcar.

☐ **Sientes culpa, arrepentimiento y frustración.** El día después de «hacerlo mal», te castigas sin comer porque te sientes culpable. Pero vuelves a caer en la tentación y luego sientes aún más culpabilidad.

☐ **Crees que te falta fuerza de voluntad**, porque no has logrado perder peso y cuando lo has conseguido, no lo has mantenido.

☐ **Comes inconscientemente**. Comes de forma emocional, con ansiedad, tienes antojos repentinos y adicción a ciertos alimentos.

☐ **Tu nivel de energía es bajo** y sientes debilidad.

☐ **Tienes la esperanza de que la próxima dieta te dará resultados**. Aunque casi todos tus intentos de hacer dieta han fracasado, sueles tener la convicción de que el próximo nuevo método será la solución definitiva.

☐ **No te sientes a gusto con tu cuerpo**. No te gusta el cuerpo que ves en el espejo, lo usas como foco de autodesprecio.

☐ **Sientes que tu caso no tiene remedio**. Y que tener una vida saludable y no comer de forma emocional no va contigo.

☐ **Te has cansado de luchar** y quieres probar un camino diferente.

Si has respondido afirmativamente a cinco o más de los puntos anteriores (especialmente el último), te doy la bienvenida al programa más eficaz garantizado para sanar tu relación con la comida, con tu cuerpo y contigo.

¿Seguimos?

¿Para qué quieres hacer este programa?

¿Para qué lees este libro? (Fíjate que no te pregunto el «porqué», pues este busca justificaciones, culpabilidades, constructos racionales. El «para qué», en cambio, apunta a tus valores y a la finalidad de tu comportamiento). Muchos de mis alumnos llegan por primera vez a mis cursos con una vaga idea de que quieren perder peso, dejar de comer por ansiedad o de forma emocional o ponerse en forma. Pero no tienen clara la motivación básica por la que quieren emprender este cambio. Si no tienes bien definidas tus motivaciones y no sabes para qué haces lo que haces, difícilmente podrás mantener en el tiempo los cambios que deseas realizar. Porque te atascarás ante el más ínfimo obstáculo, o te sabotearás incluso antes de haber empezado el proceso de transformación.

Así que, como hago con mis alumnos, te invito a que te tomes un tiempo para reflexionar sobre el «para qué» vas a seguir este programa y qué es lo que te gustaría obtener de él.

¿Con qué finalidad quieres hacer este programa? ¿Qué esperas llevarte de él? ¿Tal vez deseas cambiar tu cuerpo? ¿Quizá quieres perder peso? ¿Por qué razones? ¿Porque alguien te ha pedido que pierdas peso? ¿Para gustar a tu pareja? ¿Por salud? ¿Porque no te sientes a gusto con tu aspecto? ¿Tal vez porque una amiga ha perdido peso? ¿O porque vas a una boda dentro de tres meses? ¿O simplemente quieres mejorar tus hábitos alimentarios y tu relación con la comida?

Escribe cuál es tu objetivo de la forma más concreta y detallada posible.

Mi «para qué» es:

Cualquier respuesta es válida, lo importante es:

- Que mantengas una honestidad brutal contigo
- Que el cambio que deseas iniciar sea sinceramente y auténticamente tuyo
- Que parta del lugar adecuado

Porque a menudo, el anhelo de estar más delgado o de tener más músculo no es un verdadero deseo personal, sino un estándar de forma física que la sociedad nos impone a través de los medios de comunicación, las redes sociales, las revistas y otros canales. De modo que asegúrate de que las razones para querer tu objetivo reflejen tus propios valores y que provengan de tu propia visión.

 En caso de que tu objetivo sea perder peso, te pido que no enfoques este libro como un método para adelgazar, porque de ser así tu deseo partiría del sacrificio, de la obligación, de la represión y del control. Empezaríamos a tapar y a negar lo que hay, incurriendo en lo que yo llamo «mentalidad dieta[2]». Y este programa —ni ningún otro— no te funcionará, porque siempre que haya control, tarde o temprano, habrá descontrol. Supongo que ya lo has experimentado antes.

A lo largo del libro descubrirás que el comer no es una relación basada ni en el esfuerzo, ni en el control, ni en la fuerza de voluntad. Esto es lucha. Y el cuerpo no puede estar en lucha permanentemente. ¿Quieres seguir con esta lucha, continuar saltando de dieta en dieta, controlándote para luego abandonarte? ¿O prefieres averiguar por qué no tienes una relación 100 % en paz con

---

[2] Por ejemplo, si deseas perder peso rápidamente, porque se acerca la operación bikini, porque tienes una boda, o porque no puedes soportar tu cuerpo, estás en mentalidad dieta. Más adelante lo analizaremos en profundidad.

la comida y aprender a comer «normalmente», de forma intuitiva? Si has elegido la segunda opción, estás en el lugar adecuado.

¿Cómo es tu relación con la comida?

Probablemente conoces a alguien que tiene una relación totalmente sana con la comida. Ese tipo de persona que se permite comer lo que le apetece, en lugar de hacerlo pensando en perder peso. Sin agobios en relación con lo que debería y no debería comer. Que no come desde una posición emocional, con atracones o devorando con ansiedad. Que termina de comer cuando está satisfecha, sin importarle si deja sobras en el plato. Y que si alguna vez come en exceso, no se siente culpable después de haberlo hecho. ¡Y para colmo está en su peso ideal! Seguro que conoces a alguien así. Este caso es el de una persona que tiene una relación en paz con la comida.

 Para ti, ¿la comida es una amiga o una enemiga? ¿Has estado en lucha con ella desde la infancia? ¿Tienes miedos con relación con la comida o con tu cuerpo? ¿Disfrutas de la comida o te resistes a ella? ¿Eliges los alimentos según lo que te pide el cuerpo o en función del efecto que tendrán sobre tu peso? ¿La comida te domina? ¿Tienes ansiedad por comer? ¿Percibes la comida como un placer o como un simple combustible para sobrevivir? ¿Qué nota le pondrías a tu relación con la comida?

Estas preguntas tienen el propósito de que tomes conciencia de forma honesta de tu punto de partida, de dónde estás ahora, sin engañarte pero tampoco sin juzgarte.

Puntúala del 0 al 10, siendo 0 una relación muy negativa y 10 un buen entendimiento con la comida y con tu cuerpo, hay confianza plena, respeto y nadie domina a nadie.

Hoy, día _____ puntúo mi relación con la comida con un _____

Visita **www.hambredeamor.com** para realizar un cuestionario gratuito de autoevaluación que te ayudará a tomar consciencia de tu punto de partida (ver instrucciones en la página 21).

2

Fulminando mitos

«Es más fácil desintegrar un átomo que un prejuicio».

Albert Einstein

Los gordos carecen de fuerza de voluntad

«Tengo mucha fuerza de voluntad en todos los aspectos de mi vida —con mi trabajo, con mis hijos—, pero cuando se trata de seguir una dieta, no logro controlarme». ¿Alguna vez has intentado mantener un rigor en tu alimentación, para terminar estallando, dejándote llevar por un montón de comida «prohibida»? Lamentablemente, hay una tendencia a estigmatizar a las personas gordas por considerarlas débiles, perezosas o sin fuerza de voluntad para dejar de comer caprichos.

El doctor Jeffrey M. Friedman —descubridor de la hormona leptina que ha tenido un papel muy importante en la regulación del peso corporal— dice que hay que dejar de culpar a las personas gordas, porque el sobrepeso no se puede atribuir a la falta de fuerza de voluntad. No somos conscientes de que muchas veces el cerebro y las emociones nos llevan en la dirección contraria a la que deseamos. Cuando nos resistimos a una conducta, a menudo dicha resistencia acaba siendo tan fuerte como la propia conducta que deseamos evitar. Cuando te dices «No debo comer X alimento», «No quiero estar gordo», «No puedo permitirme esto», al mismo tiempo estás alimentando la sensación de «Debo comer X alimento», «Quiero estar gordo», «Puedo permitirme esto». Son dos caras de la misma moneda: cuanto más se refuerza una, más se está fortaleciendo la otra.

 Te propongo un sencillo reto: Googlea «No quiero un coche rosa». ¿Qué resultados han aparecido en tu búsqueda? ¡Montones de coches rosas! Negarle comida a tu cuerpo cuando siente hambre te conduce a ansiar esa comida prohibida, a tener antojos, a comer en exceso, sumiéndote en ese círculo vicioso de «empiezo y no puedo parar». Luchar contra lo que no queremos no es una forma eficaz de conseguir cambios de hábitos duraderos en relación con la comida.

Además, la fuerza de voluntad no es fácil de invocar, porque emplea muchos recursos neuronales. Para llevar a cabo un acto voluntario, se ponen en marcha muchos procesos, como la toma de decisiones, los aprendizajes previos, la capacidad para inutilizar conductas que no queremos repetir, las motivaciones personales…

Precisamente porque la fuerza de voluntad requiere de mucho esfuerzo para nuestro cerebro, el presente programa está diseñado de tal manera que solo tengas que aplicar la voluntad en una fase concreta del proceso, como te explicaré más adelante. Aparte de este punto, el esfuerzo que necesitarás no tendrá tanto que ver con la fuerza de voluntad como más bien con la disposición a abrirte para conocerte por dentro, con entrenar tu consciencia y con desarrollar tu autoestima.

 En lugar de ceder a las emociones o controlarlas, aprenderás a tomar cierta distancia respecto a ellas, para ser capaz de satisfacerlas con cosas distintas a los bollos. En pocas palabras, este programa tiene que ver con tomar la responsabilidad de tu forma de comer —y de vivir— en lugar de luchar contra la fuerza de voluntad, porque esto cansa mucho y no es sostenible a largo plazo.

El metabolismo

«No logro bajar de peso porque mi metabolismo es lento». Tal vez has escuchado a alguien afirmar esto o incluso te lo aplicas a ti. El metabolismo es el encargado de transformar la energía de los alimentos que ingerimos en combustible, para que nuestro cuerpo pueda realizar todas sus funciones, desde moverse, pensar y ajustar su temperatura, hasta el crecimiento de las uñas. Decimos que tenemos un metabolismo rápido cuando la velocidad a la que nuestro cuerpo produce energía es veloz. Y también cuando la velocidad a la que quema calorías es rápida. Esta velocidad se denomina tasa de metabolismo basal.

La ciencia ha demostrado que la tasa de metabolismo basal no es fija y que va cambiando en función de nuestra forma de comer y de movernos. Por ejemplo, cuando nos faltan calorías de manera continuada, nuestra tasa de metabolismo disminuye, porque el organismo percibe que hay escasez de comida y necesita aprovechar y conservar sus escasas reservas de energía. Esta ralentización del organismo produce una sensación de aletargamiento, se siente pereza, fatiga, un poco de depresión y escaso o ningún interés por la actividad física. En los casos extremos en que no se ingiere suficiente comida, como en el de la anorexia nerviosa, en las mujeres la disminución metabólica puede producir la desaparición de la menstruación. Te pido que dejes de culpar a tu metabolismo de tus problemas. Lo ralentizas tú a través de la restricción calórica.

La genética

«Mi problema de peso es genético, todos los miembros de la familia estamos gordos». Ciertamente, a algunas personas les resulta muy difícil perder peso y a otras les cuesta mucho trabajo ganarlo. Es cierto que unas familias son de constitución grande y fuerte, y otras de naturaleza más delicada (aunque si te detienes a observar a todos los miembros de una misma familia, a menudo no todos tienen la misma complexión). Sin duda, no puedes modificar la anchura de tus huesos ni la estructura básica de tu cuerpo. Pero la ciencia aún no ha podido afirmar que el código genético sea la causa directa del sobrepeso o la obesidad. Además, creer que la única causa de tu sobrepeso es la genética impide cualquier posibilidad de cambio. En este libro aprenderás a aceptar tu naturaleza y constitución, para entonces estar en condiciones de lograr tu propio peso ideal.

La báscula

La báscula se centra en un solo aspecto de tu cuerpo y no tiene en cuenta todos los componentes que constituyen tu peso corporal (como la masa muscular, la de los huesos o la ingesta de agua). El músculo pesa 3 veces más que la grasa; por esta razón cuando haces deporte y transformas la grasa en músculo, no entiendes por qué la báscula indica que pesas más.

A lo largo de un mismo día tu peso fluctúa ligeramente según la presión atmosférica, los cambios de tiempo, según si comes alimentos con sodio que te producen sed o si ese día has ido al baño. Incluso el estado de ánimo influye en tu peso. El peso numérico te indica básicamente la fuerza con que la gravedad te atrae a la tierra. ¿Sabías que en la luna pesarías muchísimo menos?

Le concedemos una importancia enorme a la báscula. Un elemento externo a nosotros determina cómo va el proceso, si lo hemos conseguido, si lo estamos haciendo «bien» o «mal». Así que te voy a pedir un favor: Tira la báscula.

Si eres de las personas que se pesan cada día y no puedes deshacerte de ella, al menos escóndela debajo de la cama (bien al fondo) y no te peses en lo que dure el programa. Si no puedes evitar caer en la tentación de pesarte, puedes pegar una cinta adhesiva en el dial.

 Si te pesas cada día, estarás poniendo el foco de atención en la velocidad a la que pierdes peso. Ya te advertí que este método no es una carrera a contrarreloj, sino más bien de fondo. Además, dado que la báscula no refleja las transformaciones bioquímicas que se van a producir en tu interior, si tu peso se estanca por unos días, te desanimarás y abandonarás el camino andado.

 Si no utilizas báscula pero tienes otros elementos medidores, como fotografías de revistas, de redes sociales, ir a comprar ropa o esos tejanos de hace 4 años, que te entraron aquella vez en que seguiste una dieta imposible (¿recuerdas cómo sufrías para quitártelos?), prescinde también de ellos. Detecta tus básculas paralelas y tíralas, por favor.

Con el enfoque consciente que te ofrece en este libro, descubrirás que no necesitarás que una báscula te indique cómo estás. Lo aprenderás a distinguir por tu cuenta.

El Índice de Masa Corporal

Igual que la báscula, el Índice de Masa Corporal (IMC), del que tanto caso se ha hecho injustificadamente, no sirve para medir la grasa corporal. Fue inventado hace más de 150 años por el matemático Adolphe Quetelet, con la finalidad de categorizar a los sujetos de un estudio. Desde entonces, esta fórmula matemática se ha seguido utilizando para calcular los niveles de delgadez y sobrepeso (un IMC superior a 30 kg/m² indica obesidad y entre 25 y 30 kg/m² se considera sobrepeso).

Pero el IMC presenta la debilidad de que únicamente tiene en cuenta dos variables: el peso y la estatura de la persona. No contempla su composición corporal (no distingue entre la grasa y el músculo), ni tiene en cuenta la genética racial y familiar, ni toda la complejidad que conforma al ser humano.

En 2013, un equipo de investigadores de la Universidad de Navarra realizó un estudio a más de 6.000 personas para comprobar el grado de error de la fórmula. La investigación reveló que el IMC del 29 % de personas delgadas indicaba que eran obesas. ¡Un tercio de las personas del estudio, que estaban delgadas, según el índice eran obesas! O si quieres un dato más gráfico, el IMC de Brad Pitt cuando protagonizó la película de *El club de la lucha*, indicaba que el actor presentaba sobrepeso. A un atleta que por su fuerte masa muscular pesaba mucho, el IMC le indicó que estaba gordo y que su salud estaba en riesgo.

La clásica fórmula matemática está obsoleta y en la actualidad su posible utilidad no va más allá de agrupar poblaciones según rango de peso y generar promedios y comparaciones en estadística. Pero no sirve para nada más.

El peso ideal

¿Cómo te sientes con tu cuerpo? ¿Cómo te hace sentir? ¿Qué piensas y sientes respecto al peso ideal? En este libro a menudo hago referencia al concepto de peso ideal y me gustaría aclarar que con él no me refiero al peso y la talla de las modelos anoréxicas y retocadas con Photoshop que aparecen en las revistas. Tampoco estoy hablando de «peso saludable», pues estar delgado no tiene por qué ser indicador de salud (¿te parecen saludables las modelos esqueléticas?). De hecho, existen otros medios mucho más fiables de evaluar tu estado de salud. Pregúntate:

¿Cómo estoy de energía? ¿Cómo me siento en mi piel? ¿Mi mente está ágil? ¿Descanso bien durante la noche? ¿Mi estado de ánimo es estable o fluctúa a menudo? ¿Me cuesta moverme? ¿Mi cuerpo se adapta al estilo de vida que llevo?

El doctor Deepak Chopra, en su libro *¿De qué tienes hambre?*, define el *peso ideal* como «el estado más natural en que puedes estar». Y este no te lo pueden dictar las modelos, ni las básculas, ni siquiera los expertos. A ti te corresponde descubrir tu peso ideal, el peso o la figura corporal más adecuada para ti, con la que te sientes a gusto y con salud.

3

La causa número 1 del hambre emocional y del sobrepeso

✓ En este capítulo comprenderás las claves de por qué cada vez que has intentado hacer dieta, solo al principio has podido lograr resultados, pero a medio plazo has fracasado.

¿Sabes qué almacenan los camellos en sus jorobas? Acumulan grasa, porque no saben cuánto tiempo va a pasar hasta la siguiente comida. A los seres humanos nos ocurre lo mismo, cuando nos obligamos a pasar hambre, no comiendo cuando sentimos hambre, nuestro cuerpo almacena grasa.

Compartimos el 95 % de los genes del primer *Homo sapiens sapiens*, por lo que prácticamente nuestro cuerpo no ha cambiado nada desde hace 150.000 años. ¿Cómo era la forma de comer de nuestros ancestros? Cazaban y se daban atracones porque había escasez de alimentos. Durante los periodos de hambruna, en la parte más primitiva de nuestro cerebro se generó lo que el doctor Yoshinori Nagumo bautizó como «gen ahorro», cuya función consistía en impulsarnos a darnos un atracón cuando conseguíamos comida y facilitarnos la conservación de las reservas de energía, porque probablemente al día siguiente no tendríamos tanta suerte en la caza o en la recolección de alimentos. Así, durante los inviernos ancestrales y los periodos de hambruna, el organismo podía disponer de reservas de energía.

El ser humano ha evolucionado a fuerza de evitar restricciones; la restricción ya era el contexto, porque no había disponibilidad de comida a demanda, por lo que nuestro cerebro estaba programado para comer cuanto más mejor, a fin de poder sobrevivir. Aunque hayan transcurrido miles de años, evolutivamente hace tan solo unos minutos de todo aquello, y nuestro cerebro y metabolismo siguen luchando cuando la comida escasea. De modo que, al impedirnos el acceso a la comida a través de las dietas, nuestro cerebro detecta que no estamos ingiriendo suficiente comida, pero no distingue si está sufriendo hambruna o si está sometido a la última dieta de moda. El cuerpo percibe escasez de alimentos y activa el modo de supervivencia, con lo que pone en marcha el proceso de reserva de grasa en sus células, por si esta supuesta hambruna se alarga.

Entonces el cuerpo, que es muy economizador, disminuye la tasa de metabolismo basal y empieza a filtrar hasta el último gramo de calorías de cualquier alimento que ingiramos, razón que explica que, cuando llevamos un tiempo a dieta, el peso se estanque.

¿Estoy insinuando que la causa n° 1 del hambre emocional y del sobrepeso son las dietas? La respuesta es rotunda, sencilla y clara: sí. Las dietas activan el mecanismo del gen ahorro, por el cual en tu cuerpo se dan una serie de cambios hormonales y químicos que asegurarán que sigas acumulando grasa. Por pura supervivencia. Estos cambios químicos y hormonales hacen que tu cuerpo tenga hambre, que sientas antojos y que consumas más calorías. Además, como hemos visto, el metabolismo se hace más lento (quema menos calorías) y tu cuerpo almacena todo lo que puede en tus células adiposas.

No estamos hechos para seguir dietas. Si hay comida, vamos a querer comer, porque el gen ahorro nos hace creer que nos vamos a morir si no nos lo comemos todo. Cuando tenemos comida a nuestro alcance, el gen ahorro sigue susurrándonos: «Cómetelo todo ahora porque vete a saber tú cuándo podrás comer de nuevo». Pero el invierno ya no viene acompañado de escasez, y los *Homo sapiens sapiens* tenemos reservas y disponibilidad de comida las 24 horas.

Afortunadamente, no tenemos por qué vivir esclavizados por esta parte primitiva e instintiva de nuestro cerebro, pues también disponemos de otra parte más consciente y sensata que nos permite elegir y serenar los impulsos instintivos, en beneficio de nuestros objetivos a largo plazo. Con la práctica del *mindfulness* aprendemos a educar esa parte cavernícola, enseñándole que no nos vamos a morir si no arrasamos con todo.

La verdad sobre las dietas

«Renunciar a las dietas para siempre fue lo más grande
y liberador que he hecho nunca».

Jon Gabriel
Creador del sistema para perder peso El Método Gabriel

Honestamente, ¿cuál ha sido tu experiencia real con las dietas? ¿Te han funcionado en el pasado? No te bases en lo que dice tu mente, ni pienses únicamente en el *subidón* inicial que te da el ver que pierdes peso y que cumples las pautas a rajatabla. Lleva la atención a tu experiencia completa. ¿Te han ayudado a cuidarte hasta ahora? ¿Te han permitido perder peso de forma sostenida en el tiempo[3] y sin obsesiones con la comida?

 Una dieta es cualquier método de alimentación o cualquier persona que ejerza un control externo sobre qué, cuánto, cuándo o cómo comer. Con «control externo» me refiero a cualquier acto o norma alimentaria que sea impuesto o que no provenga de tus tripas (así que también se incluyen las directrices autoimpuestas por tu mente).

---

[3] Es sencillo perder un 10 % del peso de forma rápida, porque dentro de ese porcentaje de bajada de peso el gen ahorro no se activa (no lo percibe como hambruna). Pero por encima de ese porcentaje el mecanismo de supervivencia se dispara para compensar la pérdida y evitar que nos muramos de inanición.

Haz una lista de todas las dietas que has hecho y piensa en cuántas te han permitido alcanzar tu peso ideal y mantenerlo.

¿Has podido verificar, atendiendo a tu experiencia, que las dietas no funcionan? Es muy importante que asumas esta verdad —que de tan obvia a menudo es ignorada—, pues es el primer paso para transformar tu relación con la comida y con tu cuerpo.

 La ciencia ha demostrado en numerosos estudios que las dietas solo funcionan en un 5 % de las personas. El 95 % de las personas que intentan perder peso haciendo dieta, lo recupera (hay estudios que apuntan al 99 %) y de ese 95 %, 3/4 partes termina con más peso del que tenía antes de iniciarla. La realidad es que si las dietas funcionaran, te habrían servido de algo hace ya tiempo y el negocio dietético no seguiría prosperando.

Más motivos por los que someterte a dieta es el camino menos aconsejable

1. Las dietas suelen contemplar el cuerpo del ser humano como un almacén en el que entran y salen calorías, sin tener en cuenta la complejidad de procesos y mecanismos que influyen a la hora de regular el peso. Si el cuerpo funcionara de forma tan simple, no habría sobrepeso ni obesidad en el mundo.

2. Cualquier dieta impone el hambre invariablemente.

3. La mayoría de dietas peca de falta de realismo, por la dificultad de seguirlas continuamente, lo cual aumenta el sufrimiento de quien las sigue desde el punto de vista mental, físico y emocional.

4. Crean una obsesión con los resultados prometidos para el futuro, y hacen olvidar el ahora: «Amárgate la vida hoy para ser feliz mañana». Esto no es vida.

5. Te alejan del disfrute de comer.

6. Te convierten en antisocial, pues cuando tienes comidas fuera o tus amigos te invitan a su casa a comer, no puedes compartir esas experiencias, porque los platos no serán los más apropiados para tu plan.

7 Inducen una vida inconsciente: te privan de lo que el cuerpo te pide y acabas perdiendo la capacidad de decodificar los mensajes corporales.

8 A causa del punto anterior, las dietas demuelen las delicadas conexiones entre la mente y el cuerpo.

 Por todos estos motivos y otros que iremos viendo más adelante, es imprescindible que, al menos mientras dure este programa, abandones cualquier dieta o teoría que tengas sobre nutrición. De lo contrario, tu gen ahorro saboteará tus esfuerzos, porque recuerda: él no distingue si sufres los efectos de una hambruna o si estás siguiendo una dieta milagrosa.

Sé que es un acto de fe[4] pero piénsalo: ¿qué es lo peor que puede pasar? Una vez hayas experimentado los resultados de la forma de relacionarte con la comida que te voy a enseñar, serás libre de volver a tus antiguas costumbres alimentarias.

El sedentarismo

Otro aspecto que influye claramente en el sobrepeso y la obesidad es que desde hace unos 100 años hemos ido dejando de movernos de forma diaria y rutinaria, hasta convertirnos en una especie muy sedentaria. Si pensamos en qué hacían nuestros ancestros para conseguir la cena, podemos imaginarlos invirtiendo gran cantidad de energía cazando, dando largas caminatas para recolectar frutos, semillas y bayas. Aunque almacenaran la energía extra para futuras hambrunas, se autorregulaban moviéndose a diario.

Pero hoy, ¿qué tenemos que hacer para conseguir comida? Lo más parecido a la recolección de nuestros antepasados es ir al súper y subir por las escaleras mecánicas o por el ascensor.

Nuestro gasto energético para conseguir comida es cercano a 0. Pero nuestro genoma sigue programado para moverse, pues no ha cambiado tan rápido como nuestro estilo de vida moderno. Evolutivamente nuestro cuerpo necesita de un modo natural el ejercicio físico, porque seguimos estando diseñados para andar, correr, levantar piedras y cazar.

---

[4] Te prometo que este programa no es fruto de una noche acalorada; está basado en medio centenar de investigaciones (no las mencionaré todas, porque sería una lata para ti y también para mí). Además, todo lo que comparto está filtrado por mi propia experiencia y por la de mis alumnos y clientes. 0 % humo. 100 % verificación.

«No dejamos de hacer ejercicio porque envejecemos,
envejecemos porque dejamos de hacer ejercicio».

Kenneth Cooper
*Doctor en Medicina, pionero en los beneficios
del ejercicio aeróbico*

Un cuerpo que no se mueve, no se siente pleno ni feliz, porque al practicar ejercicio físico segregamos unas sustancias químicas en el cerebro que nos ayudan a regular los niveles de estrés y de ansiedad. Con el deporte, además, incrementamos el gasto energético y quemamos más calorías, mejoramos la circulación sanguínea y reducimos el estreñimiento.

En este programa vas a aprender a comer de forma consciente, lo cual te va a ayudar a conseguir tu peso ideal; pero es necesario que lo combines con la práctica de algún tipo de ejercicio físico. La OMS recomienda 150 minutos de ejercicio a la semana. Así que lo recomendable serían al menos unos 20 minutos al día (idealmente 30).

Sé que todo esto lo has leído cientos de veces en los pósters de los consultorios médicos. Pero resulta que detestas ir al gimnasio. No te sientas mal por ello, porque existe una razón por la que odias hacer ejercicio: tu cuerpo quiere estar gordo, porque tiene activado el gen ahorro. Si haces ejercicio, perderás peso, y eso a tu cuerpo no le gusta, por lo que hace que no te guste moverte.

No te preocupes, en este libro no te pediré que te obligues ni que te fuerces a moverte. Los cambios que irás experimentando interiormente también transformarán tu relación con el deporte. Aunque te avanzo que ir al gimnasio no es la única forma de ejercitar nuestro cuerpo y que existen muchas alternativas: salir a dar un paseo a buen paso cada día, hacer chi kung, bailar, practicar ejercicios de tonificación, yoga… Sea cual sea la actividad, es esencial que la disfrutemos lo suficiente como para que nos «enganche» y la practiquemos de forma regular, cada día.

Ejercicio: Moviliza tu energía

Si actualmente no haces nada de ejercicio, proponerte 20 o 30 minutos de deporte al día podría resultarte imposible. Pero no te preocupes, tengo otra opción más realista y bien sencilla: añade 5 minutos más de movimiento al que ya haces habitualmente. Si no haces nada de ejercicio al día, te pido que te muevas 5 minutos. Encuentra maneras de moverte que se adapten a tu vida cotidiana: salir a pasear, correr, bajar una parada antes del bus, caminar en lugar de coger el coche, subir andando por las escaleras en lugar de en ascensor…

Uniendo movimiento a oportunidad

Cuando salgas del metro, en lugar de pensar «Qué pereza, tendría que subir por las escaleras» puedes decirte «Qué oportunidad para movilizar la energía y despertar mi cuerpo». Visualiza la escalera mecánica con un cartel gris, oscuro y sucio que anuncia: «Por aquí todo lo que sea enfermedad, vejez, colesterol y tensión arterial». E imagina las escaleras normales con un letrero blanco y luminoso que indica: «Por aquí salud, vitalidad, todos los que sienten que pueden respirar y que tienen la tensión bien». Ofrécele a tu mente una opción A y una opción B. Tú eliges. Puedes decidir no usar las escaleras mecánicas y subir por la escalera de manera consciente. ¿Cómo es eso de subir una escalera conscientemente? Notando cómo tus músculos se activan, cómo tu cuerpo entra en calor, visualizando que tu cuerpo se oxigena… Agradeciéndoles a tus piernas su fortaleza, a tus pies que te permitan desplazarte de un lugar a otro. Empieza a cambiar el diálogo que tienes con tu cuerpo, reconociendo todo lo que hace por ti.

Antojos

Ya hemos visto que la mentalidad dieta es la causa principal del sobrepeso y del hambre emocional. Y, por si fuera poco, también es la primera responsable de los antojos. En general, a todos nos cuesta evitar la tentación de comer dulces o alimentos ricos en grasa, porque segregan placer en nuestro cerebro. Pero cuando estamos a dieta, esta dificultad es mucho más grande. Las dietas siempre implican listas de alimentos prohibidos, y cuando te dicen que no puedes comer ciertos alimentos, los ansías. La comida prohibida se vuelve más atractiva, cobra luz propia. Te vuelves más sensible a ella.

Las dietas te pueden prohibir un alimento, pero no eliminan el deseo de tomarlo. Al contrario, lo prohibido nos atrae poderosamente, porque las privaciones no las llevamos demasiado bien.

Además, si a lo largo del día te prohíben (o te prohíbes) comer alimentos como el chocolate, el pan o la pasta, no te permites experimentar placer. De modo que cuando llega la noche, ya no puedes más y es el momento de «me dejo ir». Y te lo comes todo. Entonces crees que comes emocionalmente, pero ¿es realmente comer emocional?

La misma culpabilidad causada por el descontrol
que provocan las dietas, te lleva a empezar y no poder parar.

Piénsalo por un momento: cuando te prohíben o te imponen qué es lo que tienes que hacer, ¿cómo lo vives internamente? La obligación, la prohibición, la restricción… ¿te produce sensaciones agradables o desagradables? Seguramente internamente lo experimentas como algo desagradable, lo cual provoca estrés. Y el estrés hace que el organismo segregue adrenalina y cortisol, para luchar o huir de una amenaza. La presencia continuada de estas hormonas en el organismo, por sí sola, engorda[5]. Y la consecuencia de estas hormonas es la ansiedad. ¿Y cómo solemos intentar calmar la ansiedad? A menudo, con la comida.

De modo que la supuesta solución —la dieta— resulta que es el problema. Y lo que es el problema nunca puede ser la solución. Muchas veces creemos que comemos emocionalmente porque tenemos antojos, pero en la mayoría de los casos es como consecuencia de la mentalidad dieta, de todas esas prohibiciones y todos esos deberes que nos imponemos. El control que hacemos sobre esos alimentos, tarde o temprano, nos conduce al descontrol.

---

[5] La liberación del cortisol se vincula a depósitos de grasa, especialmente en la zona abdominal.

Y cuando rompes esa línea, piensas: «Como ya lo he hecho mal, aprovecho y me lo como todo». Y ¿cómo te sientes después de ese exceso? ¿Qué emoción surge?

Exacto, la culpa. «He metido la pata otra vez», «Soy lo peor, no soy capaz de comer solo un poco y parar». La culpa, igual que la prohibición genera de nuevo malestar y estrés, que libera más adrenalina y cortisol en tu cuerpo. Y vuelves a intentar calmar esa ansiedad a través de la comida.

Te pregunto nuevamente: ¿es este círculo vicioso comer emocionalmente? Rotundamente no. Es una consecuencia de la mentalidad dieta.

La privación de alimentos que implican las dietas dota a la comida prohibida de una atracción especial. El control genera ansiedad, que nos lleva al descontrol. A esto erróneamente lo llamamos alimentación emocional, pero realmente es consecuencia de la mentalidad dieta. En vez de privarte y luego atiborrarte de pan, ¿no sería más inteligente aceptar que te gusta el pan e introducirlo en tu alimentación de una forma más constructiva, en lugar de prohibírtelo y de luchar contra esa restricción?

Otras causas

Además de la privación, el origen del hambre emocional puede ser alguna carencia: no darnos lo que necesitamos en el aspecto físico, mental, emocional o energético.

Falta de calorías y nutrientes

Una posibilidad es que tu cuerpo no esté recibiendo los nutrientes necesarios para mantener su equilibrio y que te esté enviando mensajes en forma de antojos para informarte de este desequilibrio. Puede que consumas alimentos calóricos pero con muy pocos nutrientes.

Las calorías son la energía que nos aporta un alimento y los nutrientes son las sustancias que nuestro cuerpo necesita para mantenerse con vida y salud, como los minerales, las vitaminas, los hidratos de carbono o las grasas. Así, si no le das suficientes calorías o suficientes nutrientes a tu cuerpo, interpretará que estás en periodo de hambruna y activará el gen ahorro, exactamente igual que cuando lo sometemos a dieta.

Cuando tengas un antojo, observa cómo te has estado alimentando últimamente, presta atención a si hay algún grupo de alimentos que hayas reducido o dejado de comer completamente.

Sed

El agua es esencial para la vida: cubre más del 70 % del planeta, y se supone que nuestro cuerpo está formado también por al menos un 70 % de agua.

La sed es un mecanismo que regula el agua en el cuerpo y es el mensaje que este envía ante la falta de hidratación. El mensaje que nos envía el cuerpo en forma de sensación de sed, es muy parecido a la señal de hambre ligera, y muchas veces confundimos la sed con el hambre.

Antes de sucumbir a un antojo, bebe un vaso de agua o té y espera 10 minutos. Una vez transcurrido ese tiempo, observa si tu sensación de hambre ha disminuido.

No hay evidencia científica de que necesitemos beber 2 litros u 8 vasos de agua al día. La sed es un mecanismo muy sofisticado que regula la hidratación de nuestro cuerpo. Y si necesita agua, nos lo hará notar. Pero este tipo de teorías nos están diciendo: «No te fíes de tu sed», «Ignora los mensajes básicos de tu cuerpo» (olvidando que gracias a ellos hemos sobrevivido). ¿Cómo lo hicieron nuestros ancestros sin tener las botellas de agua que hoy nos acompañan a todas partes a modo de biberón?

Comer (y beber) conscientemente también implica no aceptar ciegamente las teorías que contradicen nuestra naturaleza. Con el *mindful eating* aprenderás a hacerlo todo más sencillo… ¿Tienes sed? Bebe. ¿No tienes sed? No sigas bebiendo. Final de la historia.

Hay miles de motivos por los cuales establecer una cantidad fija de ingesta de agua es absurdo: beber en exceso, además de que puede ser peligroso, también causa antojos. Y no todos necesitamos la misma dosis, ya que no todos comemos lo mismo, ni hacemos la misma cantidad de actividad física, ni habitamos la misma geografía, ni tenemos el mismo tamaño corporal.

Hormonas

Las hormonas son otros mensajeros que regulan muchos sistemas y procesos corporales, como el almacenamiento de grasa, el apetito o los niveles de azúcar en sangre. Cuando te privas de la comida que tanto ansías y te obligas a comer menos generas estrés, que, tarde o temprano (más temprano que tarde) origina desajustes hormonales y químicos en tu cuerpo. Y el cerebro interpreta estas alteraciones como una señal de que es hora de activar el gen ahorro y proceder al almacenamiento de grasa.

 Por otro lado, las personas que ovulamos experimentamos numerosas fluctuaciones hormonales, y es muy común que en la premenstruación y en los primeros días de menstruación tengamos fuertes antojos. Esto se debe a que los niveles de testosterona y estrógenos fluctúan y crean un desequilibrio en la necesidad de micronutrientes. Lo mismo sucede cuando estamos embarazadas o cuando llega la menopausia.

Dentro de lo posible, cuando tengas antojos a causa de las fluctuaciones hormonales, intenta elegir la versión más nutritiva de ese antojo.

Exceso de horas sin comer

Cuando tenemos hambre porque llevamos horas sin comer, el nivel de glucosa en sangre desciende y aparecen los antojos, normalmente de carbohidratos rápidos (dulces y alimentos ricos en azúcar), ya que aumentan rápidamente el nivel de azúcar en sangre. También se da en las personas que comen de forma irregular, saltándose comidas o que siguen dietas restrictivas, especialmente las que eliminan un grupo de alimentos por completo.

 No llegues a niveles de hambre famélica. Es muy importante que tus comidas principales sean completas y equilibradas y que tomes tentempiés a media mañana y media tarde. Veremos el porqué más adelante.

 Si quieres dejar atrás los antojos, necesitas liberarte de la mentalidad dieta. Como ya hemos visto, las dietas activan el gen ahorro, porque esa mentalidad cree que te encuentras en una hambruna. Este mecanismo hace que tu apeti-

to aumente, que desees los alimentos que te prohíbes activamente y que se ralentice tu metabolismo. Además, por mucho que restrinjas, siempre tenderás al equilibrio de tu peso programado.

Te lo explico a continuación.

Termostato interior averiado

Imagina que programas el termostato del salón de una casa a 20 °C. La misión de ese termostato será que la temperatura de esa estancia se mantenga estable independientemente del tiempo que haga fuera (aunque no lo conseguirá de forma exacta y constante; la temperatura se moverá en un rango de 19°-21°).

Una vez alcanzada la temperatura programada de 20 °C, si abrieras la ventana —y la temperatura exterior fuera más fría—, el calor del salón desaparecería rápidamente. Cuando cerraras la ventana de nuevo, el termostato aumentaría la temperatura para regresar a los 20 °C fijados. En su afán de recuperar el equilibrio ambiental, al principio el termostato alcanzaría incluso una temperatura más alta que 20 °C.

Pues así actúa nuestro termostato interior, para prevenirnos de las subidas y bajadas bruscas de peso. Las personas estamos programadas para tener un peso más o menos fijo, de manera que cuando perdemos peso, el cuerpo trata de mantener nuestro peso cercano al peso de referencia. Para ello estimula la sensación de hambre para que comamos más y ralentiza el metabolismo, para reducir el gasto energético, incluso estando en reposo. También nos quita las ganas de hacer ejercicio.

Por el contrario, cuando comemos más y acumulamos más grasa, nuestro termostato hace que tengamos menos apetito y que gastemos más energía, una vez más con la intención de volver al peso preestablecido. Como ves, su misión es mantenernos en un peso estable.

Cuando nos sometemos a dieta le hacemos lo mismo a nuestro termostato interior: lo confundimos, el gen ahorro toma las riendas y guarda todo lo que tiene, por si acaso. Al terminar la dieta, el termostato nos lleva a recuperar el peso programado, pero esta vez también con propina, por si viene otra hambruna. Es decir, que se reprograma a temperatura superior. Por esta razón, cuando haces dieta no solo no pierdes peso, sino que ganas kilos de más.

Malas noticias

Sería una suerte que nuestro termostato estuviera programado en un peso saludable o que tuviéramos una centralita dónde reprogramar nuestro peso manualmente, como hacemos con la temperatura. Pero el peso se regula con el tiempo y no es algo rápido ni sencillo. La ciencia apunta a que serían necesarios unos dos años de incremento de peso mantenido para reajustar al alza nuestro nuevo estándar de peso.

Otra mala noticia es que esta reprogramación se regula con mucha más facilidad cuando aumentamos de peso: a nuestro termostato le resulta mucho más fácil restablecer ese nuevo peso de referencia al alza. En cambio, le cuesta más redefinirlo a la baja, cuando bajamos de peso.

Los estudios señalan que para reprogramarlo a la baja necesitaríamos mantener ese peso bajo durante unos siete años.

Buenas noticias

La buena noticia es que estas observaciones abordan la reprogramación del termostato únicamente desde el punto de vista fisiológico, pero existen muchas otras corrientes con un enfoque más amplio, que contemplan otros factores decisivos para redefinir la memoria de nuestro cuerpo.

Si nos centráramos exclusivamente en lo que comemos y en lo que gastamos, efectivamente el proceso sería muy lento y difícil. Pero en este libro, además de las aportaciones científicas, consideramos muchas disciplinas que incrementarán la velocidad de los cambios exponencialmente. Lo creas o no, tu peso ideal también viene grabado en los códigos de tu yo verdadero y a medida que vayas retomando el contacto con él, tu peso natural se irá restableciendo.

4

El modo zombi

¿Alguna vez has estado conduciendo hacia un destino, y al llegar te has dado cuenta de que no has sido consciente del camino que has hecho? ¿Te has sorprendido con estar leyendo un libro y no haberte enterado de nada de lo que has leído en las últimas tres páginas, porque deambulabas en tus pensamientos?

Si sabes conducir o andar en bicicleta, recuerda cómo lo hacías al principio. Prestabas toda la atención, con los cinco sentidos implicados. Al principio la tarea parecía prácticamente imposible. Poco a poco fuiste integrando esa destreza, de modo que, sin darte cuenta, acabaste siendo capaz de conducir el coche o la bici en un estado de semiinconsciencia.

A fuerza de repetir con frecuencia actividades relativamente sencillas que no requieren de mucha concentración, las llegas a dominar porque tu subconsciente toma el control de la ejecución de dichas actividades. Se han convertido en hábitos que realizas en piloto automático, inconscientemente o en modo zombi. Esto no es malo, al contrario, los automatismos que tenemos en nuestra vida nos resultan enormemente útiles por varias razones:

- Nos ayudan a ahorrar energía.
- Nos aportan rapidez en la ejecución de la acción.
- Nos permiten realizar diferentes actos al mismo tiempo.
- Liberan nuestra mente para poder realizar otro tipo de actividades.

Automatizar las actividades relativamente sencillas nos facilita mucho la existencia (¡menos mal que al cerebro no se le olvida respirar ni andar! ¿Te imaginas tener que dar las órdenes a nuestro cerebro de «Derecha-Izquierda» cada vez que caminamos o «Inspira-Espira» al respirar?).

El problema es que lo automatizamos demasiado todo (más del 45 % de las actividades que realizamos a diario son hábitos). Actuamos por costumbre, repitiendo caminos emocionales ya recorridos y vagando por gran parte de nuestra vida sin ser conscientes de los estímulos que conducen nuestras rutinas cotidianas. Repetimos antiguos hábitos que no nos ayudan. Perdemos el contacto con la vida, con el momento presente. Esto es estar en modo zombi, y vivimos así muchas más horas a lo largo del día de las que imaginamos.

Charles Duhigg, en su maravilloso libro *El poder de los hábitos*, desgrana los 4 componentes del hábito para romper con el modo zombi:

El estímulo

Es el detonante que pone en marcha tu modo zombi. El estímulo puede ser algo tan simple como oler un cruasán al pasar por una panadería o tener el pensamiento de «Me merezco ese donut de chocolate». El estímulo es neutro, no es ni bueno ni malo. El donut está ahí, descansando sobre la mesa. Lo que importa es la respuesta que se desencadena como reacción automática a ese estímulo.

La respuesta

Es la reacción que tienes al recibir un estímulo determinado. Te invade un sentimiento de tristeza (estímulo) y te vas al chocolate automáticamente (respuesta). Cuando este patrón de comportamiento se convierte en recurrente, tu cerebro se acostumbra a él y lo convierte en hábito.

Imagina una persona que, cuando llega a casa estresada y cansada tras una dura jornada laboral, necesita relajarse. Su momento de relax es agarrar un pedazo de chocolate y dejarse caer en el sofá. Pero en lugar de tomar un trocito de chocolate por placer, se come media tableta para apaciguar ese estado de estrés. A medida que vaya repitiendo esta respuesta (comer chocolate cada vez que necesite relajarse), su cerebro irá fortaleciendo la conexión entre chocolate y relajación. Y creará ese hábito inconsciente, como el conducir. Este es el modo zombi por excelencia y es el único punto del programa en el que tendrás que usar tu fuerza de voluntad. La respuesta al estímulo no es neutra: puede ser útil o destructiva.

La recompensa

Un hábito no se desarrolla ni se mantiene si el cerebro no percibe que le aporta alguna recompensa. El comer emocionalmente es un hábito fácil de desarrollar porque la recompensa —el placer que el comer segrega en nuestro cerebro— es inmediata. Aquí el trabajo consistirá en encontrar la misma recompensa, el mismo premio, en otros hábitos más saludables y constructivos.

La creencia

Otro aspecto que mantiene tus hábitos es la fe que tienes en ellos. Tus convicciones actúan como filtros de la realidad: si crees que lo tuyo es genético y que nunca podrás estar en tu peso ideal, inconscientemente estás extirpando la posibilidad de que se produzca ese hecho. Si, por el contrario, crees que es posible que suceda, abres un conjunto de posibilidades que propician que esa realidad se materialice en tu vida. En este libro encontrarás varias técnicas de reprogramación de las creencias que sustentan tus rutinas perjudiciales, para que dejen de controlar tu realidad.

Para entender cómo el modo zombi maneja nuestros hábitos de alimentación, será útil repasar y analizarlos de nuevo desde la perspectiva de la alimentación inconsciente.

5

Hábitos de alimentación inconsciente

Estímulos del hambre

Si los estímulos son detonantes que ponen en marcha nuestro modo zombi, los estímulos del hambre activan el impulso a comer de forma inconsciente. Para que una cucharada de Häagen-Dazs termine en tu boca, tiene que haberse producido una acción física por la cual tu mano se extiende, agarra la cuchara y la lleva a tu boca. Es decir, el helado no se teletransporta a tu boca. Previamente a esta acción física, ha habido una señal del cerebro originada por un estímulo o detonante (que puede ser un pensamiento, emoción, sensación física o un detonante externo).

ESTÍMULO → RESPUESTA

Los detonantes pueden ser externos o internos. Cuando paras a repostar gasolina con el coche, ¿tienes la costumbre de comprarte una golosina? Cuando vas al cine, ¿compras palomitas? Y cada vez que esperas en el aeropuerto o en la estación de tren, ¿compras algo? ¿Y en el trabajo? ¿Asocias determinados alimentos con ciertos lugares? En estos ejemplos, el ambiente en el que te encuentras actúa como estímulo externo que desencadena tu respuesta de comer.

Ciertas actividades también pueden actuar como detonantes externos, como conducir, viajar, cocinar o ver la tele. La compañía que tengamos también actúa como estímulo: por ejemplo, consumimos determinados alimentos cuando salimos con ciertos amigos. ¿Sentarte con tu pareja en el sofá estimula tu apetencia de comida basura? ¿Comes más o menos cuando estás con otras personas?

 El ambiente, las actividades o la compañía son algunos ejemplos de detonantes externos.

En cambio, los detonantes internos pueden ser un pensamiento, una emoción o una sensación física que —cuando vivimos en modo zombi, en modo inconsciente— nos lleva a reaccionar de forma automática.

«Entre el estímulo y la respuesta, hay un espacio y en ese espacio se encuentra nuestra libertad y el poder para elegir la respuesta».

Viktor Frankl
Neurólogo y psiquiatra superviviente de varios campos de concentración nazis y fundador de la logoterapia

El *Mindfulness* o conciencia plena es una forma de meditación en la que se presta atención a la respiración y a las sensaciones del cuerpo. Fue diseñada por el profesor de Medicina estadounidense Jon Kabat-Zinn, bebe de fuentes orientales, concretamente de la sabiduría y la práctica del budismo zen, pero sin tintes religiosos. Kabat-Zinn integró en la ciencia occidental lo que había aprendido en sus estancias con varios maestros budistas. En la actualidad, la práctica del *mindfulness* está cobrando una gran popularidad en todo el mundo.

En este programa vamos a utilizar el *mindfulness* para entrenar la atención plena, esto es, la práctica de estar en constante contacto con las sensaciones, las emociones y los pensamientos. Esto nos permitirá abrir un espacio entre el estímulo y la respuesta de comer inconscientemente, donde podemos tomar la decisión de cómo responder ante ese estímulo, en vez de reaccionar automáticamente a él. Dejaremos de ser esclavos de nuestros hábitos zombis.

ESTÍMULO | ESPACIO | RESPUESTA

Los pensamientos

En general, vivimos tanto en la mente, en el pensamiento, que creemos que nuestro mundo mental está por encima de la vida real. Pero el pasado y el futuro son productos de la mente, y cuando viajamos hacia el futuro o hacia el pasado es imposible estar en el presente. Porque la vida acontece en el presente, en el aquí y ahora. Y los sentidos físicos y las emociones —no los pensamientos— son las herramientas que nos permiten conectar con el presente.

El triángulo de la consciencia

En el primer triángulo de la consciencia hay un desequilibrio en el que el predominio del pensamiento nos hace perder el contacto con las sensaciones corporales y las emociones (es decir, con el presente).

Este programa pondrá especial énfasis en desarrollar la consciencia de las sensaciones y las emociones, de modo que los tres elementos vayan recuperando su equilibrio, otorgando el mismo peso a los tres componentes del triángulo. Esto nos permitirá vivir más en paz y armonía, y sentirnos más vivos. Dejaremos de pensar tanto la vida, para experimentarla, para vivirla.

La mente cambia de estado de un momento a otro: puede estar dispersa, alerta, obsesionada, adormecida, distraída, aferrada al pasado, inquieta, pensando en el futuro... El primer paso del *mindfulness* es ser más consciente de este fluir continuo de pensamientos. Así que en esta primera parte del programa vas a identificar los pensamientos que tienes (en forma de palabras, imágenes mentales, ideas, recuerdos, deseos o miedos) para traer a la superficie de tu mente los pensamientos que hasta ahora has ignorado.

 Ser consciente de los pensamientos, de las sensaciones y de las emociones que hay en tu cuerpo y en tu mente es un requisito indispensable para sanar tu relación con la comida. No se trata de juzgar ni de cambiar esos pensamientos, sensaciones y emociones; observarlos desde la distancia evita que reaccionemos a ellos tan automáticamente.

Te pongo un ejemplo personal. Una mañana, mientras escribía este libro, el pensamiento de «Necesitas un cruasán de chocolate» asaltó mi mente (estímulo). Mi fuerza de voluntad respondió: «¡No! Tengo que escribir el libro. Cuando haya terminado las 5 páginas diarias que me he propuesto, iré a por él». «Mmm pero es que me apetece tanto… Puedo sentir el aroma y su textura deshaciéndose en mi boca. Escucho incluso su crujir al morderlo». Y a partir de ahí se desencadenó una espiral: «¡Nooo! ¡No pienses en un cruasán de chocolate! Ya no te gustan esas porquerías, eres una chica *healthy*. Lo que realmente te apetece son unos bastoncitos de apio mojados en tahín. Además, ¿qué ejemplo darías a tus alumnos? No quiero un cruasán de chocolate, engorda mucho. Buff, últimamente con la escritura del libro me estoy poniendo como una foca. No me gusta mi cuerpo. Por favor, basta ya. Voy a por el cruasán. Me lo merezco».

Yo no elegí ese pensamiento conscientemente, ni la cháchara interna posterior. Ese pensamiento pudo haber sido consecuencia de un recuerdo que me vino, una sensación, una emoción, un olor, una imagen. Aquella mañana no estaba muy centrada y reaccioné en modo zombi: dejé de escribir, bajé a comprar el cruasán y me lo zampé (respuesta).

Ahora te muestro el mismo escenario, pero en este caso siendo más consciente de mis pensamientos: «Necesitas un cruasán de chocolate» (estímulo). «¡Anda! Ha pasado un pensamiento» (respuesta). Fin del parloteo mental.

Aquí no he reaccionado al pensamiento de mi mente. No le he dado fuerza resistiéndome a él; lo he observado y dejado pasar, lo cual me ha permitido seguir escribiendo el libro y no llevar a cabo una acción que no es saludable para mí o de la que me puedo arrepentir. No he juzgado el pensamiento ni he tenido una actitud crítica hacia él, por ello no he reaccionado a él. Simplemente lo veo pasar en la pantalla de mi mente, como si fuera una nube que se pasea por el cielo azul. Y lo dejo marchar. Si lo he conseguido, es porque he estado alerta de mis patrones mentales, sensaciones y emociones. He podido abrir un pequeño espacio en mi mente donde acoger sin juicios ese fenómeno que ha surgido en mi interior. Y desde ese espacio lleno de calma y de consciencia, he tomado la decisión de no ceder a ese pensamiento, y elegir cómo responder ante él.

Vamos a fortalecer la capacidad de ampliar esos espacios entre el pensamiento y la respuesta al mismo, entre el hambre y la decisión de comer o no.

Las sensaciones

Los pensamientos no son los únicos estímulos o desencadenantes que nos llevan a comer en exceso. Por un lado, también lo son las sensaciones que nos llegan a través de los sentidos externos (gusto, vista, olfato, tacto, oído) o de las sensaciones más internas, como las de hambre y saciedad. Con la práctica del *mindful eating* vas a aprender a conectar con tus sensaciones corporales.

 Identifica las sensaciones que etiquetas como negativas o desagradables. ¿Cómo te llevas con ellas? ¿Cómo las gestionas? ¿Qué influencia tienen en tu manera de comer?

Las emociones

Así como los pensamientos los percibimos en la mente, las emociones las sentimos en el cuerpo y este envía al cerebro la información sobre lo que siente. Y el cerebro interpreta. Aquí el truco es «hackear» este proceso, reconociendo las emociones que van emergiendo, permitiéndonos sentir lo que sentimos, pero sin interpretarlo, ni intentar cambiarlo.

Las emociones constituyen grandes detonantes del comer compulsivo. De hecho, son la piedra angular de este libro y dedicaremos varias secciones a que aprendas a conectar con tu estado emocional, a responder a él conscientemente, en lugar de reaccionar comiendo o usando otros parches. Aprenderás a satisfacer tus necesidades emocionales con otras cosas que no sean comida. Pero para poder satisfacerlas, primero necesitarás saber de qué emoción se trata.

En el siguiente capítulo vamos a tratar en profundidad cuáles son los estados emocionales que actúan más frecuentemente como detonantes internos del hambre. Pero antes déjame que te presente a…

La Voz

Te presento oficialmente a La Voz, un espécimen que habita en tu cabeza cuya aspiración es ponerte la zancadilla y socavar tus avances hacia la consecución de tus objetivos. Se dedica a saturar tu mente con pensamientos, emociones contradictorias y voces que te critican, para impedirte que des pasos en firme.

Se lanza a la yugular de tu autoestima, disparándote críticas destructivas, que te hacen daño, que te desprecian o te ridiculizan. Te regala perlas tan maravillosas como:

- Nadie se va a fijar en ti, siempre vas a estar sola.
- Ya eres demasiado mayor para estas cosas.
- Acéptalo, eres gordo y siempre lo serás.
- Total, ya «lo has hecho mal», aprovecha para comer y el lunes comienzas de nuevo.
- A otras personas tal vez les funcionará, pero a ti no.
- Has de hacerlo perfecto; si no, ni lo intentes.
- Venga… qué daño te va a hacer un donut más.
- Debes divertirte más.
- Has fracasado en todos tus intentos de comer sano. ¿Qué te hace pensar que esta vez va a ser diferente?

La Voz también te habla en primera persona, haciéndote creer que eres tú quien habla:

- No sé por qué pierdo el tiempo intentándome ponerme guapa… ¡Ni aunque perdiera 30 kilos!
- No tengo tiempo para cocinar sano.
- Yo soy así y no puedo cambiar.
- No vale la pena intentarlo, si siempre me sale mal…
- Mejor lo hago mañana.
- Cómo puedo ir por la vida mostrando esos brazos…
- No soy capaz de terminar nada de lo que me propongo.
- No valgo.
- No soy suficiente.

Estas dos últimas eran las favoritas de mi Voz. El siguiente ejercicio te va a ayudar a reconocer alguna de estas voces en tu mente.

Ejercicio: Calando a La Voz

 Esta primera fase del programa es la de la observación, en la que te pido que de momento no cambies nada de lo que vienes haciendo. Con el siguiente ejercicio, simplemente te pido que identifiques los pensamientos, patrones mentales y creencias que te lanza La Voz, y que limitan u obstaculizan tu relación con la comida y con tu cuerpo.

Te pido que realices esta práctica a lo largo de todo el programa. Es muy importante que de momento solo te limites a observar esos pensamientos que surgen en tu mente, sin juzgarlos, sin cambiarlos, sencillamente anotándolos en una lista como la que sigue.

FECHA	PENSAMIENTO

Te recomiendo que te hagas con una libreta bonita, que te guste y que sea fácil de llevar contigo. Esta libreta será tu *Diario de Alimentación Consciente*, donde podrás anotar todas las reflexiones que extraigas a lo largo del programa. Para que vomites todo pensamiento que creas que influye en tu forma de comer.

Registra también si reaccionas a él, pero con una mirada curiosa, que no juzga, que es compasiva. Con la intención de escucharte y de entender qué hay en tu interior en este preciso momento, sin cambiar nada. Como si fueras una cámara de vídeo que graba los pensamientos que surgen en tu mente y que describe objetivamente las reacciones que tienes a los mismos: «Me he visto decirme "vaca gorda" y me he ido al chocolate».

Es de suma importancia que escribas; no basta con que observes mentalmente tus pensamientos. Y preferentemente que los escribas a mano. Esta recomendación tiene un fundamento neuroquímico: está demostrado que escribir a mano ayuda a transferir las ideas a la mente mucho más fácilmente que usando un teclado.

También puedes prestar atención a la frecuencia con la que piensas en la comida. Y no solo en lo que quieres comer, sino también en el efecto que la comida tiene sobre tu cuerpo, en qué comiste antes o en qué planificas comer después.

 ¿Sabías que las mujeres pensamos en la comida como mínimo el doble de lo que pensamos en el sexo?

Aunque no tienen por qué ser únicamente pensamientos acerca de tu relación con la comida o con tu aspecto. Anota todo pensamiento que te haga daño, que te limite en cualquier área de tu vida. Aprovecha para identificar cómo te llevas con ese tipo de pensamientos. Observa cómo reaccionas a ellos. Y si influyen en tu manera de comer. Cuando pilles a La Voz lanzándote regalitos, detente y pregúntate: ¿Qué está ocurriendo en mi cuerpo ahora, al escuchar esto? Conecta con tus sensaciones físicas.

 Cuando anotes sus pensamientos, recuerda que no son la verdad. Son solo eso, pensamientos. Esto es muy importante que lo practiques. Y recuerda: el cometido de La Voz es atacarte.

Haz una caricatura de La Voz (no copies la mía, dibuja lo que sientas, cómo materializarías todo tu parloteo mental). Si quieres táchala, garabatéala, hazle lo que te apetezca. Te pido que hagas un dibujo porque es una forma de externalizar esa voz, lo cual te facilitará la tarea de dejar de creerte lo que dicen. Estarás creando una metáfora que convertirá a La Voz en algo externo a ti, y te facilitará la tarea de no creerte siempre lo que dice tu mente.

Puedes pegar tu dibujo en el espejo, en el armario o en la nevera, para mantener la guardia alta frente a lo que te dice La Voz, sobre la comida, tu cuerpo, tus hábitos alimentarios o tu peso. También puedes ser más consciente de este tipo de comentarios que los demás hacen, en la televisión, en conversaciones o en las redes sociales.

Como verás más adelante, la práctica regular del silencio, la soledad o la meditación es imprescindible para crear un espacio que te permita distanciarte de La Voz.

Detonantes emocionales del hambre

Las emociones actúan como estímulos internos que a menudo nos llevan a responder con la acción automática de comer. Y no es extraño, pues este patrón lo integramos desde los primeros meses de vida: de bebés, respondíamos al impulso del hambre llorando. Y nuestros progenitores calmaban nuestro llanto con la comida, aunque quizá estuviéramos necesitando otra cosa. Y de mayores, paradójicamente, cuando tenemos ganas de llorar, se nos despiertan las ganas de comer.

 ¿Cómo definirías qué es una emoción? ¿Sabes conectar con las emociones que sientes, escucharlas y descifrar su mensaje? Si tu respuesta es negativa, es absolutamente normal, pues en general somos unos analfabetos emocionales. No nos han enseñado a escuchar a nuestro cuerpo, ni a acoger las emociones que van surgiendo. En lugar de abrirnos a ellas, hemos aprendido a tratar dejar de sentirnos mal, desarrollando la estrategia de utilizar la comida para huir de ellas, porque comer nos aporta placer inmediato.

¿Te suele apetecer «comer algo», aunque no tengas hambre fisiológica? Cuando recurrimos al donut de chocolate (o a los dátiles si tus antojos son de comida saludable), estamos intentando regular alguna emoción a través de la comida o evitar cosas que no nos atrevemos a sentir, comprender o superar. Pero la realidad es que a través de la comida no vamos a eliminar ni regular las emociones que no sabemos sostener.

 Una emoción es como un mensajero que golpea en tu puerta para entregarte un mensaje. Si no contestas a su llamada, continuará golpeando, cada vez más fuerte hasta que le abras la puerta. Es decir, que esta emoción continuará viniendo a ti hasta que consiga hacer su trabajo (entregarte el mensaje). Solo cuando le abras la puerta, escuches su mensaje emocional y tomes las acciones necesarias para satisfacerlo, la emoción se dará por consolada, su intensidad irá disminuyendo hasta que se marche.

No pretendo hacer una disertación psicológica sobre las emociones, pues su utilidad sería escasa. Mi intención es que este conocimiento te sirva para aprender a reconocer tus emociones, atreverte a sentirlas, permitirles cumplir su función de mensajeras y saber cómo atenderlas.

Para poder desenmarañar el mecanismo de la recompensa es necesario que tengamos un conocimiento adecuado sobre las emociones que más frecuentemente disparan las conductas alimentarias compulsivas. Así que en el apartado que sigue te invito a que me acompañes en un viaje por distintos estados emocionales para aprender a reconocerlos en nosotros mismos y comprender la forma en que cada uno de ellos pide ser atendido. Para ser capaces de encontrar actividades que sustituyan la recompensa emocional que nos aporta la comida.

Tras una breve descripción de cada emoción, te propongo diversos antídotos para regularlas, que he aprendido gracias a mi psicóloga del Institut Gomà[7].

Al final de cada estado emocional, incluyo un espacio en el que te pido que escribas por qué sientes cada emoción. Puedes anotarlo en el libro o en tu diario de alimentación consciente, pero sobre todo no tengas prisa, escribe todos los detalles. Este apartado lo he extraído del iluminador libro *La dieta del alma* de Marianne Williamson.

Aburrimiento

> «El aburrimiento es un síntoma inequívoco de que no estás a gusto contigo mismo».
>
> Erich Fromm
> *Psicoanalista, psicólogo social y filósofo humanista, renovador de la escuela psicoanalítica en el s. xx.*

Una de las emociones que más se relaciona con la alimentación emocional es el aburrimiento. El origen etimológico de «aburrimiento» es *abhorrere*, que en latín significa «tener horror». Cuando nos asalta el aburrimiento, sentimos horror en nuestro interior. Y para huir de ese malestar interior, buscamos evadirnos, ya sea comiendo sin tener hambre o con cualquier otro tipo de parche. El caso es «hacer algo».

Cuando convivía con mi expareja, nos dedicábamos mucho a trabajar —pues teníamos un negocio juntos— y nuestra vida estaba repleta de responsabilidades. Al regresar a casa, extenuados, el mejor plan que teníamos era comer en el sofá viendo una película. Tras una cena calórica y copiosa, nos tapábamos con una manta, cogíamos el mando a distancia y pasábamos mucho tiempo decidiendo qué película ver. El aburrimiento iba en aumento y para amenizar la búsqueda, uno de los dos iba preparando unas palomitas, golosinas y algo más para distraernos un poco, «haciendo algo» mientras encontrábamos la película idónea.

Aunque acabábamos de cenar y realmente no teníamos hambre, cada uno agarraba un puñado de palomitas y empezaba a comer, mientras proseguíamos con el zapping. Y al cabo de poco rato, llegábamos al fondo del bol de palomitas, sumergidos en esa inercia. Uno de los dos se levantaba e iba a la cocina a por algo más. Y así seguíamos durante toda la película (si es que la encontrábamos), totalmente en modo zombi y empachados.

---

[7] Centro de psicología y *coaching* ubicado en Barcelona.

Cuando no estamos a gusto con nosotros mismos, inconscientemente buscamos distraernos picoteando sin prestar atención. En lugar de dejarnos llevar por la inercia mental, podríamos preguntarnos:

¿Cómo me siento?

¿Me divertirá comerme esas palomitas?

¿Comer esas golosinas hará que me distraiga?

¿Para qué me las estoy comiendo?

¿Qué le falta a este momento para satisfacerme?

¿Qué cosas podrían divertirme, realmente, para dejar de usar la comida como distracción?

La próxima vez que te encuentres en una situación parecida, hazte preguntas y observa con atención el mensaje que te llegue. La misión de hacerte preguntas como estas no es juzgarte ni culpabilizarte; la pregunta es un recurso que te servirá para frenar el impulso automático de alejarte de tu aburrimiento a través de la comida.

Siento aborrecimiento ante _____.

Tal vez quieres cambiar algo en tu vida, pero no te sientes capaz de comprometerte con hacerlo. No exilies el aburrimiento al inconsciente. Escribe lo que te salga al respecto, sin reflexionar ni censurar. Escríbelo ahora, por favor.

Tristeza

La tristeza es una emoción calmada que tiene que ver con la pérdida. Es una llamada de ayuda que nos invita a conocernos mejor, a mirar hacia adentro.

En el pasado solía rechazar la tristeza, la sepultaba en mi interior porque no quería sentirla ni mostrarla a los demás. Pero en el fondo me sentía muy triste y sola. Y recurría a la comida para consolarme, pues me proporcionaba un placer que me transportaba a mi tan anhelada alegría (aunque muy fugazmente).

En los momentos más inesperados, la tristeza que llevaba soterrada muy adentro irrumpía con intensidad (no porque sea una emoción agresiva sino porque, como te he comentado anteriormente, cuando no abrimos la puerta a una emoción que intenta entregarnos un mensaje, esta cada vez golpeará más fuerte hasta que abramos y recibamos la información que contiene). Tras tener varios episodios de tristeza sin ningún motivo aparente —o como mínimo, pro-porcionado—, finalmente decidí pedir ayuda. Inicié terapia con mi psicóloga y comprendí que lo que había hecho durante toda mi vida era ignorar y taponar mi tristeza. Entendí que esta tenía una causa y, poco a poco, fui aprendiendo a aceptarla, simplemente permitiéndome estar triste cuando esta emoción llamaba a mi puerta. Y como lo que reclama la tristeza es consuelo, poco a poco se fue desvaneciendo, pues ya había cumplido su misión.

 Alguna vez, cuando has sentido tristeza, ¿has buscado consuelo en la comida? ¿Qué tal fue? ¿Hallaste consuelo, atención y comprensión en las patatas fritas? En la niñez ¿tus padres te compraban chucherías, helados o galletas para que cambiaras tu estado de ánimo, y pasabas de la tristeza a la alegría a través de la comida?

¿Sueles recurrir al mismo alimento en los momentos en que sientes pena?
¿Cuál es tu alimento consuelo[8]?
¿Qué sientes que has perdido?
¿Qué beneficios te aporta estar triste?

Si mantienes este estado emocional, es porque te aporta algún benefi-cio inconsciente. Como hemos visto en el apartado de los hábitos, detrás de nuestras conductas siempre hay una ganancia. En mi caso, estar triste me ser-vía para no responsabilizarme de mi vida y ser una pobre víctima que necesi-taba ser rescatada por un príncipe azul o por alguien más fuerte y válido que yo. Esta conclusión no es fácil de alcanzar por nuestra propia cuenta; de ahí que, si te encuentras en un estado recurrente de tristeza, te conviene mucho buscar ayuda.

Tengo el corazón roto porque _____.

Quizás te han abandonado o has perdido algún ser querido. No exilies la tristeza al inconsciente. Escribe lo que te dé la gana al respecto. Escríbelo ahora por favor.

---

[8] A menudo nos referimos a los alimentos ricos en grasas, azúcar o sal como «comidas de confort o de consuelo».

Culpa

En mi opinión, la culpa es una de las emociones más difíciles de gestionar y tóxicas que existen. En la inmensa mayoría de los conflictos con la comida y con la falta de aceptación, la culpa está muy presente. La finalidad de la culpa es el castigo: una sanción o pena que se aplica a quien ha cometido una falta, o nos ha perjudicado, o ha sido injusto. Y nos castigamos a nosotros mismos a través de la comida, condenándonos a permanecer gordos e infelices, por esta creencia de que hemos cometido una falta. La culpa aparece en muchas situaciones:

- Cuando piensas «Voy a comer un par de onzas de chocolate» pero te comes la tableta entera, te culpas por tu escasa fuerza de voluntad. Entonces, a modo de castigo, intentas compensarlo pasándote sin comer el resto del día o machacándote haciendo deporte al día siguiente.
- Cuando sientes que no dedicas suficiente tiempo a tus hijos o que no les dedicas bastante atención y cariño.
- Cuando sientes que ya has comido suficiente y deberías parar, pero no puedes dejar de hacerlo. Y te culpas.
- Cuando finalmente logras cesar de comer, sientes culpabilidad por todo lo que has comido.
- Cuando llegas a casa sin energía y tienes cero apetito sexual.
- Cuando empiezas a mejorar tu manera de comer o intentas bajar de peso y consigues hacer cambios al respecto, pero al poco tiempo desistes de tu intento, te invaden la culpa y una sensación de incapacidad.
- Cuando tienes una discusión, te sientes culpable y te castigas sin comer hasta el día siguiente.
- Cuando te propones hacer más deporte pero no tienes ganas de nada, y no lo haces.
- Cuando empiezas a ser más consciente y «espiritual» y te sorprendes reaccionando con violencia con tus hijos o tu pareja. Te culpas por no actuar como la persona evolucionada, equilibrada y centrada en la que se supone que te has convertido gracias a todo el «trabajo interior» que has hecho.
- Incluso cuando las cosas te van bien en plena crisis económica general, te sientes culpable por tener éxito (especialmente las mujeres).

¿Y qué látigo usamos como vía de castigo? Bingo, la comida. Comer excesivamente, o no comer, es un acto agresivo contra nosotros mismos. Cuando nos castigamos —por cualquiera de las razones que te acabo de exponer— no hacemos más que incrementar la violencia.

¿En la niñez, alguna vez te castigaron sin comer lo que a ti te gustaba? O cuando te «portabas mal», ¿te daban de comer platos que detestabas? Probablemente alguna vez viviste esa situación en que te obligaron a permanecer en la silla hasta que no te terminaras tu comida. Ahora, en la edad adulta, ¿sigues utilizando la comida como forma de castigo? Cuando «te portas mal», ¿te prohíbes determinados alimentos? ¿Acaso te obligas a comer ciertos alimentos que no te apetecen? ¿O quizá arrasas con todos aquellos que normalmente te prohíbes?

 En la mayoría de estos casos, en que nos culpamos y nos juzgamos, lo hacemos porque no nos conocemos realmente. Cuando intentamos ser alguien distinto a nuestra esencia. Entonces, ¿cuál es el antídoto de la culpa? El aprendizaje. El autoconocimiento.

Así que el punto de partida para que empieces a quitarte el lastre de la culpa es adoptar la perspectiva del aprendizaje y de la curiosidad, haciéndote preguntas como:

¿Qué no estoy aceptando?
¿Para qué ha ocurrido esta situación? ¿Qué puedo aprender de ella?

Si te fijas, preguntarte «para qué» ha sucedido o has actuado como lo has hecho, en lugar de «por qué», te permite darte cuenta de lo que ha ocurrido de una forma más objetiva. Estás cambiando el inútil juego de la culpabilidad por la observación.

El camino del autoconocimiento no es rápido y sí muy personal; existen tantos caminos como caminantes. A mí me han ayudado muchísimas herramientas, como los libros, la terapia psicológica, la meditación, el eneagrama, el deporte, la astrología, filosofías como el estoicismo o el advaita, aprender a respirar, el *coaching*, el *mindfulness*… Investiga y empieza con la que más te llame o más cómoda te resulte.

«No hay muchos caminos.
Hay muchos nombres para el mismo camino,
y este camino es consciencia».

Osho
Líder de un movimiento espiritual de India

A menudo sucede que, cuando empezamos a observarnos y a conocernos más a nosotros mismos, vemos cosas que no nos gustan. ¡Y nuevamente tenemos motivos para culparnos! «No debería haber dicho esto», «No debería haberme comido ese trozo de pan», «Con tanta meditación que hago, debería reaccionar más serenamente», «No debería haber actuado de tal forma»… Cuando te encuentres culpándote así, detén la espiral de reproches y acéptate. Dite que no hay nada que cambiar. Hablaremos extensamente sobre la aceptación a lo largo del libro.

Aún no me he perdonado por _____.

Quizá no hayas sido capaz de perdonarte por un hecho de autosabotaje o traición que hayas cometido en el pasado, contra ti o contra otra persona. No exilies la culpa al inconsciente. Escribe lo que te dé la gana al respecto. Escríbelo ahora, por favor.

Ira

> «Usando simplemente la energía que gasto haciendo pucheros escribí un blues».
>
> Duke Ellington
> *Compositor, pianista y líder de una banda de jazz*

La ira responde a una injusticia. Con la ira delimitamos nuestros límites, cuando percibimos que han sido traspasados o cuando nos sentimos intimidados. Nos activa para actuar ante esa injusticia. Es una emoción normal y natural, pero como en nuestra cultura cristiana se nos ha enseñado a ser «buenos» y que las personas buenas «no se enfadan», ¿qué hacemos con la ira? Nos la tragamos, la escondemos, la medicamos… Como con el resto de emociones, le hacemos de todo menos escucharla. La ira es la emoción que más energía precisa (y gasta) y si dejamos que se acumule en el cuerpo, se irá convirtiendo en resentimiento (mientras que el antídoto para la ira es el desahogo).

La ira es una invitación a la acción, así que en lugar de comértela, debes escucharla y canalizarla. Para ello, en primer lugar, es esencial que reconozcas y admitas tu cabreo. Luego, que encuentres la forma de expresarla. No es necesario que vociferes a los demás ni que los sacudas. Puedes encontrar opciones más constructivas, como darle al saco de boxeo (también vale golpear almohadas). O gritar estando a solas o en el coche (preferiblemente con las ventanillas cerradas), garabatear con fuerza una hoja de papel… Como ves todas son opciones en las que hay contacto.

 Insisto en que sea una forma de alivio constructiva, porque si le das un puñetazo a la pared, sí, descargas, pero te estás autolesionando. La culpa está haciendo que te castigues.

Por cierto, no es necesario que te desahogues justo en el momento del enojo, puedes hacerlo posteriormente, cuando tengas oportunidad.

Me parece injusto que _____.

Tal vez te han tratado injustamente, has sentido que te ninguneaban o despreciaban, o no puedes librarte de la ira que te provoca el comportamiento inadecuado de los demás. No exilies la rabia al inconsciente. Escribe lo que te dé la gana al respecto. Escríbelo ahora, por favor.

Pereza

«La pereza no es más que el hábito de descansar antes de estar cansado».

Jules Renard
Escritor, poeta y dramaturgo

En cuanto a la alimentación, la pereza es un enemigo sutil pero muy boicoteador. ¿Cuántas veces llegas a casa con agotamiento y lo único que deseas es dejarte caer en el sofá y comer? Solo pensar en ir a hacer la compra, en tener que cocinar, en esperar a que se cocine… Se te hace una montaña. Abres el paquete de comida precocinada, lo metes en el microondas y te dices: «El lunes me pongo a comer bien».

No solo sentimos pereza por estar cansados. En muchos casos, la pereza nos secuestra cuando evitamos hacer frente a las cosas que no nos sentimos preparados para realizar, aquello que nos hace sentir incómodos, que nos resulta aburrido o que implica la confrontación con nuestra propia persona. La tendencia a aplazar un asunto para más tarde se llama procrastinación, y va de la mano de la pereza. De nuevo, es un mecanismo que nos permite huir y evadirnos de una realidad aburrida. La procrastinación es como cualquier hábito nocivo o adicción: la respuesta rutinaria y habitual en la que cae tu cerebro, como reacción a determinados estímulos, para dejar algo para más tarde. Es una respuesta mucho más fácil que despertar la fuerza de voluntad —ya te conté que esta usa muchos recursos neuronales—. Así que si tienes tendencia a caer en la pereza, sería un contrasentido que te pidiera que malgastaras tu fuerza de voluntad para combatirla. Pero puedes comprometerte a practicar los retos «antiexcusa» (los del icono de un cohete) que encontrarás en cada apartado, que poco a poco te ayudarán a adquirir dominio sobre tu zombi interior.

Adiestrando a tu zombi interior

Al levantarte por la mañana, ¿lo primero que haces es mirar el móvil para comprobar tus redes sociales o tu correo electrónico? Si tienes este hábito te propongo que mañana, justo al levantarte, pongas un temporizador de 10 minutos para hacer cualquiera de los ejercicios del libro (o meditar, hacer algún ejercicio de movimiento) y pospongas la recompensa de navegar por Internet, solo 10 minutos.

Al poner en práctica ejercicios de autocontrol como este, tu zombi interior te dirá «No pasará nada por echar un vistazo a Instagram, solo un momentito». No le hagas caso, ríete de él y toma las riendas de tus hábitos zombis. Este autodominio se extenderá a otras áreas de tu vida, como la de tu forma de comer.

En lugar de decirte que eres un vago y que pospones siempre las cosas, puedes empezar a entrenar la capacidad de identificar la sensación de pereza, de procrastinación o indiferencia, cuando te invada. En estos momentos, puedes optar por combatir el problema de raíz, haciéndote las siguientes preguntas:

¿Qué voy a perder si lo dejo para mañana?
¿Qué precio voy a pagar quedándome en mi zona de confort?
Cuando he salido de mi zona de confort, ¿qué he logrado?

Siento pereza cuando_____.

Puede ser que sientas cansancio físico, mental y emocional. Que te cueste generar energía. Que te resulte difícil asumir responsabilidades. No exilies la pereza al inconsciente. Escribe lo que te dé la gana al respecto.

Soledad

La soledad es una de las emociones que más miedo nos da y que menos sabemos gestionar. La mayoría de las personas no saben estar solas consigo mismas, porque entran en contacto con una sensación de vacío, de carencia de algo o alguien.

Yo no soportaba estar conmigo misma, no podía estar sin hacer nada, a solas con esa sensación de vacío interior, con el tsunami de malestar, inquietud e intranquilidad que me parecía que me iba a asfixiar. Y ¿qué hacía cuando me sentía sola? Tomar alimentos muy grasos, ponerme a trabajar como una posesa, mirar internet, llamar a alguien o comer y beberme una botella de vino para tranquilizarme, para paliar el sufrimiento, para llenar ese vacío. Me llenaba de actividad para evadirme de mi mundo interior, de esas emociones que no sabía sostener. Pero no había comida ni tareas suficientes en el mundo para llenar el gran vacío que sentía dentro de mí. La incomodidad que me producía el sentimiento de soledad interior (aunque estuviera rodeada de gente) me mostraba que estaba muy desconectada de mi corazón. Uno de mis aprendizajes más valiosos ha sido aprender a darme amor a mí misma y dejar de buscarlo fuera. Dejar de evitar entrar en contacto con mi malestar y atreverme a entrar en ese dolor que tenía en mi interior, a través del silencio y de la soledad.

Y tú, ¿cómo te llevas con la soledad? Cuando sabes que te quedarás a solas, ¿te invaden la ansiedad y la incomodidad? Tenemos al alcance muchas formas de distraernos para anestesiarnos y esquivar el dolor. ¿Cuál es tu favorita?

En un reciente estudio científico leí que la creatividad reduce los efectos negativos de la soledad (como problemas de salud, la depresión, el comer por ansiedad o la obesidad). Te animo a que, cuando te invada el sentimiento de soledad, en vez de irte a la nevera, pruebes con alguna forma de expresión creativa, que a ti te guste (ponerte música y bailar, dibujar, cocinar una receta que nunca hayas hecho antes, cantar, hacer un collage con imágenes de revistas y recortes de palabras, escribir una historia…).

Haz nada

El reto que te propongo —que personalmente me ayudó mucho a poder estar a solas conmigo misma— es que de vez en cuando dediques un ratito a estar a solas, sin distracciones (no comer, no mirar el móvil, no leer, no fumar… haciendo nada). Te sientas en un parque y observas lo que te rodea y los fenómenos que van surgiendo en tu interior. Si son muy desagradables y abrumadores, respira profundamente, abraza las emociones que van aflorando, sin intentar cambiarlas, sintiendo el momento sin juzgarlo.

Me siento separado de _____

Puede ser que te hayas separado de una amistad, de una persona importante para ti, de un familiar o de un grupo o comunidad. No exilies tu sentimiento de separación al inconsciente. Escribe lo que te dé la gana al respecto.

Miedo

La respuesta del organismo ante la emoción del miedo es el estrés. Es un mecanismo heredado de nuestros antepasados, por el cual, al enfrentarnos a la amenaza de una fiera, el cuerpo se preparaba para luchar o huir. Hoy la mayoría de gente se siente amenazada por las exigencias laborales, por el exceso de actividad, por miedo a perder algo, por un matrimonio que no funciona, por la falta de tiempo, por no tener suficiente dinero, por la hipoteca, por enfermedades (propias o de algún ser querido) y especialmente por problemas emocionales. Este estado de alerta hace que el cuerpo demande y consuma mucha energía (para luchar o huir), por lo que tras el pico de estrés, nos apetecen alimentos que nos recompongan, como siempre, ricos en grasa, sal y azúcar.

Además, cuando nos encontramos ante una situación estresante, el organismo libera cortisol, que si bien es necesario para vivir, cuando su producción es excesiva o permanece en la sangre durante un periodo de tiempo prolongado, aumenta el deseo de comer compulsivamente. Pero el estrés y la ansiedad a algunas personas les incrementa el hambre y en cambio, a otras, les cierran el apetito.

En el libro *Hambre, emociones y cerebro —comer con cabeza* los autores explican que si a algunas personas el estrés y la ansiedad les generan hambre emocional, es debido a que sus cuerpos secretan de forma natural mayores cantidades de cortisol como respuesta al estrés. También tienen predisposición a comer más ante situaciones estresantes las personas cuyos cuerpos requieren más tiempo para limpiar el torrente sanguíneo de la acumulación de cortisol. Así que si a ti se te cierra el estómago con el estrés y la ansiedad, es porque tu cuerpo secreta menor cantidad de cortisol y lo limpia más rápidamente de tu sangre que los cuerpos de aquellas personas a las que nos da por comer. (Por cierto, además de favorecer la acumulación de grasa en la cintura, el cortisol entorpece la digestión).

Los desafíos que hoy nos estresan presentan muchas diferencias respecto a los que afrontaban nuestros ancestros, especialmente porque en general no acarrean una acción o respuesta física por nuestra parte (ya no corremos porque nos persigue un león ni tenemos que luchar físicamente contra un enemigo). Es decir que el desequilibrio hormonal y de sustancias químicas que se produce en nuestro organismo a causa del estrés no viene acompañado de una actividad física que nos permita eliminar toda esa energía no gastada. Y, como en el caso de la ira, se va acumulando en nuestro organismo, en forma de tensión y de ansiedad.

Y por si todo esto fuera poco, bajo condiciones de estrés, el cerebro prioriza ciertas funciones que den una respuesta rápida a la amenaza, y debilita ciertas áreas relacionadas con el autocontrol, la fuerza de voluntad y la toma de decisiones, lo cual nos dificulta valorar las consecuencias de nuestras decisiones.

 Un estudio llevado a cabo por la Universidad de Southern, California, demostró que cuando estamos estresados nos fijamos más en la satisfacción inmediata que nos reporta una conducta, antes que en el riesgo que esta conlleva. Piénsalo: ¿Cuándo eliges comer alimentos de los que más tarde te arrepientes? ¿Cuándo caes en conductas alimentarias poco saludables? Probablemente en momentos de estrés.

Si continuamente nos exponemos a situaciones de estrés y además no hacemos ejercicio físico, posiblemente tengamos un exceso de corticoides acumulados en sangre y tendamos a comer sin control. Quizá usemos la comida (o el tabaco o el alcohol) como estrategia para desconectar de los problemas y obtener relajación. Si es tu caso, la solución no consiste en eliminar el estrés, sino más bien en ralentizar el vertiginoso ritmo de vida que llevas, en incorporar y mantener una actividad física regular y realizar alguna práctica que te relaje, como la meditación.

En este libro encontrarás fórmulas poco conocidas pero muy eficaces, para que vayas introduciendo estos cambios en tu día a día.

Lo más interesante de la relación entre el miedo y la gordura es que cuando sentimos estrés a causa de una sensación de carencia (como te comentaba antes: miedo a perder el trabajo, a no llegar a fin de mes, a no recibir suficiente atención, amor o sentido en la vida…) nuestro cerebro lo interpreta como que padecemos hambruna. Entonces traduce este mensaje de carencia a lenguaje físico. Y como el lenguaje que el cuerpo entiende es en términos de supervivencia (básicamente comida y temperatura), su forma de protegernos al percibir carencia es acumular tantas reservas de grasa como le sea posible.

Es muy importante que comprendas que, si crees que tienes una carencia de cualquier recurso (que no tienes suficiente amor, dinero, apoyo), ese temor es interpretado por tu cerebro como miedo a pasar hambre. Entonces pondrá en marcha tu gen ahorro para almacenar tanta grasa como le sea posible[9]. Cualquier tipo de carencia es una forma de hambre. Te lo explicaré en profundidad en el apartado «Sobrepeso emocional (beneficios secundarios)».

Me da mucho miedo_____.

Escribe tus temores más horripilantes. No exilies el miedo al inconsciente. Escribe lo que te dé la gana al respecto.

Ansiedad

«La ansiedad es la insatisfacción condensada.
Descubre qué es lo que te prohíbes satisfacer y hazlo».

Alejandro Jodorowsky
Escritor y director de cine

Ya hemos visto que el estrés se produce como reacción ante el miedo de posibles daños o peligros. Y que el miedo nos permitió huir de situaciones potencialmente peligrosas. Pues bien, la ansiedad es la forma en que el miedo

---

[9] Si quieres profundizar en la relación entre el miedo y la obesidad, Jon Gabriel la explica muy bien en el libro *El método Gabriel.*

se manifiesta físicamente, se somatiza. Es decir, que la ansiedad es un síntoma y la emoción que subyace detrás de ella es el miedo.

Muchas personas dicen que «comen por ansiedad» y tal vez tú también lo pienses. Incluso yo misma antes afirmaba que comía por ansiedad. Creo que lo decía para evitar el esfuerzo o la responsabilidad de recorrer el camino hacia mi interior para ver qué se estaba cociendo ahí adentro que me producía tal ansiedad. Como «tenía ansiedad» no podía hacer nada al respecto, como si fuese un problema que no fuera conmigo. Como si fuera un castigo de Dios que no está en mis manos cambiar.

 ¿Lo tuyo es ansiedad realmente? ¿Has sufrido algún ataque? ¿Te han diagnosticado un trastorno de ansiedad? A menudo, lo que solemos llamar ansiedad es un estado mental de gran inquietud, excitación e inseguridad.

 Voy a ser muy insistente en que cuides tu forma de hablar y mantengas el rigor: en lugar de decir «como por ansiedad» podrías afirmar «como porque tengo miedo». «Como porque ciertas situaciones me generen ansiedad». Esto es asumir la responsabilidad de tu forma de comer y abrir la posibilidad al cambio. Si sigues viendo la ansiedad como una maldición que te ha tocado vivir, te mantendrás en un estado de impotencia y victimismo, y seguirás comiendo de forma compulsiva.

La emoción del miedo le comunica a nuestro cuerpo que ahí fuera hay algún peligro y que, por lo tanto, no estamos a salvo. Entonces nuestro cuerpo, en su afán de procurarnos protección para sobrevivir, se engorda porque es la manera que conoce de mantenerte a salvo (reservas de grasa = supervivencia). Un buen punto de partida para dejar de comer por ansiedad, es localizar cuál es el peligro que estás percibiendo. Cuando te sientas con ansiedad, pregúntate:

¿Qué peligro estoy percibiendo?
¿Qué necesitaría para combatir ese peligro?

Y como el antídoto para la ansiedad es confiar, puedes anotar en tu cuaderno en qué cosas podrías confiar para reducir ese estado de miedo.

Me siento ansioso por _____.

Posiblemente tengas la sensación de padecer mucha presión, tal vez por las facturas que tienes que pagar, las necesidades de tus hijos, la exigencia laboral, o por la responsabilidad de dar la talla como pareja, como trabajador, como amigo, como madre o como vecino.

No exilies la ansiedad al inconsciente. Escribe lo que te dé la gana al respecto.

 Por muy inverosímil que parezca, gran parte de los problemas de peso son manifestaciones físicas del temor interno.

 Si ocultas tus emociones tras un tupido velo, estas te hacen engordar. Si no procesas tu ira, ni tu tristeza, te la comes. Cuando no digieres tus emociones, ideas y pensamientos no elaborados, esta energía densa se desplaza a tu carne. Porque si el dolor no encuentra una válvula de escape para ser transformado de forma natural, se materializa en tu cuerpo.

Respuestas al estímulo

De modo que cuando nos asalta un estímulo (ya sea un pensamiento, emoción o sensación) reaccionamos automáticamente comiéndonos ese helado inconscientemente, sin pensar en lo que estamos haciendo mientras lo hacemos. Esto es alimentación inconsciente, que se puede manifestar de muchas formas:

- Comer de forma descontrolada y desequilibrada.
- Seguir comiendo a pesar de sentir saciedad.
- Restringir la ingesta de calorías para reducir el peso corporal, a pesar de tener hambre.
- La culpabilidad guía nuestra forma de alimentarnos.
- Estar obsesionados con la comida.
- Ignorar los mensajes que el cuerpo nos envía, aunque pasemos hambre, y sus necesidades.
- Luchar con nuestro peso.

El hecho de ir repitiendo esta forma de comer —como respuesta a un estímulo— a lo largo del tiempo, va a ir creando una pauta neuronal fuerte en nuestro cerebro, y convertirá esa conducta en una costumbre, automatismo o hábito.

Es inevitable que surjan pensamientos críticos, sensaciones desagradables o emociones difíciles de gestionar, pero la clave está en impedir lo que ocurre después de que aparezcan. Realmente no importa tanto que detectes cuál ha sido el estímulo (si un pensamiento, una emoción o una sensación). Porque es difícil de averiguar. Lo que importa es que seas capaz de generar en tu mente un espacio suficiente para no seguir respondiendo a ese impulso, comiendo inconscientemente.

Como ya te he comentado en el apartado sobre la fuerza de voluntad, la fase de respuesta al estímulo es la única que requiere que hagas un esfuerzo. Pero esto ya lo veremos más adelante, ahora sencillamente céntrate en observar y registrar en tu cuaderno estos estímulos internos.

 Si estás pensando: «Quiero instrucciones, dime qué tengo que hacer para conseguirlo», estás incurriendo en la mentalidad de pautas a la que nos ha acostumbrado nuestra sociedad, a que nos digan qué es lo que tenemos que hacer. Lo siento pero en este programa vamos a partir de la exploración y de la observación. Vas a cortar con la tendencia a que te digan lo que tienes que hacer para que aprendas a hacerte cargo de tu propia vida.

Recompensa

Además de la repetición, otro ingrediente indispensable para que un comportamiento se desarrolle y se convierta en hábito es que el cerebro perciba un beneficio al hacerlo. En el caso del comer de forma inconsciente y poco saludable (aunque sea un producto delicioso), nuestro cerebro considera un premio el placer inmediato (aunque efímero) que nos aporta la comida. No le importa si esta conducta nos genera malestar, ni que a la larga tengamos que pagar un alto precio. Le aporta un beneficio instantáneo y punto.

Haz memoria de algún día en que, tras una jornada cansada con los niños o de trabajo, o exhausto por llevar tiempo siguiendo una dieta, te has dicho: «Me lo merezco». Te has premiado emocionalmente.

Creencia

El cuerpo trata todas las tensiones emocionales y mentales como si fueran amenazas físicas. Aunque cada persona reacciona de forma distinta al estrés, cada vez que sentimos miedo (los ya mencionados, o bien otros) enviamos el mensaje a nuestro cuerpo de: «Estoy en peligro. ¡Haz algo, cuerpo!». La parte más antigua de nuestro cerebro, donde reside el gen ahorro, sigue programada para hacer todo lo que pueda para protegernos. Pero el único tipo de amenaza que comprende son las físicas, especialmente la carencia de comida (el agua y la comida eran las cosas esenciales de las que nuestros ancestros podían estar faltos).

De modo que cuando sufrimos las tensiones propias de la vida moderna, más emocionales que de supervivencia física, nuestro cuerpo cree que corremos un peligro físico. Y para protegernos hace que engordemos.

Lo que creemos genera emociones. Al sentir confianza en la vida, sentirnos a salvo y seguros con las personas que hay en nuestra vida, emitimos señales químicas en nuestro cuerpo y en nuestro cerebro de «todo está bien», «no hay peligro», «gen ahorro, puedes descansar». Por ello es de vital importancia que gestiones el estrés emocional y mental a la hora de perder peso. Paralelamente, es igualmente indispensable que vayas transformando la creencia atávica instalada en tu cerebro de «la grasa es el mejor medio de protegerte» por otra que te sea más útil.

EJERCICIO: Drenaje emocional y comida

Estoy segura de que alguna vez has presenciado la siguiente escena: un niño llorando e inquieto en la calle, y su madre que le da algo de comer para que se calme. Si regresas a tu infancia, tal vez recuerdes alguna ocasión en que tus padres o familiares te atiborraron de comida para distraerte de un problema. O en que te dijeran «No estés triste», «Los niños guapos no se enfadan» o «Eres demasiado susceptible». Vamos, que no estaba bien sentir lo que sentías.

Ahora imagina que, en lugar de eso, cada vez que ese mismo niño se sintiera desconsolado, un adulto le dijese: «Ven aquí, cariño, cuéntame qué sientes. ¿Dónde notas esas sensaciones, en el estómago, en el pecho? Cuéntame qué te pasa, estoy aquí para abrazarte, escucharte y estar contigo».

¿Qué diferente sería, verdad? Estoy segura de que si el gobierno invirtiera en alfabetización emocional, no habría tantos adultos quedándose hipnotizados ante la nevera, diciéndose: «No sé qué es lo que quiero», cada vez que tuvieran que hacer frente un problema o situación incómoda. Pero no se trata de buscar culpables, sino de asumir nuestra responsabilidad como adultos de aprender a autorregular nuestras emociones. A cada cual le corresponde hacerse cargo de regular sus emociones en vez de encomendarle esta tarea al chocolate.

Ahora que tienes más conocimiento sobre los detonantes emocionales y sus respuestas más comunes, te invito a que analices qué estrategias de alimentación has desarrollado para sostenerlos. Identifica las emociones y/o estados anímicos de la tabla que sigue, que te suelen llevar a comer inconscientemente (si falta alguno en el listado, añádelo).

	Momento crítico	¿Cómo sueles reaccionar ante este estado emocional?	¿Te hace comer más o comes menos?	¿Qué comes cuando te sientes así?	Actividad alternativa
Aburrimiento					
Alegría					
Ansiedad					
Cansancio					
Culpabilidad					
Estrés					
Ira					
Miedo					
Pereza					
Soledad					
Tristeza					

Una vez seleccionados, piensa en qué momentos o situaciones son más críticos porque desencadenan tu hambre emocional. Por ejemplo, supongamos que cuando llegas a casa después del trabajo, cansado y dándole vueltas a los asuntos del día, abres la nevera en modo zombi y agarras el embutido. Independientemente de que falte poco o mucho para cenar, y de si tienes hambre o no, dirigirte a la nevera al llegar a casa se ha convertido en un hábito de alimentación inconsciente. En este caso, en la casilla de «momento crítico» anotarías «llegar a casa cansado del trabajo». Seguidamente, apuntarías cuál es tu reacción a ese estado emocional («comer»). Luego observa si esa emoción te hace comer más o si más bien te cierra el apetito y qué alimentos te lleva a comer específicamente. Estás confeccionando el registro particular de tu hambre emocional.

Te podrías dar cuenta de que esta rutina es un ritual que usas como premio por haber finalizado la jornada, y que lo que en realidad necesitas es descansar (por lo que en «actividad alternativa» escribirías una actividad que podrías llevar a cabo que no fuese abrir la nevera y que, a poder ser, satisficiera mejor tu necesidad de descanso). La actividad alternativa puede ser tan sencilla como llamar a un amigo, darte una ducha caliente, leer, salir a dar un paseo, beber un vaso de agua, realizar una tarea doméstica, hacer deporte, respirar profundamente, estirar el cuerpo o ver una peli.

Para detectar qué actividades alternativas podrían sustituir el comer de forma inconsciente, visita **www.hambredeamor.com** y descarga gratuitamente el ejercicio «Tu glotón interior» (ver instrucciones en la página 21).

Sí, lo sé, la actividad alternativa no deja de ser un parche. De momento, su objetivo no es satisfacer esa emoción (aún estamos en pañales por lo que respecta a la gestión emocional), sino más bien introducir una pausa, ensanchar ese espacio que hay entre el estímulo y la respuesta, para darle a tu cerebro la oportunidad de tomar una decisión diferente a la que llevas tanto tiempo adoptando. Estás interfiriendo en el automatismo estímulo-respuesta.

Cuando te encuentres en un momento crítico, en que estés a punto de comer en piloto automático, haz el siguiente proceso:

1 Haz una pausa y respira hondo.
2 Pregúntate si lo que está disparando tu hambre es un detonante emocional. ¿Es hambre de verdad lo que sientes en esos momentos? ¿O quizá necesitas consuelo, entretenimiento, calma, compañía o cariño?

3 Intenta identificar de qué emoción se trata. Reconocer cuál es tu necesidad emocional no es fácil, pero a base de formularte las preguntas adecuadas, cada vez te resultará más sencillo conectar con tu estado emocional.

4 Realiza la actividad alternativa a comer que prefieras.

Hasta que no te des cuenta de para qué haces lo que haces, no dejarás de comer emocionalmente. Cuanto antes empieces a identificar esta diversidad de desencadenantes y necesidades, estarás más capacitado para atenderlas con una alternativa que sustituya la conducta de comer mal o en exceso. Anotar el momento crítico, cómo reaccionas a él a través de la comida, qué comes y cómo lo haces y qué alternativa encuentras, te va ayudar a vivir tu relación con la comida con más calma y claridad.

6

Confía en tu chispa interior

«El cuerpo funciona como un todo. Las emociones están dentro de nosotros, pero nos han educado sin contar con ellas. La felicidad del siglo XXI pasa por comprenderlas y gestionarlas para poder transformar las áreas de la vida que no funcionan.

Elsa Punset
Escritora y divulgadora sobre inteligencia emocional

Cuando empecé a aprender a mirar hacia adentro, tenía mucho miedo de no ser capaz de sostener todas las emociones que había sepultado en mi interior. Creía que me ahogaría en ellas. También me asustaba el hecho de que no me gustara lo que me podía encontrar por ahí dentro, porque sabía que si me escuchaba tendría que hacer una serie de cambios incómodos en mi vida (como poner fin a mi relación de pareja, que hacía tiempo que no funcionaba). Pero no fue tan dramático como temía, porque apareció en escena mi tan olvidada Chispa Interior[10].

---

[10] No voy a andarme con tecnicismos: la Chispa Interior abarca todas las nociones que hacen referencia a la voz interior, a la intuición, al yo verdadero, corazonadas, sabiduría interior, cuerpo, alma, esencia, energía, Dios, Pepito Grillo, presentimiento, espíritu, ánima, psique... Quédate con la que te guste más.

Si has recibido una educación convencional, seguramente has interiorizado la creencia de que las pruebas concretas, los resultados, las cosas que se pueden observar de inmediato por todos y lo comprobable científicamente tienen más validez que la información que te pueden aportar tus emociones o tu intuición.

La intuición es una facultad que todos poseemos, por la que el cerebro ve algo y lo procesa tan rápidamente que saca conclusiones sin que entendamos el cómo ni el por qué. Es una comprensión instantánea, que nos lleva a actuar y dejar que las cosas sucedan. El origen de la palabra *intuición* tiene su raíz en *tuere*, que significa 'proteger' o 'vigilar'. Y esta es precisamente la función de la intuición: protegernos constantemente.

Aunque nos habla de forma muy clara, no es fácil de percibir, porque habla su propio lenguaje y en un tono sutil. Es fácilmente ahogada por el ininterrumpido parloteo de la mente y las dificultades de la vida diaria. Nos cuesta especialmente a aquellos que no hemos sido educados para escuchar nuestras emociones y cómo nos pide el cuerpo que cuidemos de él.

Vengo de una familia donde los valores de la mente se consideraban superiores a los temas del cuerpo. Se subestimaba la importancia de la alimentación, de las tradiciones culinarias y la austeridad en la nevera era un clásico (no por falta de recursos, sino porque la comida rica y saludable no se consideraba una prioridad).

Como la mayoría de nosotros, de pequeña no aprendí a escuchar mi cuerpo ni mucho menos a tener en cuenta su sabiduría. Es lógico que de adulta no confiara en él. Puesto que de pequeña no sabía escuchar lo que mi esencia me estaba pidiendo, de adulta, cuando me suplicaba tomarme un descanso, me desconectaba de sus peticiones de descanso, porque mi mente, por miedo a las consecuencias, me decía «tienes que esforzarte y seguir». Me pasaba la mayor parte del tiempo trabajando en mi pequeña oficina (una habitación en el garaje), fumando y tomando café, mientras mi voz interior me imploraba salir ahí afuera, de casa, que estaba en medio del monte, rodeada de una naturaleza salvaje y de aire puro. Constantemente tenía interminables listas de cosas por hacer, ocupaba mi tiempo con responsabilidades y nunca me quedaba espacio para relajarme, divertirme y cuidarme. Mi intuición me susurraba que siguiera una dirección diametralmente distinta pero yo no la escuchaba.

Al no escucharme, la mayor parte del tiempo vivía en desarmonía. Aunque no sufría carencia de nutrientes, sentía un hambre insaciable de vida. Estaba sometida a hambre mental, emocional y espiritual porque vivía de acuerdo a la historia que me había montado en mi cabeza, de lo que se suponía que tenía que ser una vida «exitosa». Privándome de las experiencias que mi corazón anhelaba.

Hasta que mi cuerpo ya no podía más y tomaba medidas más contundentes para frenarme en seco, por ejemplo, a través de problemas gastrointestinales que me obligaban a quedarme en la cama durante unos días, sin poder hacer nada.

Y, curiosamente, en esos momentos en que no hacía nada, mi voz interior aprovechaba para comunicarse conmigo. O mejor dicho, yo le daba la oportunidad de que asomara su cabecita.

Empecé a interesarme por la conexión entre la digestión y la forma de digerir la vida y vi que el cuerpo es muy literal, nos habla muy claramente.

¿A quién o qué situación no puedo tragar?
¿Qué me está revolviendo el estómago?

Comencé a comprender que no digería bien mi vida porque no confiaba en ella. Vivía coartada por el temor a lo que podía suceder, sentía que me faltaba apoyo. Me preocupaba mucho por el futuro y continuamente me protegía de los cambios que mi vocecita interior me pedía. En otras palabras, tenía mucho miedo de la vida pero no tenía el coraje para cambiarla.

Tras un largo camino de aprendizaje, empecé a escuchar a mi cuerpo, a reconocer mi voz interior. Y a confiar en ella. Las herramientas que más me ayudaron a acceder a mi sabiduría interior fueron la meditación, el deporte, los ejercicios de respiración y un contacto con las filosofías advaita y estoica.

Aprende a digerir tu vida

La doctora Carmen S. Alegría, autora del prólogo de este libro, nos ha explicado que a lo largo de su praxis médica ha constatado que los problemas digestivos se relacionan con el miedo. Miedo de no ser lo que quieren nuestros padres, de no contentar a nuestros profesores (y de mayores a nuestros jefes), de no servir, de no ser suficientes.

Cuando no nos tragamos a nosotros mismos, nos esforzamos para que los demás no «nos descubran» y nos acepten, complaciéndolos. Nos tragamos las palabras que necesitamos decir, no expresamos lo que necesitamos o deseamos, tenemos ideas sin digerir porque quizás sentimos que no merecemos ser escuchados. Y al tragarnos nuestras necesidades, no nos sentimos bien y recurrimos a la comida. En cambio, las personas que se aceptan y se respetan a sí mismas, expresan lo que desean y no tienen úlceras.

Poco a poco fui desarrollando la confianza en que si hacía caso de lo que me dictaba mi voz interior, siempre andaría por el camino que debía seguir. Cada vez que mis tripas tenían síntomas me hacía preguntas acerca de qué aspecto de mi vida no estaba atendiendo con la atención que requería. Y simplemente permanecía en silencio y escuchaba.

Acceder a la Chispa Interior no es algo misterioso ni místico, todo el mundo puede aprender a escucharla. Solo hay un requisito: reservar momentos de silencio para cultivar la serenidad. A ti te corresponde encontrar tu propia forma de escucharte[11] y aprender a mirar de frente la carencia, el miedo o lo que sea que le falta a tu vida.

 La mayoría de los conflictos de relación con la comida nace del miedo. Y la intuición tiene la misión de protegernos. Sustituyamos la protección que nos brindan los kilos de miedo acumulados en nuestra mente (y, por consiguiente, en nuestro cuerpo), por el amparo de nuestra verdadera esencia. Dejemos de usar la comida para tapar esas emociones que no queremos sentir.

La intuición descansa en el espacio que separa la mente del cuerpo. Y para acceder a ese lugar utilizaremos la meditación a través del abordaje del *mindfulness*. También nos enseñará a «estar con lo que hay», sin necesidad de cambiarlo y a tomar las riendas del modo zombi en relación a nuestra forma de comer (y de vivir), para dejar de comer (y de vivir) inconscientemente.

Confía en que tu Chispa, la Vida o quien quiera que sea, te guiará en este proceso y que, mientras hagas caso a lo que te dice, estarás en el camino que debes seguir.

---

[11] Así como la percepción que tenemos del dolor puede amplificarse o reducirse según como lo afronte cada uno, la forma en la que nuestra intuición se comunica con nosotros también puede variar mucho de una persona a otra.

Parte 2

ENTRENANDO LA CONSCIENCIA

7

Domando a tu zombi interior

«Cuando camines, camina; cuando comas, come».

Proverbio zen

El coche sin conductor

Todos tenemos un coche, un yo físico, un vehículo a través del cual vivimos la experiencia humana. Y además de nuestro yo físico, en nosotros también hay un conductor, una esencia, un alma. Nuestra Chispa Interior.

Somos una unión perfecta de conductor y de coche, pero a veces no lo concebimos así. Sentimos ansiedad porque anhelamos conectar con nuestra esencia. Al no percibir esa unión entre vehículo y conductor, nos sentimos desconectados, sentimos que estamos perdidos y utilizamos la comida como vía para conectar con el mundo exterior. La comida se convierte en un sustituto de la conexión que tanto anhelamos. Tomas algo de fuera y lo integras en tu interior, te fusionas con ese alimento.

Como te he comentado en la sección anterior, esta desconexión se da porque nuestra mente está abarrotada de pensamientos, de voces contrapuestas y de emociones. Es como si fuéramos, ya no un coche sino un autobús, con todos los pasajeros discutiendo sobre dónde ir y tratando de ocupar el asiento del conductor para intentar conducir.

No ayuda el hecho de que vivamos en la era de la información, en la que las nuevas tecnologías y las constantes interrupciones, el estrés, la presión, la exigencia laboral y la multitarea, nos llevan a una desatención continua, que nos impide centrar nuestra atención en un solo tema a la vez.

Aunque creas que hacer varias cosas simultáneamente es una forma eficiente de aprovechar el tiempo, en realidad la multitarea es muy compleja de llevar a cabo, causa confusión e inhibe la concentración. Estar pendientes de muchas cosas al mismo tiempo desvía constantemente nuestra atención del presente. Y el presente es el único lugar en el que la vida acontece, el aquí y el ahora, este preciso instante. El presente es el único punto en que podemos experimentar la realidad.

Y precisamente el *mindfulness* —y prácticamente todas las tradiciones en meditación— busca potenciar la calma y la claridad mental, a través de centrar la atención en una actividad en el aquí y ahora. Esto es, mantener cierta distancia de las voces incesantes que habitan nuestra mente y que, en general, no cuestionamos. Y es esencial desarrollar la capacidad de cuestionar nuestra mente; de lo contrario, viviremos a merced de todos nuestros pensamientos, deseos y torbellinos de emociones. Para mí el fin último es bajar de la cabeza al cuerpo, para conectar con nuestro vehículo y poder conducirlo por la carretera que elijamos.

 *Mindfulness* es ser conscientes de lo que hacemos mientras lo hacemos. Mientras tu cuerpo está presente, tu mente está presente.

Date un respiro

Detente un momento ahora y sé consciente de cómo es tu respiración en este preciso momento. Inspira aire por la nariz, lentamente, y retenlo en tus pulmones un par de segundos, sin tensión. Expúlsalo pausadamente por la boca, vaciando tus pulmones y echando el aire la boca. Nota si tu abdomen se va relajando.

Repite este ejercicio un par de veces más.

¿Cómo te sientes ahora? Hace un segundo estabas respirando en modo automático, y acabas de pasar una función autónoma de tu cuerpo al modo plenamente consciente. Tal vez te preguntes: Si podemos ejecutar esta función automáticamente, ¿qué necesidad hay de hacerla conscientemente?

Pasamos gran parte de nuestra vida realizando actividades cotidianas de forma semiinconsciente, lo cual es muy funcional pero tiene el serio inconveniente de que nos hace perder contacto con la vida. El sentido de parar y ser conscientes de la inhalación y de la exhalación radica en que la respiración siempre está ahí, incesante, de manera que cuando la mente se pierde y nos desconecta del vehículo, siempre podemos volver a concentrarnos en la respiración, regresando al presente. Porque solamente estando en el presente, podemos vivir una vida plena. Y cuando nuestra vida es plena, dejamos de recurrir a la comida para llenarla.

Respirar profundamente incrementa el riego sanguíneo en el cerebro y, en consecuencia, el oxígeno aumenta, lo cual nos permite pensar con mayor claridad y conectar más fácilmente con nuestro cuerpo. En fin, qué te voy a contar sobre la respiración… Si no respiras, mueres. ¡Es el verdadero fundamento de la vida!

Zombis en la ducha

Piensa en esta mañana. Probablemente al levantarte, te has duchado, has desayunado, te has lavado los dientes y has salido de casa hacia el trabajo o para realizar alguna actividad. Tu cuerpo estaba presente, desarrollando cada tarea pero ¿y tu mente? ¿Al ducharte eras consciente de cómo el agua resbalaba por tu cuero cabelludo, notabas la temperatura, oías la caída de las gotas

Tu cuerpo está presente.
¿Pero dónde está tu mente?

PASADO   PRESENTE   FUTURO

y sentías el aroma del champú? ¿O más bien estabas bajo el dominio del pensamiento rumiante, viajando hacia el futuro y el pasado?

Te ha asaltado un pensamiento («Mi jefe me ha pedido que vaya a hablar con él. Estaba muy serio. Va a despedirme») que ha evocado su correspondiente emoción (miedo, ansiedad, ira…) y como te has creído el pensamiento de que te va a despedir, ya tienes planeado todo lo que le vas a decir a tu jefe cuando entres en su despacho.

Mientras sigues en el espacio cerrado de tu popurrí mental, el agua potable y caliente —un privilegio del que menos de la mitad de la población mundial disfrutamos— sigue deslizándose por tu cuerpo y tú sin ni siquiera notarla. Sales de la ducha sacando espuma por la boca (no la del champú) por la injusticia que crees que ha cometido tu jefe y con ansiedad por cómo vas a poder afrontar las facturas, a partir de ahora que estás en el paro.

El problema es que no has cuestionado si lo que te dice tu mente, en forma de pensamientos, es cierto. Tu consciencia no ha tenido espacio entre el estímulo («Mi jefe me va a despedir») y tu respuesta (miedo, ira) porque no está clara, está más bien abarrotada. Tal vez tu jefe sencillamente quería felicitarte por tu buen desempeño, aumentarte el sueldo o proponerte un puesto más alineado con tus talentos y habilidades. Pero tú te has creído tu pensamiento.

¿Entiendes la importancia que tiene desarrollar tu capacidad de cuestionar lo que te dice tu mente? En lugar de creerte todo lo que te cuenta, puedes desarrollar la capacidad de observar los pensamientos, sensaciones y emociones que van surgiendo, sin juzgar ni criticar. «¡Oh! Qué interesante, un pensamiento temeroso por la reunión con mi jefe…». Lo observas, así como las emociones que van surgiendo, con una mirada curiosa, estando con ello, sin tener necesidad de evitarlo, ni de cambiarlo, ni de huir. La mirada curiosa significa tener un deseo auténtico de explorar qué y cómo piensas y sientes como lo haces en cada instante.

Así que a partir de ahora vas a entrenar tu capacidad de «estar presente» en el momento presente, en la experiencia directa, sin vivir a merced de los pensamientos, ni de las oleadas emocionales. Y no solo mantendrás la atención en lo que haces o en lo que sucede en tu interior, sino que también aprenderás a prestar atención a lo que sucede fuera, en el entorno. Ahora mismo tantearás un breve ejercicio para hacerte una ligera idea de los beneficios de hacer una pausa y distanciarte un poquito de tus pensamientos. Para que la atención plena tenga alguna utilidad para ti, es vital que la experimentes y descubras por tu cuenta. Asumir lo que significa para mí no te va a servir de nada.

 Prestar atención a lo que haces mientras lo haces, en el momento presente, sin que la mente viaje de pensamiento en pensamiento, a priori puede parecer simple. Pero, cuando empieces a practicar, te darás cuenta del nivel de dispersión que tiene tu mente. Se desviará con una facilidad asombrosa, hacia cualquier otro asunto antes de centrar la atención en lo que estás haciendo. Pero no te desanimes ni te fustigues si esto ocurre, es normal. Se trata de una capacidad que todos poseemos y que podemos cultivar a través de la práctica. Aunque solo lo ejercites durante 5 minutos al día, la práctica te ayudará a construir pautas neuronales fuertes.

Observa tu ombligo

 Programa el temporizador de tu móvil para que suene en tres minutos. En ese tiempo, simplemente observa las sensaciones que tienes en el abdomen. Observa como sube al inhalar y como baja al expulsar el aire Cuando tu mente comience a divagar, puedes contar tus respiraciones para anclar tu concentración. Con la primera inhalación cuenta 1 y cuenta 2 al expulsarlo. Cuenta 3 en la segunda inhalación y así sucesivamente hasta llegar al 8. Entonces, comienza nuevamente contando 1.

¿Cómo ha ido? Apuesto a que no has podido mantener la concentración durante los tres minutos y la mente habrá deambulado entre pensamientos. El hecho de darte cuenta de que tu mente se ha ido y redirigir su atención a la respiración o al movimiento del abdomen, ya es meditar. Estás entrenando tu capacidad para prestar atención a una sola cosa. Enhorabuena.

Respiración abdominal

Hasta ahora has practicado la atención a la respiración y la atención al abdomen. Ahora vas a hacer una sencilla práctica donde fusionarás ambos elementos. Programa el temporizador de tu móvil para que suene dentro de 5 minutos. En ese tiempo, simplemente observa cómo el aire entra y sale por la nariz, cómo tu abdomen se hincha al inhalar y cómo desciende al expulsar el aire. Si te fijas en estos dos puntos, en las fosas nasales y en el abdomen, la concentración será más fácil. No es necesario que cambies el ritmo ni la intensidad de tu respiración, respira como normalmente lo haces y sencillamente obsérvala. Sé consciente de las sensaciones que tienes en la zona abdominal. Si tu mente divaga, ya sabes que siempre puedes volver a centrar la atención en la respiración. Cuando esto suceda, recuerda que para afianzar tu concentración te puede ayudar contar tus respiraciones: Cuenta 1 al inhalar, 2 al expulsar el aire y cuando llegues a la octava exhalación, vuelve a contar de nuevo.

La mayor parte del tiempo estamos absortos pensando y haciendo cosas o preocupados, sin ser conscientes de lo que está pasando en el momento presente. Estamos en la era de la información, en que las nuevas tecnologías y las constantes interrupciones, el estrés, la multitarea, la presión y la exigencia laboral pueden llevarnos a una desatención continua, que nos impide centrar nuestra atención en un solo tema a la vez.

A continuación puedes leer el ejercicio extendido de *mindfulness*, que es un poco más largo que el anterior pero igualmente sencillo y fácil de aprender (también lo tienes disponible en audio en la web). Realizando a diario este ejercicio sencillo y fácil de aprender, durante 5 minutos, vas a desarrollar tu capacidad de estar presente. Te pido que lo practiques ahora, porque si el *mindfulness* se queda únicamente en la teoría, su utilidad será escasa o nula. Saber algo y no practicarlo, es como no saberlo. Tampoco te resultaría de demasiada utilidad que te limitaras a aceptar lo que *mindfulness* significa para mí; es importante que lo experimentes. Y te recuerdo que tu mente no se va a detener inmediatamente solo porque tú quieras; además, el objetivo de la meditación no es tratar de frenar los pensamientos. Así que olvida cualquier intención de despejar la mente o de detener tus pensamientos.

El único objetivo que debes proponerte es prestar atención exclusivamente a tu respiración. También te pido que no plantees este sencillo ejercicio con el objetivo de relajarte. Al principio de practicar meditación, yo tenía la expectativa de «Voy a relajarme», «Voy a sentirme mejor», «Tras la meditación saldré con una gran energía» y al terminar la sesión salía aún más estresada. La relajación, si acaso, será una consecuencia de haber sido capaz de calmar tu mente durante un tiempo. Así que solo nos vamos a centrar en una acción: la de prestar atención a la respiración, sin exigirnos resultados ni juzgarnos por si logramos mantener la atención a una sola cosa. Lo único importante ahora es que lo hagas. Ahora.

 Cuando aprendemos cualquier habilidad, se necesita práctica y concentración. Así que para aprender a estar presente, te recomiendo que empieces a escuchar este ejercicio de audio con regularidad, hasta que puedas practicarlo por ti mismo, sin necesidad de apoyo. Con la práctica regular serás capaz de realizar la práctica del *mindfulness* mientras caminas por la calle, cenas con los amigos o friegas los platos. Pero de momento, te recomiendo que la practiques a solas, tranquilamente, lejos de las distracciones.

EJERCICIO: Ejercicio extendido de *mindfulness*

 1 Ponte a gusto

Busca un lugar tranquilo donde puedas relajarte. Siéntate cómodamente en una silla con las manos sobre el regazo. Si lo prefieres, puedes sentarte en el suelo, sobre un cojín. Cierra suavemente los ojos o mantén la mirada desenfocada, posándola suavemente en un punto.

Procura mantener la espalda lo más recta posible, pero sin forzarla. Mantén el cuello relajado, con la barbilla ligeramente metida hacia dentro. Imagina que te estiraran suavemente con un hilito desde la parte más alta de la cabeza. El abdomen y el pecho sin estorbos, para que puedas respirar libre y profundamente.

2 Toma conciencia de tu cuerpo

Observa tu postura y presta atención a los puntos en los que tu cuerpo está en contacto con la silla, y a los pies reposando en el suelo. Nota el peso de tus brazos y manos que descansan sobre tu falda.

Concéntrate en las sensaciones que sientes en cada una de las partes de tu cuerpo, de la cabeza a los pies. Observa incluso las partes más pequeñas de tu cuerpo, como las orejas, los dedos de las manos y de los pies. Nota si hay zonas en el cuerpo en las que percibes incomodidad o tensión. Y también sé consciente de si hay áreas donde notas relajación y comodidad.

Permite que tu cuerpo vaya aflojándose, aligerándose y cayendo, más y más…

También puedes prestar atención a los demás sentidos. Percibe todo lo que puedas oler, saborear u oír. Si notas alguna sensación de calor, frío u hormigueo.

3 Respira profundamente

Ahora presta atención a la respiración. Toma conciencia de ella. Concéntrate en cómo entra y sale el aire de tu cuerpo. Observa el lugar en el cuerpo donde percibas de un modo más evidente las sensaciones de tu respiración. Tal vez en los orificios nasales, en la garganta, en el cuello. Quizá en el pecho o en el abdomen.

Ahora te pido que hagas 5 respiraciones profundas, algo sonoras, inhalando por la nariz y expulsando el aire por la boca. Respira desde lo más profundo del abdomen. Puedes colocar tus manos encima del estomago para notar cómo se expande al inspirar y al espirar, cómo tu cuerpo expulsa el aire, a la vez que vas soltando cualquier tensión física.

Imagina como si tuvieras un globo en el estómago. Visualiza cómo se hincha al inspirar, expandiendo tu vientre y al inspirar, cómo se deshincha.

Si en algún momento tu mente se va, llevándote a ideas, pensamientos, imágenes, cosa que nos ocurre a todos a menudo, cuando te des cuenta de que la atención se ha dispersado, con suavidad, con una actitud cariñosa y sin juzgar, tráela de vuelta. Puedes dirigir tu atención a la zona de la nariz, sintiendo como el aire entra y sale por tus fosas nasales. También puedes contar las inhalaciones y las exhalaciones. Cuenta mentalmente cada vez que inhalas y cada vez que expulsas el aire. Cuenta 1 al inspirar, 2 al espirar, 3 de nuevo al inspirar… Y cuando llegues a 8, empieza la cuenta de nuevo. Contar ayuda mucho a mantener la concentración.

Recuerda que la respiración es un recurso maravilloso para centrar tu atención en el aquí y en el ahora, porque siempre está activa y presente.

4 Respira naturalmente

Con la última espiración, ve regresando a tu ritmo natural de respiración. Permite que vaya recuperando su cadencia normal. No hagas ningún esfuerzo por alterarla, ni por buscar nada especial. Permítete descansar en la respiración. Observando con amabilidad el fluir del aire al entrar y salir por la nariz. Notando las sensaciones que te proporciona cada inspiración y cada espiración: observa cómo es tu respiración ahora, si es profunda o superficial, si es entrecortada o regular, rápida o lenta, suave o tal vez rígida. No es necesario que cambies nada; simplemente mantén la atención en la sensación. Sintiendo lo que deba ser sentido, observando lo que seba ser observado. Todo tiene cabida aquí y ahora.

En cada inhalación y en cada exhalación descansas más y más, momento a momento.

Cada vez que percibas que la mente se va a recuerdos, ideas, planes futuros, dirige suavemente la atención de nuevo hacia la respiración. Simplemente date cuenta de que se ha ido y decide volver. Puedes volver a contar tus respiraciones. Darte cuenta de que la mente se dispersa y recuperar la atención sin criticarte es fundamental en la práctica del *mindfulness*. Además, la propia práctica de darte cuenta de que te has ido, ya es meditar. Y esta práctica se fortalece. Es un fluir continuo de ir y venir y de volver a observar lo que hay, momento a momento, con una mirada curiosa.

5 Explora tu interior

Ahora que eres más consciente de tus sensaciones físicas, puedes tomar también mayor consciencia de tu estado interno, de tu mente y de tus emociones. Realiza una exploración de cómo se siente tu cuerpo, tu mente y tu corazón. Intenta ser consciente de ello sin juzgar. No trates de deshacerte de cualquier sensación incómoda o desagradable cambiando de postura. En lugar de eso, simplemente puedes reconocer la molestia y aceptar esa sensación, dejar de poner resistencia a lo que pasa y de querer que las cosas sean de forma diferente a como son. Y continúas con el ejercicio.

Si no encuentras ninguna sensación evidente, no te preocupes, también está bien.

6 Permite que tu mente se disperse

Ahora deja de centrarte en nada, ya no tienes que prestar atención a la respiración. Quizá sientes más calma, menos estrés, serenidad y relajación. O tal vez no. Puede que tu mente esté inundada de pensamientos y planes. Pero en esta fase del ejercicio no importa demasiado qué sientas. Cualquier cosa que suceda está bien y no hay ningún resultado o efecto que tengas que lograr.

Permite que tu mente vague libremente y disfruta de dejar que tu mente sea tal y como es.

ADIÓS AL HAMBRE EMOCIONAL

7 **Prepárate para terminar**

De nuevo, sé consciente de las sensaciones del cuerpo. Cómo reposa sobre la silla, los pies apoyados en el suelo, los brazos y las manos sobre tus piernas.

Puedes notar si hay algún olor, sabor o sonido.

Dentro de un momento y cuando sea adecuado para ti, te pediré que abras despacio los ojos. Pero antes, te pido que tengas en mente una idea clara de lo siguiente que vas a hacer. Muchas personas, al terminar este ejercicio, saltan de la silla y se enfrascan en la siguiente actividad, perdiendo el estado centrado que han cultivado con la práctica. Así que piensa en qué vas a hacer ahora, y llévate toda esa consciencia contigo para la siguiente tarea.

Si quieres puedes acomodarte en la silla o en la cama y estirar tu cuerpo como si fueras un gato desperezándose.

8 **Regresa a aquí y ahora**

Inhala, exhala... Y al llegar a este final de la práctica de la meditación, permítete saborear unas últimas respiraciones conscientes y completas, a tu ritmo, dándote cuenta de cómo tus ritmos vitales han cambiado si es que tu respiración también ahora es diferente que al iniciar la práctica. O quizás no. Tal vez tu mente se ha calmado por completo o tal vez no. Aunque tengas la sensación de tranquilidad absoluta, quizá solo sea pasajera. Si sientes enfado o nerviosismo, observa que esa sensación también puede ser pasajera. Ocurra lo que ocurra, permite que sea como tenga que ser. Sea como sea, date un espacio para agradecerte esta práctica, este momento de atención especial hacia ti, hacia lo que es. Date cuenta de que descubrir la calma y la claridad tiene que ver menos con «hacer» y más con «no hacer». Y poco a poco, a tu ritmo, puedes ir abriendo los ojos y tomando consciencia de dónde estás.

Encuentra momentos a lo largo del día para reconectar con esta sensación de atención centrada. No es necesario que hagas el ejercicio completo, simplemente concéntrate en el ritmo de la respiración, haz cinco respiraciones profundas. Dedica un espacio para tomar consciencia de cómo te sientes física, mental y emocionalmente. Sin tratar de cambiar tu estado.

Esto te permitirá estar más presente en tu vida cotidiana, centrando tu consciencia en una cosa cada vez, en el momento presente. Y cuanto más lo practiques, más fácil te resultará acceder a tu vocecilla interior, que está ahí para protegerte, sin que le importe el peso que tengas. La práctica regular también te ayudará a fortalecer los nuevos hábitos de alimentación consciente que descubrirás en el capítulo «Consciencia y pérdida de peso», que te permitirán conseguir tu propósito.

A veces creemos que cuanto más intensamente empecemos a intentar practicar algo, mejores serán los resultados. Pero la realidad es que esforzarnos demasiado puede ser contraproducente. El secreto está en la práctica breve pero constante, en reservar un espacio en tu agenda cada día, para sentarte tranquilamente sin distracciones. Después serás capaz de aplicar el *mindfulness* a otras áreas de tu vida, como tu forma de comer.

Entrena tu consciencia y atención con el audio del ejercicio extendido de *mindfulness* que puedes descargar gratuitamente de **www.hambredeamor.com** (ver instrucciones en la página 21).

Momentos *mindfulness*

«He hecho un curso de lectura rápida
y he leído *Guerra y paz* en veinte minutos. Va de Rusia».

Woody Allen
Director, guionista, actor, músico y escritor

La atención plena se desarrolla con ejercicios como el que te acabo de proponer, pero la buena noticia es que para entrenar esa capacidad no necesitas permanecer inmóvil durante horas en un cojín de meditación, al margen del mundanal ruido. Otra forma de cultivar un estado de presencia y mantenerlo en tu vida diaria consiste en realizar actividades rutinarias —que normalmente realizas en modo zombi —de modo más consciente. Más adelante, el reto será generalizar este estado a otras actividades, como el acto de comer.

Mientras cocinas, ¿dónde suele estar tu mente? ¿Está ocupada haciendo planes para mañana? ¿Se encuentra reviviendo una y otra vez esa conversación que has tenido en el trabajo? ¿Está imaginando conversaciones que aún están por venir?

 El reto para esta semana es que cada día elijas una de las actividades que te propondré a continuación y que prestes total atención al ejecutarla. No consiste en que realices la actividad de forma lenta, hazla con normalidad, pero prestando atención a la experiencia en sí misma. ¡Aprovecha cualquier oportunidad para incorporar pequeños momentos *mindfulness*!

Durante esta semana, cada día elige uno de estos momentos de tu vida diaria:

Mientras te lavas los dientes

Mientras te cepillas los dientes, presta atención a la posición de tu cuerpo. Sé consciente del aspecto, el olor, la textura, el sabor de la pasta de dientes. Siente como el brazo se va moviendo de un lado al otro. Escucha el sonido del cepillo contra tu dentadura. Nota la sensación del cepillo en tus dientes y céntrate en limpiar cada uno de ellos.

Al darte una ducha

Siente el placer del agua caliente resbalando sobre ti, mientras prestas atención al aroma del jabón, al sonido del agua al caer y a la disminución de su velocidad, cuando cierres el grifo. En la ducha es muy frecuente que la mente salte hacia delante y hacia atrás, recordando e imaginando situaciones que tal vez nunca han ocurrido y que probablemente nunca sucederán. Simplemente sé consciente de cuando tu mente se va, y vuelve a prestar atención al agua.

Fregar los platos

Nota el primer contacto de tus manos con el agua; sé consciente de la temperatura, de cada pieza que sujetas, del tiempo que tardas en limpiarlo. Observa la espuma que se forma, fíjate en el sonido del agua al caer, en la cantidad de agua que estás usando. Toma consciencia de los pensamientos que cruzan tu cabeza y, seguidamente, déjalos marchar. Igualmente, date cuenta de tu deseo de querer terminar para poder hacer otra cosa.

En la cola del súper

Sé consciente de la reacción que tienes al ver que hay cola en el supermercado. Mientras esperas, sé consciente de tus sensaciones físicas, así como de la posición de tus pies, de tus piernas, de tu espalda; nota tu respiración.

Cuando la cola avanza, sé consciente nuevamente de tu reacción. Sé consciente de tu impulso de mirar el móvil, y de cuántas veces lo haces. Cuando por fin llega tu turno, pon atención en tu interacción con la persona que te atiende.

En el transporte público

Observa si tu mente desearía estar en otro lugar, que el «trámite» del viaje pase pronto. No se trata de que sientas entusiasmo por estar en ese vagón de metro maloliente, ni de que pretendas sentir lo que no sientes. Únicamente es una oportunidad para entrenar la observación de lo que te rodea, de no juzgar tus sensaciones, reconocer cómo tus emociones y tus pensamientos van fluctuando.

Caminar de una estancia a otra en casa

Toma conciencia de cómo caminas. Siente cómo las almohadillas de un pie entran en contacto con el suelo. Nota igualmente la pisada de tu otro pie, cómo el arco plantar se encorva. Toma consciencia del movimiento de tus piernas, de tus brazos si se balancean en los costados. Observa cómo entras a la otra estancia, y los desplazamientos que realizas.

Otras actividades que no requieren atención consciente, por tratarse de actos sencillos y cotidianos, pero que son muy útiles para focalizar nuestra mente en una sola cosa, podrían ser:

- Vestirte
- Tomar un té, café o zumo
- Hacer la compra
- Salir a correr
- Conducir
- Sentarte a trabajar en tu mesa
- Una relación sexual
- Poner y quitar la mesa
- Tirar la basura
- Poner la lavadora
- Ponerte crema en la cara[13]

---

[13] Si aplicas la atención plena al ponerte crema, realizando un suave masaje facial, visualizando cómo la loción va nutriendo y rejuveneciendo tus células, el efecto de la crema se multiplicará.

EJERCICIO: Movimiento y consciencia

 Cuando hacemos deporte solemos estar muy en el plano mental, pensando en todo lo que tenemos que hacer. Y cuando terminamos la actividad física, rápidamente volvemos a enfrascarnos en mil pensamientos.

Con el ejercicio «Moviliza tu energía» vimos cómo aplicar el *mindfulness* al deporte, poniendo la atención en cómo es el movimiento, en el ritmo, en la parte derecha, en la izquierda… Convertimos la actividad física en un espacio en el que poder meditar y estar conectados con el momento presente.

Lo que te propongo ahora es que, además de durante el ejercicio, también después de hacer deporte dediques unos instantes a estar presente. Disponte a observar cómo se siente tu cuerpo tras la actividad física. Cómo te sientes después del movimiento. Si vas a comer, advierte qué bien te sienta la comida.

Y ya puestos, aprovecho para pedirte que aumentes el tiempo de movilizar tu energía, de 5 minutos a 10 minutos.

 Es fundamental que no hagas ejercicio desde la obligación ni desde el machaque. Es curioso observar cómo las personas hacemos ejercicio igual que comemos (y que vivimos). En mi práctica como instructora de actividades deportivas, he observado que muchas personas no disfrutan del hecho de hacer deporte, lo hacen contando los minutos, con la presión de lograr resultados, sin disfrutar del instante presente, sin cariño ni respeto por sí mismas. Es una lástima vivir el ejercicio físico de esta manera, pues cuidarse sin disfrutar, no es cuidarse. ¡Es posible disfrutar del ejercicio físico! Para ello es necesario que encuentres una actividad que te guste.

 Esta semana vas a prestar atención a aquellos aspectos vitales que das por sentados, como la respiración. Comprométete a dedicar 5 minutos cada día a meditar (ya sea poniendo la atención en la respiración, en las sensaciones de la zona abdominal o escuchando la meditación guiada por mí en audio del ejercicio extendido de meditación (accede a ella a través de la web).

También vas a elegir una actividad cotidiana al día, la cual vas a desarrollar con plena atención. Por último, aumenta la práctica de movilizar tu energía a 10 minutos más de lo que vienes haciendo diariamente.

8

Alimentación consciente
y *mindful eating*

Llegados a este punto, supongo que ya vas vislumbrando el nexo que existe entre el *mindfulness* y la mejora de la relación con la comida.

¿Qué es el *mindful eating*?

Si *mindfulness* significa atención plena, *mindful eating* es la aplicación de la atención plena al acto de comer. En realidad, se extiende a muchos más actos. Además de estar presentes, atentos y a gusto mientras comemos, la alimentación consciente comienza al sentarnos a escribir la lista de la compra, cuando adquirimos el alimento, en la forma de cocinarlo y de prepararlo e incluso cuando tomamos la decisión de comprarlo. Pero de momento vamos a centrarnos en el modo de comer.

Se suele hablar de *mindful eating* y de alimentación consciente como si fuesen sinónimos, pero para mí son cosas distintas. Aunque se trate de una mera cuestión de etiquetas, creo que el concepto de «alimentación consciente» abarca muchos más ámbitos. Alimentarnos conscientemente es tener consciencia de los alimentos en los aspectos:

- **Intelectual**: Estar atentos a los grupos de alimentos necesarios en nuestra alimentación (vitaminas, proteínas, carbohidratos…). Nuestro cuerpo se regenera en ciclos de varios años, se está reconstruyendo continuamente. Por supuesto que es primordial fijarse en la calidad de nuestra alimentación y bebida, en los «ladrillos» que usamos para reedificar nuestro cuerpo. Sin embargo, en general se pone mucho el foco en qué comemos, mientras que es tanto o más importante cómo lo comemos y para qué lo comemos.

- **Sensorial**: Aquí es donde entra el *mindful eating*. Atender a los colores, los sabores, las texturas, los aromas… cuando comemos mirando el móvil, viendo la televisión, distraídos y sin saborear la comida realmente, la digerimos sin darnos cuenta. Al terminarla, no nos sentimos satisfechos, seguimos sintiendo hambre y lo más probable es que nos levantemos de la mesa en busca de algo con que llenarnos.
- **Emocional**: Ser conscientes de qué comemos según los estímulos que desencadenan el hambre voraz (cómo nos sentimos, según los hábitos familiares, el lugar en el que nos encontramos…). Con la vida que llevamos, solemos tener una agenda muy llena, nos sentimos cansados, no acabamos de encontrar el sentido a lo que hacemos y tenemos necesidades emocionales no cubiertas. Y a menudo utilizamos la comida como un bálsamo emocional, como un premio o como un medio para tapar nuestras carencias emocionales.
- **Ético:** Considerar el impacto que nuestra forma de alimentarnos tiene sobre el planeta, en los 4 grandes reinos de la naturaleza (mineral, animal, vegetal y humano). Este plano concierne a si lo que consumimos se ha producido de forma sostenible, el impacto del transporte de esos alimentos en el medio ambiente o si la compañía alimentaria retribuye justamente a las personas que trabajan en ella.

Cada uno de estos puntos daría para un libro entero, pero prefiero profundizar en los aspectos decisivos para aprender a relacionarnos bien con la comida, acabar con el hambre emocional y con el sobrepeso: la alimentación desde el punto de vista sensorial *(mindful eating)* y emocional. Los demás componentes (el intelectual y el ético) vendrán como consecuencia natural de interiorizar el *mindful eating* y la gestión emocional.

Así, en lugar de vigilar más qué alimentos comemos o de contar las calorías que ingerimos, vamos a entrenar la consciencia al comer. Lo haremos observando y conociendo en profundidad todos y cada uno de los elementos que condicionan el proceso de comer. Siguiendo el triángulo de la consciencia del capítulo 5, vamos a estar en constante contacto con las pautas mentales habituales (pensamientos), con los estados de ánimo (emociones) y con las diferentes sensaciones de hambre y saciedad (cuerpo), y evitaremos persistir en los pensamientos autodestructivos de La Voz que nos llevan a comer incontroladamente.

De la misma manera que somos capaces de caminar o respirar sin tener que pensar en ello conscientemente, podemos realizar tareas sencillas como pinchar el tenedor o llevarnos un bocadillo a la boca sin tener que pensar en lo que hacemos. También podemos comer mientras andamos por la calle o conducimos, miramos el móvil, leemos el periódico, vemos la tele, trabajamos en el ordenador o hacemos planes para el día siguiente. Nos parece que aprovechamos mucho mejor el tiempo y que además hacemos el «trámite» de comer menos aburrido. Pero ya vimos que la multitarea tiene unas consecuencias.

Supone que, mientras vas metiendo comida en tu boca a la vez que realizas todas estas tareas, te pierdes la experiencia de comer, no disfrutas, ni notas los sabores, ni los aromas, ni las texturas de los alimentos. Y resulta que cuando andamos por la vida ignorando lo que vemos, lo que tocamos o lo que comemos, es como si todo aquello no existiese. Si nos atiborramos de comida mientras nuestra mente anda perdida entre pensamientos, miramos el móvil, leemos el periódico, vemos la TV o escuchamos música, no nos damos cuenta de qué cantidades ingerimos, ni de qué es lo que ingerimos. Tampoco somos conscientes de las sensaciones (el hambre es una sensación física), que nos dicen «ahora tengo hambre» y «ahora ya no».

Muchas personas, al levantarse por la mañana, en lo primero que piensan es en la comida. Y también es en lo último que piensan cuando se acuestan por la noche. Sin embargo, en el momento de comer, su conciencia acerca de lo que están haciendo se anula y una sensación de descontrol se apodera de ellas. Absortas entre pensamientos, se atiborran, sin darse cuenta de las cantidades que ingirieren, y casi sin saber lo que están comiendo. Y, de repente, cuando se dan cuenta de que el plato está más limpio que una patena, despiertan de ese trance en el que han estado inmersas. A continuación, se encuentran mal físicamente e insatisfechas con su aspecto. La consciencia es la clave para realizar cambios profundos y duraderos, como perder peso a largo plazo.

Te pongo un ejemplo personal, una situación que me llevó a comer inconscientemente. Un día, mientras regresaba de trabajar, caminaba preocupada pensando en una conferencia que tenía que impartir en dos días y que no me había preparado. Cuando llegué a casa, mi mente me decía «debes ponerte a trabajar en la conferencia» pero otra parte de mí me sugirió: «Antes de empezar relájate un poco, ponte a ver una serie en internet acompañada de unas patatitas, para desconectar». ¿Quién ganó? Efectivamente, la segunda. Así que me senté en el sofá, frente a la pantalla y con una bolsa de patatas en la mano. Al principio empecé a comer solo algunas, pero a medida que el drama de la serie iba aumentando, mi velocidad al comer también lo hacía. Comía al ritmo de la trama. Ingería sin apenas darme cuenta. Seguía comiendo sin tener hambre física. Cuando la serie terminó, me di cuenta de que me había comido la bolsa de patatas entera.

¿Y qué vino seguidamente? Culpa. Me eché la bronca por haber perdido el tiempo y por comer comida basura. «¡Demasiada sal y grasa!», espetó La Voz. «Te quedas sin cenar, y mañana ¡a compensar en el gimnasio!»

Comí inconscientemente, me enchufé a la pantalla para desconectarme de los mensajes que mi corazón, mi mente y mi cuerpo me mandaban. Me fui a la cama preocupada por haber procrastinado y no haber avanzado en mi trabajo. Desnutrida, no solo de cuerpo, sino también de corazón.

¿Cómo hubiese discurrido la misma situación, siendo más consciente?

Al regresar a casa de trabajar, preocupada por la conferencia que debía impartir en dos días y que no me había preparado, me asaltó el pensamiento: «debes ponerte a trabajar en la conferencia». Antes que nada, comprobé cómo estaba mi mente. Verifiqué que efectivamente estaba preocupada por la conferencia. Luego pasé a observar el estado de mi corazón y descubrí que me sentía un poco sola (y ya te he contado que no me llevaba muy bien con la soledad).

A continuación revisé el estado de mi estómago y de mis células, y me di cuenta de que además de estar cansada, sentía mucha hambre. Concluí que necesitaba comer algo y recibir cariño. Pero como estaba sola, la que tenía que satisfacer estas necesidades era yo misma.

¿Crees que cogí tres ramitas de apio y las remojé en tahín? ¡No! Igualmente fui a por las patatas, pero en vez de tomarlas directamente de la bolsa, dispuse unas 20 patatas fritas en un plato. Observé su color, sus tonalidades de marrón y dorado, sus formas. Me acerqué una a la boca y me di cuenta de su textura arrugada al acariciar mi lengua. Noté los cambios de textura cuando la saliva entraba en contacto con la patata. Saboreaba lentamente la sal en la boca, deteniéndome unos instantes para escuchar el sonido crujiente que se producía al masticarlas. Incluso notaba cómo se deslizaba el alimento por mi garganta, tras haberlo triturado, y cómo la comida entraba en mi estómago. Hacía una breve pausa entre patata y patata y seguidamente comía otra. Notaba el sabor de salado que quedaba entre mis dedos. Sin la TV encendida. Sin juicios, de bien o mal. Disfrutando del placer de haberlas comido. Siendo consciente de lo que estaba haciendo. En suma, la experiencia se alargó unos 10 minutos.

Al terminar el tentempié, comprobé de nuevo cómo estaba mi estómago y mi cuerpo en general. Noté que tenía sed y que seguía hambrienta. Por lo que me preparé un buen zumo y la cena. Tras nutrir mis células escuchando lo que mi cuerpo me pedía, revisé cómo estaban mi mente y mi corazón. Seguía cansada mentalmente, tras ese día cansado. Así que en lugar de forzarme a preparar la conferencia —como habría hecho en otras ocasiones, dominada por

La Voz— decidí acostarme y ponerme a trabajar a la mañana siguiente, con la mente y el cuerpo descansados.

Antes de dormir, hice una llamada a mi pareja para desearle buenas noches e irme un poco más arropada emocionalmente. Me acosté con la mente, el cuerpo y el corazón serenos y dormí estupendamente.

En ambos casos no avancé con la conferencia que tenía pendiente, pero qué diferencia acostarme de una manera o de otra, ¿verdad? ¿En qué situación crees que fui más eficiente y trabajé más a gusto al día siguiente? Por supuesto, en la que escuché las diferentes partes de mi ser y las nutrí como me pedían.

Algunos asistentes a mis charlas y cursos me preguntan: ¿Si medito adelgazaré? Mi respuesta es que si meditas, el espacio que La Voz (la del crítico interior) ocupa en tu mente descenderá y esto afectará positivamente a tu relación con la comida y contigo. Al sentirte mejor, tendrás menos ansiedad por comer y recurrirás menos a la comida como parche emocional. Y, en consecuencia, puede que adelgaces. El *mindfulness* aplicado a la alimentación no ofrece adelgazar, sino cambiar la relación que tienes con la comida. Además, está demostrado que la meditación aumenta la actividad en el área del cerebro responsable del autocontrol y de la toma de decisiones.

El National Institute of Health de EE UU hizo una investigación para determinar las características que tenían en común las personas que perdían peso con éxito y que posteriormente conseguían mantenerlo. Los sujetos que participaron en la investigación, compartían una serie de comportamientos. Por un lado, desayunaban todos los días, realizaban casi una hora al día de actividad física (en muchos casos caminaban) y prácticamente todos tenían integrado en su rutina diaria un componente de meditación. Lo hacían para mantener el estrés a raya, equilibrar el estado de ánimo y gozar de un sueño reparador, elementos clave para la pérdida de peso.

EJERCICIO: Ejercicio básico de *mindful eating*

¡Ahora te toca a ti! En este ejercicio vas a comer un alimento de forma consciente, concentrándote completamente en el proceso de comer. Para ello vas a necesitar una bolsa de patatas chips y un plato. ¡Corre a por ello!

Abre la bolsa de patatas (por cierto, la industria alimentaria tiene bien estudiado el sonido de abrir la bolsa, el cual empieza a excitar los sentidos y a estimular el hambre).

Coloca en el plato la cantidad que te apetezca comer.

Antes de empezar a comer las patatas (y siempre que te sientes a comer), dedica unos instantes a observarlas. Empieza mirando el alimento, apreciando los diferentes colores, texturas, formas y su disposición en el plato. ¿Qué le parece la comida a la mirada? ¿Qué textura le apetece a la boca? ¿Qué tipo de sonido? Rompe una patata cerca de tu oído.

Ahora huele las patatas. En vez de inclinarte para olfatearlas, eleva el plato o trozo de patata hasta la nariz. Presta atención a cómo sujetas el plato o la patata. Inspira hondo, como si fueses un catador de vinos que tiene que percibir los matices, los ingredientes y los aromas. Intenta detectar los diferentes componentes de los olores.

Acerca la patata a los labios y nota su textura con los labios. Lentamente, introdúcela en tu boca, pero aún no la muerdas ni la mastiques. Nota qué hace la lengua para recibirla. Siéntela en la boca. ¿Qué notas? Percibe si cambia su textura y las sensaciones que te aporta tener la patata en la lengua.

Nota el sabor si puedes. Y ahora, despacio, ve masticando la patata, conscientemente. Pon atención a tu forma de masticar y al sonido que oyes.

Percibe los efectos en la patata y en la boca. Experimenta cada bocado de principio a fin, notando los cambios de textura y tal vez de sabor.

Si en tu mente surge la intención de tragar, date cuenta de ese deseo de tragar. Observa los movimientos que la lengua hace para prepararse para tragar, pero sin tragar. Saborea y disfruta la patata al máximo.

Pasados unos instantes, puedes tragarla y tras acabar la comida, sé consciente del olor (al que también llamamos sabor). Fíjate en cuánto tiempo permanece el sabor en tu boca. Quizá tu boca quiere seguir experimentándolo… O tal vez no. Simplemente, obsérvalo.

Comer segundo a segundo, ralentizando cada parte del proceso de comer, te ayuda a apreciar cada aspecto del alimento y a ser consciente de sus diferentes matices. Además hace la comida más placentera y es un entrenamiento imprescindible para dejar de comer en exceso.

El reto de hoy es que elijas una comida del día y, en lugar de comer mientras respondes emails y mensajes, te obligues a hacer una sola cosa a la vez. Cuando comas, no hagas nada más. Concéntrate en el acto de comer y el proceso de masticar. Saborea los alimentos, nota cómo la comida se introduce en tu cuerpo. Concédele tiempo a tu cerebro para que reciba el mensaje de saciedad cuando hayas comido suficiente.

Del control al descontrol

Mientras que algunas personas hacen todo cuanto pueden para evitar la comida y son capaces de privarse de comer hasta el punto de sufrir mareos y aguijonazos de hambre en el estómago, otras comen sin cuidado ni mesura, al mismo tiempo que planean qué es lo que probarán después. Las primeras se encuentran en el ciclo del control, mantienen constantemente la restricción y no se permiten comer de todo. Las segundas están en el descontrol, la compulsión y el exceso. Es muy corriente que las mismas personas oscilen entre ambos ciclos.

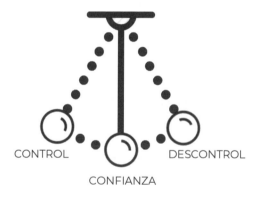

Este péndulo muestra la alternancia entre el ciclo del control y el del descontrol. En un extremo tenemos la mentalidad dieta. Durante muchas épocas de mi vida he estado ahí. A menudo me sentía fuera de control, y eso me daba mucho miedo. Entonces, adoptaba planes estrictos de alimentación porque ilusoriamente me aportaban la sensación de orden y estructura que tan desesperadamente buscaba en mi interior.

Las dietas son normas externas que te desconectan aún más de ti. Añaden más inconsciencia de lo que está sucediendo en ti. Implican que seas obediente y, por tanto, irresponsable.

Aparentemente, aunque creía que dominaba la situación, en realidad no tenía control alguno de mis pensamientos, que estaban tiranizados por la comida.

CICLO		SENSACIÓN
Alimentación restrictiva	=	«Estoy bajo control»

Los extremos se tocan y siempre que hay control, tarde o temprano habrá descontrol. Por ello las dietas no son sostenibles en el tiempo. Esto lo puedes verificar en múltiples aspectos de la vida: en los gobiernos que ejercen control, en los matrimonios, en padres que controlan mucho a sus hijos o en las dietas. El efecto rebote es inherente a cualquier régimen, por el deseo que la misma privación te genera por los alimentos prohibidos.

Además, en la vida real estamos constantemente expuestos a estímulos que nos llevarán a tirarlo todo por la borda.

En la otra punta del péndulo, encontramos el desorden, el sobrepeso, no estamos como queremos estar y perdemos la salud.

CICLO		SENSACIÓN
Comer en exceso	=	«Estoy fuera de control»

Cuando nos encontramos en el ciclo del despiporre, sentimos que estamos fuera de control y como tenemos la necesidad de sentir que lo controlamos todo, regresamos al ciclo de alimentación restrictiva. Aunque puedan parecer actitudes opuestas, la restricción y el descontrol son muy parecidas, por el hecho de ser extremas, inconscientes, generadoras de infelicidad y de desconexión con el cuerpo.

De regreso a tu centro

¿Conoces a alguien que se alimenta de manera instintiva? Me refiero a ese tipo de persona a la que envidias por la facilidad que tiene para comer lo que quiere, cuando quiere. Incluidas todas esas comidas que tú, a partir de los preceptos de las dietas, has clasificado como «malas». Esas personas no tienen una relación disfuncional con la comida. No cuentan las calorías de lo que comen. No tienen días «buenos» ni días «malos» en función de cómo se han comportado con la comida, básicamente porque no tienen alimentos que no puedan comer. Y, sin embargo, permanecen en su peso ideal. Las personas que comen de forma instintiva se ubican en medio del péndulo: tienen plena confianza en su cuerpo y en sí mismas.

Estoy segura de que tienes alguien cercano así, que goza de total libertad ante la comida. Tal vez, ante su presencia has sentido complejos porque crees que nunca podrás permitirte comer así. Quizá has pensado que te encantaría poder hacer esto pero que tú no te lo puedes permitir, porque tu metabolismo es lento o porque no tienes fuerza de voluntad. Pero la realidad es que todos nacemos con esa capacidad de alimentación intuitiva.

CICLO		**SENSACIÓN**
Alimentación consciente	=	«Estoy a cargo de mi alimentación»

Entre los dos extremos del péndulo residen la alimentación consciente y la autorregulación. Dejamos de lado las instrucciones externas para volver a confiar en la sabiduría de nuestro cuerpo, de nuestra intuición, de nuestra verdadera esencia. Estamos a cargo de nuestra alimentación.

En este libro no te hablo de nutrición ni de calorías porque cuando solo nos centramos en el exterior no solucionamos ni aprendemos nada. La clave para regresar a la confianza reside en cambiar el foco de atención, en lugar de para fuera. Como dice Louise Hay[14]: «La salud empieza por lo que piensas y termina por lo que sientes».

El círculo del *mindful eating*

A continuación vamos a analizar las características, las actitudes, los comportamientos y los patrones de alimentación de las personas que se encuentran en el ciclo del control (que comen restrictivamente), las que están en el descontrol (que comen en exceso) y las que tienen una relación con la comida situada en el centro del péndulo: aquellas que comen intuitiva o instintivamente. Nos serviremos del círculo de *mindful eating*, una herramienta que nos ayudará a comprender mejor para qué hacemos lo que hacemos en cuanto a hábitos de alimentación.

---

[14] Terapeuta, profesora y conferenciante, pionera del desarrollo personal.

Empecemos examinando el círculo de *mindful eating* desde la perspectiva de las personas que comen desde el ciclo del descontrol.

Hábitos de las personas que comen en exceso

Como hemos visto, una de las causas que nos llevan a comer descontroladamente es la privación que implican las dietas. Y que siempre que hay control, llega el descontrol.

1 ¿Para qué comen?

El «para qué» nos conecta con los beneficios que la comida nos aporta. Las personas que se encuentran en el descontrol, a menudo comen a causa de estímulos, ya sean externos (ver un anuncio de comida en la TV, oler un cruasán, ver comer a otros, terminarse la comida de los niños, cuando salen a comer fuera «Ya que lo he pagado, me lo como», cuando están de vacaciones...) como internos (intentar satisfacer una necesidad emocional, psicológica o física). Cualquier detonante puede hacer que coman, aun sin tener hambre física.

2 ¿Cuándo comen?

Cuando perciben ese detonante a través de los sentidos o cuando les embiste alguna emoción que no saben sostener. También comen cuando tienen sed, pues suelen confundir la sed con el hambre.

③ ¿Qué comen?

La razón por la que comen (el «para qué») determina qué es lo que comen (el «qué»). Si una necesidad emocional es lo que les lleva a comer, esta también será la que les haga elegir qué comer. Por lo que probablemente se tratará de comidas de confort (ricas en grasa, azúcar o sal), como chocolate, pizza, galletas, patatas fritas, bollería, frutos secos, helados, etc.).

¿Qué comes cuando pasas al descontrol?

Ejercicio: Tu lista negra secreta

 Estoy segura de que ciertos alimentos son irresistibles para ti. Esos alimentos que, con solo verlos, te hacen abalanzarte sobre ellos, aunque no tengas hambre. Sabes exactamente cuáles son. Enumera tus favoritos en tu lista negra, si son de marcas concretas o de sabores concretos, anota todos los detalles.

Y escribe también cinco secretos que no hayas compartido con nadie, en relación a la comida. Cosas que has hecho o has dejado de hacer por priorizar comer, mentiras o quizás imprudencias. No se trata de sentirte mal, simplemente exprésalo.

④ ¿Cómo comen?

Comen distraídos, por la vista, rápido, mirando la TV, caminando o de pie. No creen que comer sea suficientemente importante como para dedicarle el tiempo que se merece. (Por cierto, cuando comemos de pie, para el cerebro esa comida no computa, es como si no la registrara).

También suelen comer a solas, a escondidas, de forma diferente a cuando están en público.

⑤ ¿Cuánto comen?

Si el hambre no fue lo que les indicó qué comer, tampoco la sensación de satisfacción será lo que les hará parar de comer. Como empiezan a comer por razones distintas al hambre, lo que les hace parar es algún factor externo:

- Cuando les asalta la culpa.
- Cuando se sienten empachados, adormecidos y desagradablemente llenos.

- Cuando la bolsa se termina o el plato se queda limpio.
- Cuando alguien les interrumpe.
- Cuando se acaba la película que estaban viendo.
- …

6 ¿A dónde va su energía?

¿Comer así causa cansancio o da energía? ¿Qué precio se paga?

Estas personas destinan una gran cantidad de energía a la comida pero recuperan muy poca. Yo me pasaba gran parte del día pensando en qué iba a comer, qué había comido, si lo había hecho mal, qué tenía que comprar de comer, y en que mañana retomaría el control de nuevo. Y también empleaba mucha energía en sentirme culpable, arrepentida, avergonzada y en hacer deporte como un castigo o para compensar.

Cuando uno se encuentra encerrado en este círculo, cree que la solución es ponerse a dieta. Así que utiliza más energía para encontrar la siguiente dieta milagrosa y en prometerse que al día siguiente lo harán bien. Pero al día siguiente habrán nuevos detonantes, emocionales o físicos, que le volverán a llevar a comer.

A todo este despilfarro de energía se le suma el hecho, ya comentado, de que el cuerpo almacena la energía sobrante para ser utilizada más tarde, lo cual hace que estemos menos activos y más pesados. Ni que decir tiene el hecho de que la función del cuerpo humano que consume más energía es la digestión. Tras una comida copiosa, nuestro cuerpo nos pide descansar porque necesita relajarse para que todas las energías estén concentradas en digerir los alimentos.

Ahora vamos a observar cómo opera la mentalidad dieta con el círculo de *mindful eating*:

Hábitos de las personas que comen restrictivamente

El comer restrictivamente controla las vidas de estas personas. Clasifican la comida como buena o mala (según si engorda o no, si es saludable o no) y se etiquetan a sí mismas como buenas o malas en función de lo que han comido o según cuánto pesan. Cuando cometen excesos, se sienten muy mal y hacen ejercicio físico rígidamente para compensar.

1 ¿Para qué comen?

Porque toca, ya sea porque lo dicen las reglas de un experto, la dieta o sus propias reglas autoimpuestas.

2 ¿Cuándo comen?

En lugar de decidir cuándo comer según las sensaciones físicas de hambre, lo hacen cuando lo dicta la dieta (5 veces al día, comer mucho para desayunar, no comer nada después de la tarde…). No se hacen cargo de sus propias decisiones porque las ceden a una autoridad externa.

3 ¿Qué comen?

Comen lo que les indica la dieta (% de proteína, % de grasas, ningún carbohidrato, tomar un vaso de agua antes de comer…).

4 ¿Cómo comen?

Comen de forma triste, aburrida, como un trámite que hay que pasar o con avidez por el déficit calórico que experimentan a causa de seguir unas pautas externas. No comen igual que los demás, comen sin hambre o hambrientas, sin que sea de su agrado, masticando 30 veces… Hacer dieta convierte los alimentos saludables en algo detestable.

5 ¿Cuánto comen?

La cantidad que les permite la dieta, que deben pesar con la báscula y registrar al detalle. Como el control no es sostenible a largo plazo y como a menudo la ingesta de alimentos es insuficiente, el gen ahorro les lleva a saltarse las reglas, a pasar al descontrol, a comer mucha más cantidad que si se permitieran comer de forma intuitiva. Con la clásica justificación de «Total, si ya lo he hecho mal, lo hago mal del todo».

6 ¿Adónde va su energía?

Dedican su energía a hacer contención, controlar, sentir hambre y no comer, sentir culpabilidad, hacer ejercicio físico como castigo o compensación por haber comido algo calificado como «malo», a abandonar la dieta, a empezarla de nuevo… Es un desgaste enorme en el plano mental, emocional y físico.

Piénsalo, ¿cómo es tu vida cuando estás a dieta?

Por último, vamos a analizar el círculo del *Mindful eating* desde la perspectiva de las personas que comen instintivamente y que, curiosamente, parece que sean «naturalmente» delgadas.

Hábitos de las personas que comen de manera instintiva

1 **¿Para qué comen?**

Estas personas comen básicamente para dejar de tener hambre, para proporcionar combustible al cuerpo o para nutrirlo.

2 **¿Cuándo comen?**

Igual que los niños, están conectadas con una especie de sensor interno[15] que les avisa de cuándo necesitan comer, de modo que comen cuando tienen hambre (cuando sienten las señales físicas de hambre real) y la comida está disponible.

3 **¿Qué comen?**

Estas personas no han sufrido el lavado de cerebro de las dietas, por lo que no han aprendido a clasificar los alimentos como buenos o malos. Se permiten comer lo que les apetece o lo que necesitan. También eligen aquello que sea más nutritivo para su cuerpo, aunque sus elecciones no siempre son saludables.

4 **¿Cómo comen?**

No comen compulsivamente, sino en calma, quizá van hablando y dejando los cubiertos en el plato, sin apresurarse y saboreando los alimentos. Comen con la intención de sentirse mejor cuando hayan terminado.

¿Alguna vez has compartido una comida con alguien así? Yo me impacientaba muchísimo con este tipo de acompañantes, pues tenía que frenar mi ansia por zampar rápido, mientras mi acompañante comía a su ritmo, charlando, despacio… ¡Me sentía una gorda!

5 **¿Cuánto comen?**

Su sensor interno dicta la cantidad, porque les avisa de cuándo están satisfechas, confortablemente llenas. Dejan de comer independientemente de que queden restos en el plato.

---

[15] Tú también tienes ese sensor interno, pero hay que quitarle el polvo de encima. Más adelante aprenderás a reconectar con él.

Antes, cuando pendulaba del control al descontrol, no podía evitar preguntar: ¿no te lo vas a terminar? Siempre me comía los restos que dejaban este tipo de personas.

En caso de que hayan terminado la comida y sigan teniendo hambre, repiten sin problema ni remordimientos. Puede suceder que en ocasiones coman más de la cuenta. Esto también forma parte de la alimentación consciente. La diferencia es que no se sienten culpables por haber comido de más, no se machacan diciéndose cosas del tipo «ya lo has hecho mal otra vez, mañana no comes y te vas al gimnasio a recuperar». En lugar de castigarse e intentar compensar, se autorregulan de forma natural, por ejemplo, saltándose la siguiente comida. Pero insisto, no lo hacen a modo de castigo, sino porque sencillamente su cuerpo no necesita comer más.

6 ¿A dónde va su energía?

Como no se debilitan pensando en la comida, tienen mucha energía disponible. La dedican a divertirse, a sus proyectos, a trabajar, a hacer ejercicio, a la amistad o a cualquier otra actividad que no gire en torno a la comida. Este estilo de vida activo (que no necesariamente tiene que implicar hacer deporte) hace que se mantengan en buena forma física.

Imagina solo por un momento cómo sería tu vida sin obsesionarte con la dieta, ni con el cuerpo, ni con la comida. ¿Te imaginas tener una relación 100 % en paz con la comida? ¿Qué harías con toda la energía y el tiempo del que dispondrías? ¿Y con todo el dinero que dejarías de gastar en productos dietéticos y métodos? Tal vez pienses que tú nunca podrás pertenecer al grupo de privilegiados que comen de forma intuitiva y que encima están delgados, pero te aseguro sin miedo a equivocarme que si practicas las pautas de este programa, podrás llegar a comer de manera instintiva y en paz.

9

Los 7 tipos de hambre

El hambre es una urgencia fisiológica cuya misión es absorber los nutrientes que nuestro organismo necesita en ese preciso momento. Pero muy pocas veces comemos como respuesta a las señales físicas que nos indican que tenemos hambre real.

 ¿Cómo sabes que tienes hambre? ¿Cómo lo notas? Probablemente tu estómago gruñe, sientes molestias, tienes una sensación de vacío en el abdomen o cierto malestar. O tal vez eres de los que notan sensaciones como mareo, falta de concentración, irritabilidad, cansancio, menos saliva, nerviosismo o sueño. ¿Y cuántas de las veces en que comes al día, lo haces porque realmente estás experimentando estas sensaciones físicas?

Entonces, si no es hambre física, ¿qué es lo que te lleva a comer?

El hambre es un fenómeno muy complejo en el que, además de las necesidades nutricionales, intervienen estímulos internos (pensamientos, sensaciones o emociones antes, durante y después de comer) y estímulos externos, que percibimos con los sentidos. Muchas veces al ver, tocar, oler o probar un alimento o una bebida, o simplemente al oír hablar de ellos, nuestros sentidos físicos despiertan el deseo de ingerirlo. En estos casos estamos siendo dominados por nuestros hábitos zombis.

Jan Chozen Bays, pediatra y profesora de meditación que lleva más de 20 años enseñando a comer con atención plena, describe en su magnífico libro *Comer atentos*, diferentes clases de hambre, concretamente 7. Veámoslas[16].

Hambre de oído

A simple vista puede parecer que el sonido tiene un escaso impacto sobre nuestra hambre. Pero imagínate que entras en el cine, con el estómago lleno a rebosar porque acabas de darte una copiosa comida. Al acomodarte en la butaca (y tras aflojar el botón del pantalón) escuchas el crujido de las palomitas que mastican los que te rodean en la sala.

 Un estudio demostró que cuando somos conscientes del ruido de la comida de nuestra boca, comemos menos. O dicho de otro modo, cuando no nos escuchamos al masticar, comemos más. No en vano, en los restaurantes suele haber mucho ruido ambiental, la televisión a todo volumen, música, gritos… Los propietarios saben que si no nos oímos comer, comemos más.

Aunque en Occidente se considera de mala educación hacer ruido al sorber la sopa, en algunas culturas asiáticas la norma es tomarla ruidosamente. Los orientales dominan el arte del *mindful eating* y, consciente o inconscientemente, saben que sorber sonoramente alimenta el hambre de oído durante la experiencia de comer.

A menudo comemos sin hambre porque en realidad lo que queremos es oír el ruido al masticar en la boca, especialmente lo crujiente (sean patatas, pan, palomitas o zanahorias). Según Chozen Bays, el adjetivo *crispy* (crujiente) vende más comida que cualquier otro adjetivo que podamos utilizar para hablar de un producto. Incluso cuando describimos un alimento delicioso, a menudo destacamos que es crujiente. Lo crujiente nos atrae poderosamente porque hace unos 60 millones de años, cuando los primates empezaron a separarse y a evolucionar de forma diferente a otros mamíferos fue, entre otras razones, porque comieron muchos insectos.

---

[16] No expongo exactamente los tipos de hambre que describe Jan Chozen Bays, sino que los he adaptado a mi visión de las variedades de hambre.

Además, este identificador sonoro nos permitía determinar si algo estaba en buen estado. Establecimos una relación directa entre crujiente y fresco, que hoy aún nos sirve para identificar si una lechuga o unas palomitas están en buen estado. (¡Aunque las palomitas nos las comemos incluso si tienen una textura parecida al porexpan!).

¿Sabías que el sentido del oído procesa los sonidos sin cesar y sin necesidad de que nos concentremos en la fuente que los produce? Por ejemplo, el sentido de la vista requiere que abramos los ojos y miremos para procesar las imágenes. En cambio, el oído lo escucha todo constantemente, incluso mientras estamos dormidos.

En la próxima comida que hagas, practica el escuchar mientras masticas, estando en silencio y suprimiendo cualquier distracción sonora.

Hambre de olfato

¿Sabías que el olor es responsable de como mínimo el 75 % de lo que denominamos sabor? Es decir, que lo que llamamos sabor o gusto, es, sobre todo, el olor de la comida. Seguro que si has perdido el sentido del olfato por un resfriado, sabes a qué me refiero. La comida se convierte en algo insípido que simplemente tienes que consumir para nutrir tu cuerpo.

Ciertamente el sentido del olfato es un gran evocador de emociones, sensaciones y recuerdos. «Es 10.000 veces más sensible que cualquier otro de nuestros sentidos y, a diferencia de otros sentidos —que antes de llegar al cerebro deben viajar por el cuerpo a través de las neuronas y la espina dorsal—, la respuesta olfatoria es inmediata y se extiende directamente al cerebro. Este es el único lugar donde nuestro sistema nervioso central está directamente expuesto al ambiente»[17].

Piensa un momento en el olor característico de una escuela de niños. O de un consultorio médico. O en el de tu comida favorita. Y ahora en el olor de lo que menos te gusta. Te transporta directamente.

---

[17] Von Have, *Serene Aromatherapy*.

Pasas por delante del escaparate de una pastelería, o de un chiringuito de comida rápida, o de un puesto de donuts en un centro comercial, te llega un agradable olor a muffin. Aunque no tienes nada de hambre, entras en modo zombi en el establecimiento, compras esa madalena con la convicción de que te transportará al reino de los cielos.

Regresando al ejemplo del cine, aunque con una voluntad férrea no has sucumbido a la tentación crujiente, de repente, la persona que tienes al lado te pasa un cubo enorme de palomitas. Huelen tan bien… que no te puedes resistir a agarrar un puñado. Y otro, y otro. Aunque una opción hubiese sido que hicieras unas respiraciones profundas, para disfrutar de su aroma, optas por comprarte unas para ti.

Las empresas saben perfectamente que los olores apropiados nos hacen comprar más. Muchos supermercados desvían la salida del aire de la panadería hacia la puerta de entrada del establecimiento, para que lo primero que perciban los clientes al entrar sea el aroma a pan recién hecho (o mejor dicho, recién descongelado), despertar así su hambre olfativa y hacerles comprar más.

EJERCICIO: Alimenta tu hambre de olfato

El hambre olfativa se satisface con las fragancias, así que, para alimentarla, puedes colocar agradables aromas en pequeños recipientes (por ejemplo, especias como nuez moscada, canela, o hierbas aromáticas, vainilla, incienso, etc.). Inhala cada fragancia, imaginando que te nutre. No se trata de adivinar de qué aromas se trata ni de juzgar si te gustan o no. Simplemente, fíjate en qué percibes con tu sentido, si algunas fragancias cambian tu estado de ánimo o si se produce algún cambio en ti.

A lo largo de esta semana, aprovecha cualquier oportunidad para alimentar tu hambre de olfato. Por ejemplo, puedes oler la cabeza de un bebé, prestar atención al olor que sientes al entrar en tu casa, al de la ropa recién lavada y tendida, al de algún miembro de tu familia o de tu pareja, al acostarte a su lado por la noche. Mientras inspiras las fragancias imagina como si te alimentaran.

Cuando salgas a la naturaleza, o si tienes la suerte de vivir cerca de ella, pon especial atención a los olores que te rodean, a la fragancia de los árboles, del aire y de las plantas.

 Cuando explico los distintos tipos de hambre en mi curso, invariablemente alguien me pregunta: «¿Estos ejercicios me quitarán el hambre?» La respuesta es que ni eliminan el apetito, ni es su finalidad. El sentido de alimentar los distintos tipos de hambre es descubrir que, a menudo, tu cuerpo no necesita comida, sino que son tus sentidos los que tienen hambre de aquello que los nutre. Si aprendes a satisfacer los diferentes tipos de hambre, dejarás de intentar «llenarte» solo a través de la ingesta de comida. Porque cuando alimentas tus sentidos, alimentas tu corazón.

Hambre visual

 Imagina que estás en un restaurante, has comido un primero, un segundo plato, y el camarero te pregunta si quieres postre. Tu estómago y tus células protestan: ya has comido demasiado, por favor ¡basta! Pero tus ojos les replican: echar solo un vistazo a los postres no hará daño a nadie… Entonces aparece la carta de postres, con una oferta de lo más atrayente. Te fijas en el surtido de postres y se te hace la boca agua. Tus ojos te dicen: me lo puedo comer. Ahora ya no se trata de si tomas postre o no, sino de cuál eliges. Ha ganado el hambre visual.

Unos investigadores realizaron un estudio para ver hasta qué punto el poder de la vista podía pasar por encima de otras señales de saciedad. Inventaron el bol de sopa sin fondo, al que le conectaron un tubo que iba rellenando el cuenco, según el comensal iba comiendo. Tras 20 minutos comiendo, las personas que comían de los boles sin fondo ¡seguían sin darse cuenta de lo que ocurría! Acabaron comiendo un 73 % más de sopa que los que utilizaron tazones normales.

Los investigadores demostraron que decidimos la cantidad de comida que ingerimos basándonos más en la información de la vista, que en la del estómago. Y ciertamente el poder de comer por los ojos es muy fuerte, pues el sentido de la vista es uno de los dominantes.

La buena noticia es que podemos utilizar el poder de comer con los ojos a nuestro favor. Utilizando platos, vasos y cubiertos más pequeños, comemos menos cantidad. Otro truco es llenar el plato de la siguiente forma: que al menos la mitad del plato esté ocupada por vegetales (verduras y ensalada) y la otra mitad por proteínas y carbohidratos.

Para satisfacer el hambre visual, también es muy importante mezclar colores y formas en el plato. La variedad de colores te garantizará que hay un equilibrio de nutrientes en tu plato, pues el color de los alimentos nos revela sus características nutricionales. Por ejemplo, el color verde nos aporta luteína, ácido fólico, magnesio, fibra y potasio. Los alimentos amarillos y naranjas son ricos en vitamina A y C, ácido fólico, magnesio, fibra y potasio. Los rojos y morados contienen vitamina C, magnesio, fitoquímicos y licopeno.

No es necesario saber de nutrición para satisfacer nuestras necesidades nutricionales. Si tu plato tiene una buena variedad cromática, no solo estarás satisfaciendo el hambre visual, sino el estomacal-celular. Además, la variedad de sabores y texturas satisfará el hambre bucal.

Otra forma de jugar con el poder del hambre visual es disponer los alimentos de una manera atractiva en el plato. Por ejemplo, si te cuesta comer fruta, córtala a rodajas y colócala en una bandeja, combinándola con otras frutas de colores. En el curso les ofrezco a mis alumnos unas naranjas enteras y les pido que evalúen el hambre visual que tienen por ellas. Seguidamente, les muestro una bandeja de naranjas bien cortaditas y dispuestas, con frutos rojos de decoración. Les pido de nuevo que evalúen su hambre de vista y, como puedes imaginar, sube bastantes puntos.

Piensa en qué cosas son hermosas para ti y alimenta tu mirada con ellas. No importa de qué objeto se trate, pueden ser los pétalos de una flor, un cuadro, una antigüedad, un paisaje, un aparato, telas variadas, las tonalidades de verde de las hojas… Lo importante es que te detengas a observarlo atentamente durante unos minutos. Esto es un entrenamiento para que tu mirada esté atenta en tu vida diaria. Porque cuando miramos de verdad, las cosas se vuelven hermosas.

Cuando vamos en modo zombi, desconectados, distraídos, no nos fijamos en las cosas. Nuestra mirada siente hambre. Pasas a toda velocidad junto a tu hijo o pareja y te despides de ellos con un rápido beso en la mejilla. La costumbre de no fijarte realmente, de hacer que tu mirada resbale sobre la superficie de las cosas, te deja con hambre y soledad de una manera fundamental.

Mucha gente se siente muy incómoda al mirar fijamente a los ojos, sin retirar la mirada. Por ello estamos tan ávidos de conexión con los demás, porque no conectamos a través de la mirada. En una práctica de mi curso, los asistentes se unen en parejas y se miran a los ojos, en silencio y atentamente. Simplemente dejando que la experiencia sea como tenga que ser, sin necesidad de hacer ni conseguir ni aparentar nada. No se trata de ver al compañero, sino de mirarlo de verdad. Cuando se detienen y se miran conscientemente, conectan. Por unos instantes, dejan de identificarse únicamente con su imagen corporal, con lo que pesan, y ven en el otro otras muchas cualidades, otras partes mucho más importantes de su identidad.

Te propongo una versión individual de este ejercicio: Esta próxima semana te propongo que mires fijamente a los ojos de tu interlocutor, cuando te explique alguna cosa. Puedes pestañear —más que nada por no asustarle— y, cuando tú hables, continúa con la mirada fija.

Ejercicio: El espejo amoroso

Cada vez que te mires al espejo, di en voz alta (o susúrralo si no quieres que te oigan): «Te amo (y tu nombre)». Mírate de verdad a los ojos, siendo consciente de lo que te dices. Hazlo cada día (mínimo una vez) o cada vez que te mires en el espejo).

A muchos de mis alumnos este ejercicio les crea rechazo o me explican que no quieren hacerlo porque no se lo creen. A mí también me pasó cuando lo puse en práctica por primera vez. Me negaba a hacerlo porque me parecía demasiado almibarado. Si a ti también te ha dado un ataque de hiperglucemia, déjame decirte que todo esto son excusas, resistencias. Estoy segura de que eres capaz de decirle «Te amo» o «Te quiero» a alguien. Entonces, ¿por qué decírtelo a ti te cuesta tanto trabajo?

El espejo te muestra lo que sientes respecto a ti. Te permite mirarte a los ojos y te devuelve los aspectos que has de cambiar para crear amor y satisfacción en tu vida. Si quieres superar el hambre emocional, es fundamental que empieces a trabajar el amor y la aceptación hacia ti. Este sencillo pero poderoso ejercicio es un primer paso para empezar a cultivar la autocompasión. El pensamiento es energía y los mensajes negativos que te lanza La Voz cuando te miras al espejo («odio tu barriga», « muslos gordos», «detesto mi nariz torcida») tienen un efecto negativo sobre tu organismo. En cambio, la energía de la bondad tiene efectos positivos.

Numerosos experimentos han demostrado que las entidades vivas se marchitan bajo la energía de la violencia. Por ejemplo, en uno de ellos se colocaron dos manzanas bajo las mismas condiciones ambientales y los investigadores se dedicaron a mandar pensamientos de odio y violencia a la de la derecha. A la otra manzana, le mandaron pensamientos de benevolencia, amor y compasión.

Pasados unos días, la manzana violentada vivió su proceso natural de descomposición mientras que la manzana amada, se mantuvo en buen estado. ¿Casualidad? Tal vez, pero es indudable que si creyéramos realmente que la violencia que proyectamos hacia el cuerpo lo estropea, cambiaríamos radicalmente nuestro diálogo interior. Cuando una parte del cuerpo tiene dificultades, no necesita críticas, sino cariño y protección.

Hambre de boca

Si te fijas en los bebés, el primer sentido que desarrollan es el «tacto» de la boca. Los labios, la lengua y la percepción del sabor intervienen en nuestras primeras relaciones con la comida. El gusto nos conecta con el placer directamente, la boca es adicta a las sensaciones placenteras.

Muchos de mis clientes acuden a mí porque su problema es que «les encanta comer». Pero cuando les pregunto ¿cómo comes habitualmente?, me dicen que devoran, todo *pa' dentro*, sin casi masticar. No experimentar la comida con la boca, no procesar los sabores, ni las texturas, ni el placer... ¿Es eso disfrutar realmente de la comida?

Definitivamente no. Es satisfacer otras cosas. Para sentirnos realmente satisfechos al comer, no nos podemos limitar a meter comida en la boca y tragarla, sin escuchar las señales que nuestro cuerpo nos envía. La boca es la malcriada de la casa y si estamos bajo la tiranía de sus caprichos, nos lo comeremos todo y luego nos sentiremos demasiado llenos. Porque la boca es un órgano de puro deseo, quiere placer y siempre querrá más.

Una de las claves es educar a la boca para que sea consciente del gusto, del placer, al comer, de la percepción del sabor. En definitiva, permitirte experimentar placer, pero siendo consciente de qué es lo que te pide tu boca, de lo que sucede en ella mientras comes, estando presente, sin culpabilidad. Es como decirle: «De acuerdo boca, te voy a dar placer, pero no como tú lo quieres».

Te pido que recuerdes alguna vez en que hayas disfrutando de tu plato de pasta favorito, en buena compañía. En caso de que tu mentalidad dieta no te haya permitido disfrutar de un momento así, imagínalo. Los primeros bocados son una explosión de sabor en tu boca, te saben a gloria. Pero a medida que empiezas a charlar con tu acompañante, vas dejando de saborear la pasta porque ahora tu atención está centrada en la conversación. Al poco rato, ¡oh no! Te das cuenta de que tu plato está vacío. Tu boca sigue queriendo más de lo mismo, sigues con hambre porque tu hambre bucal no ha sido satisfecha.

Ejercicio: Masticación consciente

Masticar es una buena manera de satisfacer tu hambre bucal. Cuando tomes un trozo de comida, concéntrate en masticarlo hasta que esté bien triturado. Más allá de las técnicas que se recomiendan para adelgazar, del tipo «mastica 30 veces la comida antes de tragarla», es muy importante que aprendas a masticar conscientemente.

Además, no solo le estás facilitando la digestión a tu estómago, sino que «predigieres» la comida en tu boca, pues cuando masticamos, la boca segrega saliva y en la saliva hay una enzima que inicia la ruptura de los carbohidratos en la boca.

A mí me encantaba comer y engullir sin apenas masticar. Pero no me sentaba bien y me llevaba a sobreingerir. Reconozco que el masticar conscientemente para mí fue uno de los aspectos de la alimentación consciente más difícil de entrenar, pero tras un año practicándolo, logré saborear y masticar conscientemente. Este pequeño «esfuerzo» supuso un gran cambio, no solo en mi forma de comer sino de saborear la vida en general.

Nuestra forma de relacionarnos con la comida es un reflejo de cómo nos relacionamos con nosotros mismos y con la vida.

Sé que la industria alimentaria no nos lo pone fácil, pues incita a nuestros sentidos a desear más de lo mismo añadiendo aditivos químicos a la comida, azúcar, especias, sal, grasa y acidez. A pesar de ello, es posible cultivar la conciencia en el acto de comer, y cuanto más lo hagas, experimentarás mayor placer en la boca, con alimentos tan sencillos como una manzana. Poco a poco, necesitarás menos aderezos y los antojos irán desapareciendo.

El hambre de boca se satisface con las sensaciones, los diferentes sabores y texturas. La próxima vez que tengas hambre, sé consciente de qué le apetece a tu boca. ¿Quizá algo crujiente, salado, cremoso, agrio o dulce?

Cuando bebas, intenta mantener el líquido en la boca, saboreándolo antes de tragar (puedes removerlo en tu boca como si te la estuvieras enjuagando).

Hambre mental

> «La orden «no comáis de ese árbol» fue desobedecida, y eso que procedía del mismísimo Dios».
>
> Dean Ornish
> *Médico, investigador y fundador del Instituto de Investigación de Medicina Preventiva*

Un día cualquiera, ¿cuántas veces piensas en la comida? No solo en lo que quieres comer sino también en el impacto que la comida tendrá sobre tu peso, en qué has comido, en qué imaginas comer luego.

Así como el cuerpo se alimenta de comida física, la mente lo hace de pensamientos, información, chismorreos, opiniones e ideas. El hambre mental se da cuando es la mente la que dirige la comida. Es la mentalidad dieta por excelencia, es cuando comemos basándonos en los pensamientos sobre qué deberíamos y qué no deberíamos comer, en las modas, las teorías alimentarias y los cambiantes datos nutricionales. Ello nos vuelve ansiosos y nuestra forma de comer está basada en la preocupación. Cuando estamos en mentalidad dieta, elegimos los alimentos en función de las calorías, las grasas o la cantidad diaria recomendada y dejamos de disfrutar de los alimentos que ingerimos. Confiamos más en la información externa que en los sentidos, nuestro cuerpo y nuestra inteligencia intuitiva (a pesar de que gracias a todos ellos hemos sobrevivido a lo largo de la historia). El instrumento del que nuestros antepasados disponían para saber si la comida estaba en buen estado eran los sentidos físicos. Observaban cómo reaccionaban a los alimentos, los saboreaban, experimentaban, y eso les iba aportando la sabiduría sobre qué les sentaba mejor.

En cambio, hoy nuestras papilas gustativas no están tan desarrolladas como antaño. Por un lado, porque nuestra supervivencia ya no depende de detectar sustancias venenosas en los alimentos. Y por otro, porque la alimentación se ha convertido en un asunto más mental que experiencial.

La mentalidad dieta se forma a partir de las palabras que escuchamos de los expertos en nutrición y las que leemos en internet, en libros de cocina y de dietas. Cuando estamos secuestrados por la mentalidad dieta, acostumbramos a basarnos en absolutos y opuestos:

- Dividimos los alimentos entre «buenos» y «malos». Relegamos ciertos alimentos —normalmente ricos en grasas, como el aguacate o el queso— a una lista inconsciente de alimentos prohibidos y allí permanecen por siempre jamás.
- Contamos calorías.
- Seguimos reglas impuestas por los demás (o autoimpuestas).
- Hablamos de «hacer trampa», de «pecar» y nos consideramos «buenas» o «malas personas» en función de si optamos por unos u otros alimentos.
- Aportamos razones para justificar nuestros hábitos alimentarios, y entramos en una eterna verborrea interna en nuestra mente.
- Tanto control acaba en una espiral descendente que se convierte en un círculo vicioso.

La dietética es una disciplina en constante evolución. Recibimos tanta información contradictoria que al final no sabemos qué consejos seguir: lo que se ha recomendado durante toda la vida, de repente se convierte en un pecado. Y esto puede provocar mucha ansiedad acerca de qué comer o qué no. Un clásico ejemplo son los huevos, que tradicionalmente han sido demonizados por aumentar el colesterol y el riesgo de ataques de corazón. Recientemente se ha demostrado que no tienen esas consecuencias, por lo que podemos comer huevos cada día.

También sucedió con el agua: se afirmaba que debíamos beber entre 8 y 12 vasos de agua al día, lo cual propició la moda de llevar una botella de agua a todas partes. Durante un tiempo seguí esa costumbre y, sinceramente, sentía como si tuviera un bebedero de patos en mi estómago. Mi cuerpo no necesitaba beber tanta agua. Pero como solo escuchaba a mi mente, no me detenía a notar que ir encharcada todo el día no era muy saludable. Además hay que tener en cuenta el agua que también tomamos a través de la fruta y los vegetales.

Entonces ¿cuánta agua se recomienda tomar? No hay dos seres humanos iguales y según la talla de la persona, las actividades que desarrolle, el clima del lugar donde viva, entre otros factores, su cuerpo necesitarás más o menos agua. De nuevo, la respuesta la encontrarás conectando con tu cuerpo, escuchándolo y dándole lo que necesita. ¿Te ha pasado alguna vez que has estado trabajando con tanta concentración, que de repente te das cuenta de que tienes la vejiga a punto de reventar? Esto es porque has desconectado de tus sensaciones corporales durante mucho rato, hasta que ha apremiado la urgencia de ir corriendo al baño. Del mismo modo suele suceder con la sed, que no atendemos a sus señales y esperamos a beber cuando estamos deshidratados.

Cuando sufría de «fanatismo alimentario», tenía tanta información contradictoria en mi cabeza sobre cada alimento, que me costaba mucho decidir qué comprar en la tienda. Te doy algunos ejemplos de mi parloteo mental y de negociación conmigo misma:

- «¿Qué debería comer?» (en vez de «¿Qué me pide mi cuerpo?» o «¿qué me apetece?»).
- «Si compro este alimento, luego tendré que compensarlo o no comer».
- «Si no cojo hidratos, podré tomar helado de postre».
- «Debería comer cinco veces al día».
- «Si como pescado, también podré comer tal alimento».
- «Debería comer más proteínas».
- «Me merezco un cucurucho de helado».
- «El azúcar es veneno».
- «Debería beber 2 litros de agua al día».
- «Debería empezar el día con un desayuno abundante».
- «No debería comer después del mediodía».

Una de las grandes enseñanzas que la atención plena nos aporta es desarrollar la capacidad de escuchar(nos) y de confiar en la sabiduría del cuerpo y también de la mente. No es que la mente sea la mala de la película, ya que nos previene de necesidades que se nos puedan presentar más adelante y nos puede ayudar a cuidarnos. Por ejemplo, si tienes una jornada laboral en que no podrás comer en 5 horas, la mente es sabia y te hará ingerir más cantidad de comida de la que necesitas antes de ese periodo, porque no solo se ocupa del ahora, sino también calcula lo que pueda ocurrir en el futuro (en este caso, sería llegar a la cena con un hambre famélica por no haber comido en 5 horas). Así que como buena gestora que es, aunque a la hora de comer ya tenga suficiente, la mente te dice: «come más porque luego, al llegar a casa, vas a arrasar».

El problema surge cuando la mente siempre te dice «come más por si acaso». Cuanta más consciencia le pongas a tus pensamientos, más capacidad tendrás para decidir si ese pensamiento te ayuda a cuidarte o no.

¿Cómo saber si es mentalidad dieta o sabiduría? Mi recomendación sería no creerte demasiado ninguna afirmación absoluta sobre la comida. No te aferres a ninguna teoría extremista ni desprecies otras formas de comer. Ten paciencia, llevas muchos años sufriendo el lavado de cerebro de la mentalidad dieta, así que no vas a liberarte de ella de un día para otro. Le dedicaremos un apartado específico.

Ejercicio: Observa tu hambre mental

El primer paso para cambiar un comportamiento es ser consciente del mismo y este ejercicio te va a servir para ser consciente de lo que te permites y de lo que no te permites comer. Así que te pido que hagas un listado en tu diario de alimentación consciente de todos tus «debería» y «no debería». Observa según qué criterio haces la clasificación (según si engorda/adelgaza, si es saludable / no saludable, etc.).

Luego, elige uno de los alimentos que consideras «bueno» y escribe las tres primeras palabras que te vengan a la mente. Repite el ejercicio ahora pensando en un alimento que catalogues como «malo». ¡Quizá te sorprenda el lenguaje que utilizas para referirte a determinados alimentos!

Esta semana, mientras hagas la compra en el supermercado, intenta detectar lo que la mente te cuenta sobre la comida, escuchándola con el oído interno. Mientras observas los distintos tipos de comida, tanto «buena» como «mala», intenta ser consciente de las voces confrontadas que te dicen cosas distintas sobre un mismo alimento. No juzgues ni intentes cambiar tus pensamientos, solo escucha los comentarios sobre «lo que deberías o no deberías» comer o beber.

Otra oportunidad es cuando te sientas a comer, observa la comida y la bebida que tienes enfrente y escucha qué te dice la mente sobre ella. Comprueba tu parloteo mental antes, durante y tras la comida.

La mejor manera de satisfacer la mente es serenándola, de ahí la importancia del *mindfulness* y la meditación. Cuando logres acallar la cacofonía mental sobre la comida y la consciencia logre imponerse sobre los pensamientos incesantes, irás observando esas chácharas y llegará un momento en que serás capaz de observar al observador que las observa: descansarás en el silencio y te llenarás de paz.

¿Cómo llevas el hábito de meditar cada día 5 minutos? Aprovecho para animarte a aumentar tu práctica de silencio a 10 minutos diarios.

Hambre estomacal-celular

El hambre estomacal es el tipo de hambre más básico y se da cuando tus reservas de energía están bajas y tus células piden más combustible para seguir manteniéndote con calor y vida. ¿Verdad que cuando tienes frío, sientes más hambre? Esto ocurre porque necesitas calorías que quemar o ganar algunos kilos de grasa aislante para calentarte.

Cuando no queda comida en tu estómago, tus hormonas, neuropéptidos y neurotransmisores interactúan en el sistema digestivo y en el cerebro, para estimular el apetito y hacer que comas. Pero si ignoras constantemente las señales que tu sensor interno envía para indicarte cuándo comer y cuándo dejar de comer —porque sigues las directrices de una dieta— dejas de saber si has alcanzado la saciedad o no. Por ejemplo, a mí me ocurrió que siempre me sentía hambrienta porque comía por debajo de lo necesario, lo que me llevaba a episodios de exceso de comida. Además, las recetas que me hacía eran tan aburridas e insulsas que no me nutría bien, me quedaba insatisfecha y no saciaba mi verdadero apetito.

¿Qué síntomas tienes cuando tus células están bajas de energía? Como comentaba al principio del capítulo, algunas personas identifican el hambre en el estómago muy fácilmente, pues este emite ruidos, sienten como un agujero, retortijones o malestar. En cambio, a otras les cuesta más notar el hambre estomacal. Algunos de mis alumnos no perciben ninguna señal de hambre. Comen porque toca comer. Si es tu caso, el reto será volver a estar en sintonía con las señales físicas de hambre real, sentir el hambre corporal, no solo las señales de hambre del estómago, sino de todo el cuerpo.

Piensa en situaciones en que ha llegado la hora de comer pero no puedes comer por el motivo que sea. ¿Qué hace tu estómago? Si no lo alimentas a la hora que toca, gruñe. El estómago pide comer a la misma hora todos los días, porque, a través de nuestros hábitos alimentarios, le hemos enseñado cuándo tener hambre. Lo hemos condicionado a comer en horarios regulares. Prueba de ello es que cuando nos mudamos de país, y adoptamos otros horarios y hábitos alimentarios, el estómago se adapta y ruge a la nueva hora. O si alguna vez has tratado de ayunar, los retortijones y los gruñidos iniciales acaban desapareciendo.

EJERCICIO: Tu nivel de hambre y de plenitud

 La escala del hambre es una herramienta que te permitirá evaluar tu hambre estomacal en una escala de 0 a 7. Imagina que tu estómago es un depósito de gasolina. El nivel 0 significa que está vacío y el hambre te produce sensación de desmayo o mareo. El nivel 2 es entre comidas, el 4 es saciedad y el 7 es nivel «comida de Navidad» (estás tan a rebosar que incluso sientes náuseas).

La escala del hambre

7	**Empacho,** no te puedes mover, te sientes adormilado.
6	**Hinchazón,** la ropa te aprieta y te falta energía.
5	**Llenura,** pero con energía.
4	**Saciedad,** te sientes satisfecho, sin hambre.
3	**No te sientes satisfecho al 100 %,** pero no tienes hambre.
2	**Sensación de hambre moderada,** viene y se va.
1	**Sensación fuerte de hambre,** vacío en el estómago.
0	**Hambre voraz,** estás irritable, sin energía, mareo físico.

Antes de comer, evalúa tu nivel de hambre estomacal con la ayuda de la escala del hambre. Una vez te hayas comido la mitad de la comida, detente y vuelve a evaluar tu hambre estomacal.

Además del hambre, ¿qué otras situaciones hacen que tu estómago sienta retortijones o molestias? ¿Qué crees que sucede en esos momentos?

Entrena tus tripas

Con este reto aprenderás a no alterarte si el estómago gruñe cuando no le das comida inmediatamente o si comes menos cantidad. ¡Dejarás de ser esclavo de la avidez de tu estómago!

La próxima vez que sientas hambre o te sientes a comer, espera un poco antes de comer. Simplemente sé consciente de la sensación que denominas «hambre». Sé consciente de sensaciones e impresiones corporales y pensamientos.

¿Te resulta fácil o difícil sentir hambre y posponer el comer deliberadamente?

La ciencia ha demostrado que el sistema digestivo posee una gran riqueza de nervios, hasta el punto de llamarle el «segundo cerebro». Con estas prácticas estás activando la sabiduría de tus tripas y cada vez más sentirás las señales que te envían, para decidir la cantidad con la que se sienten satisfechas y qué alimentos son los adecuados.

Hambre emocional

Podríamos decir que comer por cualquier razón diferente a la de nutrirnos es una forma de comer emocional. Pero me gustaría dejar claro que el comer ES emocional: produce placer, confort, emociones y forma parte de nuestras raíces. Evolutivamente comida y emociones siempre han ido de la mano. Celebramos los cumpleaños alrededor de una tarta, salimos con la familia y compartimos una paella.

El comer emocional también incorpora aquellos alimentos a los que tienes recuerdos asociados, comidas reconfortantes que son más que comida porque te conectan con tu infancia, con tu madre, con tu familia. Probablemente alguno de tus platos favoritos de comida casera lo comías en familia los días festivos o te lo preparaban cuando tenías que guardar cama por enfermedad. De alguna manera, te siguen reconfortando. ¿Tienes alimentos asociados a recuerdos?

 Haz un listado de tus tres comidas favoritas de la infancia. Esta semana, cómprate o prepara una de ellas (todo es bienvenido, incluidos los gusanitos y las rosquillas) y cómetela conscientemente, disfrutando de ese capricho.

Desde este punto de vista, comer emocionalmente no es malo, este tipo de apegos no son perjudiciales. En los países materialmente desarrollados, la mayoría de personas comemos desde una posición emocional, como respuesta a detonantes emocionales —como los que repasamos en el capítulo 5— y recurrimos a la comida como bálsamo o tratamiento emocional. Se trata de una respuesta totalmente normal, así que no te sientas mal por ella.

Entonces, ¿cuándo es un problema el consumo emocional de comida?

- Cuando comemos compulsivamente (con ansiedad por comer, antojos, atracones…) sin tener hambre fisiológica, en busca de consuelo, de llenar un vacío o de distraernos para no afrontar emociones difíciles o dolorosas.
- Cuando hacemos del comer la principal estrategia para gestionar y regular nuestras emociones.
- Cuando, a causa del control que implican las dietas, tenemos la necesidad imperiosa de comer alimentos prohibidos u otras conductas insanas (incluida la de dejar de comer).

Durante una época de mi vida me convertí en fanática de la comida saludable, ecológica, y seguía una dieta disociada bastante estricta. Incluí en mi dieta todo tipo de alimentos exóticos, *healthy*, detoxificantes, y corté radicalmente con mis tradiciones alimenticias, tanto familiares como culturales. Fue un error, pues no solo somos un cuerpo físico, sino que también tenemos un cuerpo mental y un cuerpo emocional. Y estos últimos anhelaban los platos de toda la vida.

 Está muy bien introducir ingredientes de otras culturas y tradiciones, pero te recomiendo que no incluyas más de dos en un mismo plato.

Recuerdo un día en que mi madre nos invitó a comer paella a toda la familia. Yo no comí paella, porque, según mis inflexibles teorías alimentarias, no me convenía. Mientras mi familia compartía ese momento, yo estaba enfrascada en el parloteo de mi mente: «No se deben mezclar proteína con hidratos... Y ¡qué delito! Están combinando arroz con limón, que inhibe la producción de ptialina, la enzima necesaria para hacer la completa digestión de los carbohidratos en la boca... Además, el arroz ni siquiera es integral... ¡Cuánta ignorancia!»

¿Estaba presente en la comida? ¿Estaba disfrutando de ese momento? ¿Cómo crees que me sentía? Comiendo otra cosa distinta al resto, aislada en mis pensamientos, insatisfecha, sola... Y cuando llegué a casa, ¿qué piensas que hice? Abrí la nevera y me dejé ir a escondidas. Porque no me permití nutrir mi corazón, compartiendo algo más que granos de arroz y sofrito.

Me engañaba creyendo que podía controlar mis deseos y emociones. Pero siempre llegaba un momento en el que no podía más y me veía inmersa en atracones de comida, como un intento de compensar las carencias y necesidades emocionales que había estado reprimiendo a lo largo del día.

En este caso, mis ansias y antojos se producían por dos razones: por privarme de los alimentos que me apetecían (en la sección sobre los antojos te conté el mecanismo) y por no permitirme disfrutar y compartir con mi familia.

Trátate como a un invitado

Una forma de alimentar tu corazón es tratarte como si fueras un invitado. Te propongo que esta semana te autoinvites a una comida o cena , poniendo atención al preparar la comida, disponiendo los alimentos de forma bonita en el plato, colocando un mantel bello e incluso, una vela o unas flores. ¿No te parece que te sentará mucho mejor comer así que directamente de un envase de cartón o de pie, en el mármol de la cocina?

En otros casos, mi hambre emocional se desencadena cuando tengo un mal día y mi cerebro me aconseja: «Si te comes esto, te vas a sentir mejor. La última vez que te sentiste así, te comiste un cruasán de chocolate y te sentiste mucho mejor. ¡Hagámoslo de nuevo!». Y entras en un círculo vicioso:

te sientes mal → comes mal → te sientes peor por todo
lo que has comido → vuelves a comer → aumenta tu ansiedad[18],
sensación de culpa, arrepentimiento y vergüenza.

---

[18] Las tensiones emocionales y mentales pueden producir las mismas señales químicas en tu cerebro que las del hambre fisiológica, y activar el gen ahorro.

Vas repitiendo este patrón de comportamiento hasta que se acaba convirtiendo en habitual (en hábito).

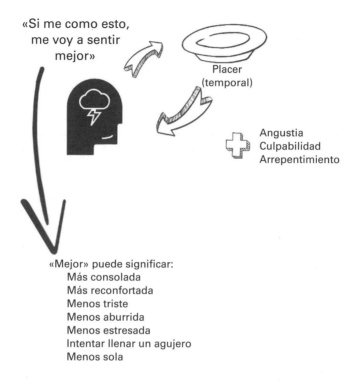

«Si me como esto, me voy a sentir mejor»

Placer (temporal)

Angustia
Culpabilidad
Arrepentimiento

«Mejor» puede significar:
Más consolada
Más reconfortada
Menos triste
Menos aburrida
Menos estresada
Intentar llenar un agujero
Menos sola

La comida en un inicio te produce placer instantáneo, pero este es efímero. Y tarde o temprano (más bien temprano) te encuentras de nuevo con la emoción que desencadenó el antojo. Transcurrida esa satisfacción temporal, volvemos a encontrarnos con nosotros mismos (y con la necesidad de consuelo, con la tristeza o con el vacío). Además te sientes peor porque te has dado un buen atracón. Pasas de la satisfacción a la culpa y sin haber atendido tus necesidades emocionales.

No hay cruasanes de chocolate suficientes en el mundo que puedan cambiar nuestro estado de ánimo. Evadir una emoción desagradable no nos libra de ella, al contrario: o la mantenemos o la reforzamos.

Muchas personas empiezan a tener atracones o a comer emocionalmente a causa de la muerte de un ser querido o de la separación de su pareja, en un intento de llenar ese vacío que les ha dejado esa pérdida, que no se encuentra en el estómago, sino en el corazón. De la misma forma, muchos intentamos llenar un agujero aunque no hayamos sufrido ninguna pérdida. Yo me sentía constantemente hambrienta porque, como desde el principio no se trataba de hambre real, mi cuerpo nunca se sentía satisfecho por la comida. En realidad, me estaba muriendo de hambre de amor[19] hacia mí misma, de alegría, de disfrute y de conexión con mi chispa. Decía que tenía ansiedad por comer, pero la realidad era que comía para llenar ese vacío permanente y para tapar esas emociones no digeridas ni elaboradas.

Al comer por razones equivocadas, comía más y más y nunca me sentía llena. Entonces ganaba peso y creía que mi problema era físico, pues aún no me había dado cuenta de que el hambre era una cuestión más emocional que física. Y la solución que encontraba a mi supuesto problema físico era imponerme dietas restrictivas, que solo agravaban mi sensación de hambre insaciable. Mientras tanto, seguía aumentando de peso y este exceso de peso, a su vez, aumentaba la tensión emocional.

¿Te suena?

 Al estar en el círculo del control, en la mentalidad dieta, en consecuencia me iba al descontrol. Entonces creía que tenía ansiedad por comer o que lo mío era hambre emocional. Pero hasta que no eliminé la mentalidad dieta de mi vida, no me deshice del comer compulsivo. Cuando no le das a tu cuerpo los nutrientes que te pide, o cuando pasas tiempo sin comer porque quieres adelgazar, tu cuerpo necesita rellenar el depósito de energía y activará el gen ahorro para que arrases con todo. Si no sueltas la mentalidad dieta, olvídate de no tener atracones.

---

[19] De ahí que mi negocio *online* se llame www.hambredeamor.com

10

La alimentación emocional

Por qué los atracones no van de brócoli ni de acelgas

Cuando sentimos el deseo impulsivo de comer un alimento concreto, como el chocolate o cualquier otro alimento rico en azúcar, experimentamos una sensación de placer porque favorece la secreción de serotonina, dopamina y endorfinas en el cerebro. El problema es que este proceso de placer que se desencadena, se refuerza cada vez que repetimos el consumo de ese alimento en cuestión, dejándonos llevar por los pensamientos o las emociones (nuestro cerebro nos dice: «La última vez que te sentiste así, te comiste esto y te sentiste mucho mejor. ¡Hagámoslo de nuevo!»). Al repetir este patrón de comportamiento, se convierte en hábito.

Además, al consumir alimentos ricos en azúcar, se produce una rápida subida de azúcar en sangre. Pero seguidamente se produce una bajada de azúcar, que nos crea la necesidad de continuar comiendo ese dulce, para recibir otro chute de azúcar y notar de nuevo el *subidón* en sangre.

La ingesta compulsiva y los atracones no solo van de chocolate, cruasanes y donuts sino de cualquier alimento calórico que active el sistema de recompensa cerebral.

Alimentos de confort

Haz una lista de los alimentos que sueles usar como recompensa, cuando te sientes solo, triste, decepcionado, o la emoción que te empuje a comer sin hambre. ¿Qué rituales tienes?

El problema del hambre emocional no está en la comida que te llevas a la boca, sino en tu relación con ella. Aquí el *mindful eating* adquiere una gran importancia, pues si eres consciente del origen de la emoción o de ese pensamiento inicial (estímulo) que ha desencadenado tu comer compulsivo, serás más capaz de no reaccionar a esas emociones y pensamientos por costumbre, y de detener el tsunami del hambre emocional. Luego aprenderás a encontrar otras formas más constructivas de afrontarlo. Pero de momento solo te pido que te fijes en qué has sentido o pensado justo antes de que aparezca ese impulso de picar algo. Quizá has tenido una «cacofonía mental» contigo mismo. O quizá has sentido tristeza y te has refugiado en ese tentempié.

Una vez que hayas sido consciente del hambre emocional, elige tu alimento de confort favorito y haz el siguiente ejercicio.

Ejercicio: Antojos conscientes

Adquiere un pedazo de tu alimento de confort o cualquier tentempié que normalmente no seas capaz de comerte con moderación.

Asegúrate de que no hay nada que pueda distraerte, siéntate y realiza unas respiraciones, inhalando por la nariz y expulsando el aire por la boca, para que la mente vaya dejando atrás todo cuanto estabas haciendo.

Antes de empezar a comértelo, considera de dónde viene este alimento. ¿De qué está hecho? Piensa en cuántas personas habrán intervenido, desde que se han cultivado los ingredientes que lo componen en su medio natural, hasta que han llegado a tu plato.

Nota si te sientes impaciente de llevártelo a la boca tan rápidamente como sea posible. Nota si estás experimentando sensaciones de placer, de nerviosismo, de culpa o inquietud por la idea de comer ese alimento irresistible.

Desenvuelve despacio el envoltorio, si es que lo lleva. Examina el alimento con tus sentidos. Obsérvalo de cerca, con amor. Llévalo al olfato. Huélelo detenidamente. ¿Cambian tus sensaciones emocionales al hacer todo esto? Tal vez te transporte a algún recuerdo y quizá te va despertando el estómago.

Después tócalo para comprobar su textura. Escucha el sonido de ese alimento (yo parto las galletas antes de comerlas, para satisfacer el hambre del oído).

Y ahora lleva el tacto a los labios. Da un mordisquito (o, como alternativa, introduce el trozo en la boca), sin masticarlo. Con los ojos cerrados reposa el alimento sobre tu boca. Presta atención a la textura, a las intensidades, a los aromas y a la temperatura. Sé consciente de si el sabor es dulce, amargo, cremoso, etc. Mueve el alimento suavemente de un lado a otro de la boca, con la lengua. Si es posible, intenta que el alimento se deshaga. Resístete a masticarlo.

Consúmelo muy lentamente, como si fuera la primera vez en tu vida que lo pruebas. Mientras se va fundiendo, aprécialo, saboréalo y disfruta del momento.

Si te vienen pensamientos de «esto no debería comerlo» simplemente te das cuenta y los dejas ir. Ahora estás a otra cosa. Ve tragando… Y mientras vas tragando cada bocado, visualiza como si lo enviaras a tu corazón con cariño y amor.

Siente si tu mente te dice que te comas otro trozo, y si es así, reflexiona para qué lo harías. ¿Estás satisfecho? Simplemente observa las elecciones que tomas. No son correctas ni incorrectas. Son conscientes.

¿Qué tal ha ido el antojo consciente? Este ejercicio te servirá para a ir eliminando la culpa, las reglas y los juicios del círculo del comer emocional, para que poco a poco vayas cultivando la flexibilidad. Y para mostrarte que, en cantidades adecuadas, ningún alimento es perjudicial. Comer conscientemente tiene más que ver con aprender a afinar el consumo de alimentos, que con eliminarlos.

Muchas personas coinciden en que cuando comen con atención plena, el nivel de satisfacción aumenta de forma asombrosa. No experimentan culpa ni sienten la necesidad de seguir comiendo. Se satisfacen con un trozo.

> Puedes practicar los antojos conscientes con el ejercicio guiado que encontrarás en **www.hambredeamor.com** (ver instrucciones en la página 21).

Una mujer se apuntó a mi curso porque quería controlar su impulso de comer chocolate descontroladamente. A medida que avanzaba el curso, fue tomando consciencia de que el problema estaba en que no tenía motivaciones en su vida y que sufría altibajos emocionales. Cuando sufría alguna decepción o si había tenido una semana dura, se recompensaba con chocolate. Era un ritual, una forma que ella tenía de intentar cuidarse a sí misma. De alguna manera estaba alimentando su hambre de corazón. Y te soy sincera, yo de vez en cuando también tengo antojos.

 Pienso que los antojos no son malos, si se hacen con consciencia, como un ritual y sabiendo que esa comida nunca llenará ese vacío, ni calmará ese dolor en el corazón. Aunque no sean los alimentos más saludables ni perfectos, los caprichos de vez en cuando son necesarios, pues son un intento de cuidarnos a nosotros mismos.

Cómo reconocer el hambre emocional

A simple vista, y especialmente cuando vivimos de forma inconsciente, no distinguimos el hambre física de la emocional. Pero cuando nos detenemos a observarla, nos damos cuenta de que tienen muchas diferencias:

 Sensación corporal localizada en el **estómago**.

 Sensación más **difusa**, vacío, ansiedad.

 Es **progresiva**. Va apareciendo poco a poco.

 Es **repentina**, responde a detonantes.

 Es **paciente**. Puede esperar un rato a ser satisfecha.

 Es **urgente**. Quiere ser satisfecha de inmediato.

 Cualquier opción de comida te parece bien.

 Antojo por alimentos ricos en grasa, sal y azúcar.

 Se **satisface** con comida.

 La comida no te satisface, **no puedes parar de comer.**

 Te sientes mejor al terminar de comer.

 Al terminar **te sientes peor**, con culpa.

- El hambre física es una sensación corporal localizada en el estómago. Puedes recibir una queja sonora de tu tripa, experimentar sensaciones como mareo, vacío en el abdomen, desorientación o cansancio. O tal vez sientas falta de concentración, menos saliva, nerviosismo, sueño... Es importante que aprendas a detectar las señales que te envía tu cuerpo cuando necesita combustible, y cuanto más lo entrenes, más fácil te resultará diferenciar ambas señales.
- En cambio, el hambre emocional es más difusa, no está tan localizada en una parte concreta del cuerpo. Puedes sentirla como una sensación de vacío o ansiedad.
- El hambre física es progresiva y la emocional es repentina, tiene que satisfacerse ya, rápido, sin control. Si no comes justo en cuanto aparece, tu ansiedad aumenta y te pones irritable.

- El hambre física es paciente, el estómago va enviando señales de aviso, pero puede esperar a que se acabe de cocinar la comida o a que el camarero te sirva el plato. La emocional quiere ser satisfecha de inmediato.
- Si tienes hambre real, cualquier opción de comida te va a parecer bien, porque lo que tu cuerpo necesita es energía. Si lo que tienes es hambre emocional, no te satisface cualquier cosa, tienes antojo por alimentos de confort. Suelen ser alimentos muy concretos.
- El hambre fisiológica se satisface con comida. Cuando estás confortablemente lleno, dejas de comer. En cambio, cuando el hambre es emocional nunca te sientes saciado, no paras de comer, pues, si el hambre real no fue lo que te llevó a comer, tampoco la saciedad te llevará a parar de comer. Porque la comida no puede satisfacer el hambre emocional. No necesitas comida, necesitas atender tus emociones.
- Finalmente, al terminar te sientes satisfecho, has cubierto tus necesidades. En el segundo caso, te sientes peor, con culpa, vergüenza, angustia o arrepentimiento.

¿Cuándo fue la última vez que tuviste un antojo súbito de comida?

Ejercicio: Para mí la comida es...

 Toma papel y bolígrafo y escribe las diez palabras que te vengan a la cabeza al pensar en comida. Hazte la pregunta: «Para mí la comida es...».

¿Cuántos aspectos son positivos y cuántos negativos? Reserva esta lista porque más adelante trabajaremos con ella.

Parte 3

VENCE TU LUCHA CONTRA EL HAMBRE EMOCIONAL

11

Consciencia y pérdida de peso

Los secretos de la gente naturalmente delgada

En los capítulos anteriores has observado qué es lo que traías de serie, tomando conciencia de lo que llevabas haciendo hasta ahora.

¿Recuerdas que con el círculo de *mindful eating* analizamos los comportamientos y hábitos de las personas que comían de forma intuitiva y que aparentemente eran «delgadas por naturaleza»? Vimos que no es que la naturaleza haya dotado a estas criaturas de la inmunidad al sobrepeso. Y que tampoco son delgadas por su metabolismo, ni por su código genético. Sencillamente, la suerte que han corrido es no haber sufrido el lavado de cerebro de la mentalidad dieta, por lo que su gen ahorro no está activado. Dicho sencillamente, su cuerpo no quiere estar gordo.

¿Estás preparada para tener una relación con la comida 100 % en paz, abandonar la culpabilidad, la ansiedad y el comer compulsivo? A continuación te voy a revelar los cuatro secretos de alimentación consciente que, a partir de ahora, te guiarán a la hora de decidir qué comer, cuándo comer, cómo comer y qué cantidad comer. Vas a cambiar tu forma de comer para siempre. Estos hábitos los descubrí hace años en el libro *Puedo hacerte adelgazar*, del médico nutricionista Paul McKenna, que se dedicó a investigar cuáles eran los hábitos de estas personas. Más adelante me di cuenta de que el comer de forma consciente se lleva utilizando desde hace más de 2.000 años por los monjes budistas.

Estos cuatro hábitos te ayudarán a autorregularte con la comida (que no controlarte) para que vuelvas a comer como cuándo eras un niño. Los niños tienen la habilidad natural para saber cuánto comer, cuando comer y qué comer. Un bebé sabe que, con solo llorar, siempre que quiera podrá comer. Cuando es más mayor, juega, salta, corre, y cuando necesita reponer energía come lo que le pide el cuerpo. Cuando ya está satisfecho, para de comer sin importar si deja comida sobrante en el plato, porque tiene la seguridad de que cuando vuelva a tener hambre, podrá volver a comer. Los miedos respecto a la comida aún no han aparecido, está conectado con su sensor interno que le indica cuándo comer y cuándo dejar de comer.

Todos hemos sido niños y todos hemos estado conectados con ese sensor interno. Pero a medida que vamos creciendo, vamos perdiendo esa conexión con ese sensor y dejamos de comer a demanda. ¿Por qué un niño empieza a comer sin atender su hambre estomacal?

Por un lado, porque empieza a recibir mensajes del tipo: «Acábatelo porque esto es bueno para ti», «Con el hambre que pasó tu abuela en la postguerra», «¡No dejes ni una miga en el plato!», «Cómetelo todo, porque hay niños en África que se mueren de hambre». La persona que más le quiere le está diciendo al niño que es mejor no hacer caso a sus señales internas y que siga comiendo. Él recibe el mensaje de «No tengo que estar conectado», porque si no, no me querrán. Por supervivencia, todo niño necesita la aceptación de su familia, pues cuando nuestros ancestros se quedaban solos, fuera de la tribu, su supervivencia estaba condenada.

Así que el niño poco a poco va dejando de confiar en su cuerpo físico. Va aprendiendo a alimentarse según las decisiones de sus padres en lugar de escuchar su sensor interno, sus verdaderas necesidades. Empieza a comer por hambre aprendida. Llegan las 14h del mediodía y tiene hambre. Aunque no todos los niños sufren esta desconexión, es muy común que ocurra. Estos patrones de alimentación se graban en nuestro subconsciente y más adelante los repetimos de adultos.

Con los cuatro hábitos de alimentación consciente que voy a compartir contigo ahora, vas a desprogramar estos patrones aprendidos y vas a restablecer la sabiduría innata de tu cuerpo. Probablemente van a confrontar creencias que tienes muy arraigadas, pero te pido que confíes y que los pongas en práctica. Cada hábito viene acompañado de una serie de trucos y consejos que te ayudarán a integrarlo más fácilmente.

Los 4 hábitos de alimentación consciente

Hábito 1: Cuando tengas hambre física, come

✓ Cuando descubrí este hábito, la ansiedad que me provocaba contenerme cuando tenía hambre, desapareció, así como las señales falsas de hambre, los antojos y los atracones.

✓ Vas a restablecer los patrones alimentarios que tenías de niño. Tu subconsciente va a percibir que hay abundancia de comida y desactivará el gen ahorro.

✓ Si estás pensando que siempre estás hambriento o que, por el contrario, nunca tienes hambre, probablemente el hambre que experimentas es un hambre más emocional que físico.

Ya vimos que el ser humano no está hecho para hacer dietas y que nuestro cerebro está programado para comer cuanto más mejor para poder sobrevivir, debido a que en la mayor parte de nuestra historia no ha habido disponibilidad de comida a demanda.

Dado que el cuerpo no distingue si estamos sufriendo hambruna o si estamos sometidos a una dieta, cuando intentamos perder peso a través de la restricción, nuestro organismo activa el gen ahorro poniendo en marcha un proceso de reserva de grasa, por si acaso la supuesta hambruna se alarga. De modo que el cuerpo empieza a filtrar más grasa de cualquier alimento que ingerimos y a almacenarla para usarla más adelante.

Además, cuando ignoramos la demanda de comida de nuestro cuerpo, ralentizamos nuestro metabolismo.

TRUCO #1

En el capítulo 10 te he mostrado que el hambre física es distinta que la emocional y las características que te ayudarán a distinguirlas. Cuando tengas hambre y estés a punto de comer, pregúntate:

¿Tengo hambre?
¿Realmente necesito comer?

Haz tres respiraciones profundas, escucha a tu cuerpo y siente las señales físicas del hambre real. Baja de la mente al cuerpo, conectando con tu estómago. Si la respuesta a la pregunta es «sí», pregúntate:

¿Me comería una manzana?

1 Si la respuesta vuelve a ser afirmativa, significa que tu cuerpo necesita energía y cualquier alimento —como una manzana— le va a parecer perfecto. Tienes hambre real y escoges comer.

2 Si la respuesta es «no», pregúntate:

¿Para qué quiero comer entonces?

Detente y piénsalo un momento, ¿qué te está llevando a comer? ¿Qué ha pasado justo antes de dirigirte a la nevera? ¿Qué ha pasado durante el día, y qué pasó el día anterior?

Tal vez descubres que un detonante ha desencadenado tu ansia de comer (quizá es la hora y «toca» comer, has leído una receta, has visto el chocolate o has discutido con alguien).

 ¿Recuerdas que había una fase en la que tendrías que usar tu fuerza de voluntad? Es en este punto, justo el instante en que estés a punto de comer sin hambre real. Se trata de que seas consciente del momento en que un estímulo ha despertado tu deseo de comer. ¿Para qué? Para cambiar tu respuesta a dicho estímulo (comer inconscientemente) por otra que te ayude a cuidarte como te gustaría.

Te dices: «Voy a hacer una revisión de qué ha pasado inmediatamente antes de sentir hambre que no es hambre». Entonces retrocede paso a paso hasta el momento en el que un detonante despertó tus ganas de comer.

Una vez identificado el para qué quieres comer, tienes 2 opciones:

a) Desvía la atención del hambre haciendo otra actividad que no sea comer: recupera la tabla del ejercicio de «drenaje emocional y comida» y elige una de las actividades alternativas que escribiste.

Como te comenté anteriormente, soy consciente de que estas técnicas no siempre son soluciones definitivas, pues no dejan de ser distracciones temporales y cualquier otro nuevo detonante puede volver a disparar tu deseo de comer.

No obstante, te animo a que las pongas en práctica porque te permitirán ir disolviendo el patrón estímulo-respuesta tan arraigado en tu cerebro. Además hay personas a las que les funciona muy bien.

b) Si tras haber realizado una actividad alternativa a la comida, ese antojo persiste, puedes escoger explorarlo haciendo el ejercicio antojos conscientes del capítulo 10, con el alimento que se te haya antojado.

Con mucha conciencia y sobre todo sin culpas ni juicios. Solo elevarás del nivel teórico al nivel de la consciencia todo lo que estés aprendiendo con este programa, cuando caigas de nuevo en tus propias trampas de alimentación inconsciente. Mírate con los ojos del corazón, entendiendo que estás tratando de cuidar de ti.

TRUCO #2

A menudo nos cuesta diferenciar si lo que tenemos es hambre o sed, especialmente cuando estamos muy desconectados de nuestro sensor interno. Así que, en lugar de lanzarte a comer, primero tómate un vaso de agua, acompañado de una respiración honda. Espera unos 10 minutos y observa si el hambre ha desaparecido.

TRUCO #3

Puedes pegar un gran interrogante en la nevera o una copia de la infografía de los 4 hábitos (puedes fotocopiarla del libro), para que cuando abras la nevera en modo zombi, la consciencia retome las riendas preguntándote: ¿realmente tengo hambre?

TRUCO #4

¿Recuerdas la chuleta que te permite saber cuándo empezar a comer y cuándo detenerte? Sí, la escala del hambre que tienes en la página 139.

¿En qué nivel crees que deberías empezar a comer?

Correcto, en el nivel 2, cuando tu cuerpo empieza a emitir señales de hambre, de forma intermitente. Nunca llegues a los niveles 0 o 1, pues tu gen ahorro se activará y aquí no habrá consciencia que medie: tu cuerpo entrará en modo hambriento y acabará sobreingiriendo más de lo que tu cuerpo necesita y almacenando ese exceso en forma de reservas de grasa.

Si estás muy desconectado y sueles olvidarte de comer hasta sentir un hambre voraz o nunca percibes la sensación de hambre, te recomiendo que cada hora te sintonices con tu cuerpo y que te asignes un numero entre 0 y 7. Practícalo hasta que empieces a notar diferencias entre los distintos niveles de hambre de la escala.

Detente un momento y ajusta la escala a tu cuerpo ahora. ¿Cuánta hambre sientes ahora mismo? ¿Qué número le pondrías?

Hábito 2: Come lo que desees (no lo que crees que deberías comer)

✓ Con este hábito fulminaremos la mentalidad dieta: romperás con lo que deberías comer y te tirarás a la piscina.

✓ Adquirirás la libertad de ser guiado por lo que te pide tu cuerpo y por tu apetito natural.

Cuando me encontraba en la formación de alimentación consciente y la profesora nos dijo «Comed lo que queráis», al terminar la sesión fui directa a la recepción del centro para que me retornaran el dinero de la matrícula. «¿Cómo voy a comer lo que quiera? ¡Es una completa locura!». Me parecía que si seguía este principio empezaría a comer como un cerdo y no sería capaz de parar nunca.

Si recuerdas el péndulo del control y el descontrol, al principio de aplicar este hábito es posible que te vayas al descontrol para compensar toda la coacción a la que te has sometido durante tanto tiempo. Cuando me abrí a la posibilidad de permitirme comer, las primeras semanas seguía deseando alimentos poco saludables, calóricos y comida basura. Y me los comí como si no hubiera un mañana. Esta reacción respondía a la restricción de tantos alimentos prohibidos. Pero, poco a poco, gracias al permiso que me estaba dando, mi cuerpo me empezó a pedir alimentos más saludables y dejé de atiborrarme. Los alimentos que antes me parecían aburridos e insulsos, cada vez me parecían más ricos y apetecibles.

Mi cuerpo y mi cerebro ahora sabían que la comida era ilimitada, por lo que el gen ahorro se fue desactivando (así como su necesidad de arrasar con todo). Volví a conectar con la sensación de «ya tienes suficiente» y fui regresando a mi ritmo natural, al de la confianza. Así que… ¡permítete comer!

¿Qué te genera esto de permitirte comer? ¿Qué pasará si comes de todo? Quizá ahora tu mente también esté escandalizada como a mí me pasó. Pero deja que lo ilustre con un estudio que se hizo al respecto:

En los años 30, unos científicos hicieron un experimento en el que a un grupo de niños se les permitió acceso ilimitado a gran variedad de comida, desde bollería, golosinas y helados a acelgas, espinacas y fruta. Se les dijo que podían comer todo lo que quisieran a su antojo. ¿Qué crees que comieron al principio? Efectivamente, se fueron a la comida prohibida: chuches, bollería, helados… Pero con el paso de los días y sin que nadie les impusiera nada, acabaron confeccionando un menú totalmente equilibrado. Al tener permiso de comer la comida prohibida y al haberse atiborrado, su cuerpo les acabó pidiendo de forma natural los diferentes nutrientes necesarios.

Lo mismo sucede cuando terminan las comidas de Navidad o cuando regresas de un viaje en el que te has saturado de comer. ¿Qué te pide tu cuerpo tras tantos días de excesos? Comer ligero, comer bien.

No me cansaré de repetirte que la privación hace que tarde o temprano pierdas el control y tires por la borda todo lo que has estado controlando. Cuando te prohíbes comer ciertos alimentos estás rompiendo el equilibrio natural de tu relación con ellos. Además, la comida prohibida se vuelve más atractiva.

 Por esta razón en este libro no se defiende el enfoque de la alimentación de la dietética. No hay listas de alimentos prohibidos, ni buenos ni malos. Este es el camino de la irresponsabilidad, pues cedes tus decisiones a una autoridad externa a ti que te dice que sigas listas de alimentos prohibidos. Comer conscientemente es más complejo que esto. Consiste en cultivar un conocimiento y una comprensión más profundos de ti mismo y de todos los elementos que conforman tus hábitos alimentarios.

 Este hábito te permite comer lo que quieras siempre que tengas hambre. Porque cuando todas las opciones están disponibles, cuando sabes que puedes comer cierto alimento siempre que quieras, este deja de tener poder sobre ti. Tienes permiso incondicional. ¿Que te llama un plato de espaguetis para cenar? Adelante, cómetelo.

 Te recuerdo que no uses la báscula en lo que dure el programa. Además de los motivos que te expuse en el apartado «Fulminando mitos», existe otra razón por la que pesarte sería contraproducente: cuando el metabolismo está alterado por todos los altibajos y restricciones a las que ha sido supeditado, puede ocurrir que durante el proceso inicial de reequilibrio metabólico engordes un poco. El organismo necesita de un tiempo para restaurarse y empezar a perder todos los kilos que le sobran. Y aunque no lo veas de inmediato, internamente notarás que algo está cambiando en tu interior. Tu relación con la comida estará sanando. Por ello, si te pesas cada día, vas a pensar que esto no funciona y vas a abandonar. Descubrirás que no importa tanto lo que te lleves a la boca, sino cómo tu cuerpo metaboliza esa comida: si va a usar esa energía o si la va a almacenar en forma de grasa porque cree que estás en periodo de hambruna. Te pido fe y paciencia, es solo cuestión de tiempo.

Tu voz interior ¿qué opina? ¿Sientes una remota intuición de que tal vez el camino es por aquí?

TRUCO #1

Está demostrado que cuando comemos pasta en un plato blanco y grande, comemos más cantidad que en un plato oscuro y pequeño, por la percepción de volúmenes y colores. Ya sabes que el comer por la vista nos lleva a ingerir grandes cantidades (hasta un 20 % más), así que engaña a tu hambre visual usando platos más pequeños y, si puede ser, oscuros.

TRUCO #2

Deja siempre algo de comida en el plato, para enseñarle a tu gen ahorro que si no te lo acabas todo, no te vas a morir de hambre (no vale dejar los huesos o lo que no te gusta). ¿Cuántas veces comes de más porque una voz susurra en tu mente «come más por si acaso»? O simplemente porque te da pena tirarlo.

Este truco es fundamental para reeducar tu subconsciente: enséñale que vives en la abundancia y que no pasa nada si te dejas algo en el plato.

TRUCO #3

> «No es lo que entra en la boca lo que contamina al hombre;
> sino lo que sale de la boca, eso es lo que contamina al hombre».
>
> Mateo 15:11

En el apartado del hambre mental te pedí que hicieras un listado de todos tus «debería» y «no debería». La primera lista es de aquellos alimentos «buenos» (que no engordan, o que la dieta te permite) y la otra lista recoge aquellos alimentos que has definido como «malos» (que evitas, que restringes, que te generan culpabilidad y que te incitan a comer descontroladamente).

 Recupera tus listados y piensa en cómo podrías comer alimentos de ambas categorías. Una buena idea sería que, en lugar de etiquetar los cereales como «malos», les asignaras un propósito. ¿Cuál es su finalidad? ¿Te sirven como tentempié? ¿Te ayudan a cortar el deseo de comer dulces? Pues cómetelos conscientemente, masticándolos, saboreándolos, como tú ya sabes hacer. Permítete introducir en tu alimentación aquellos alimentos que has suprimido de tu dieta y que tanto te aterran. Atrévete a comer.

Si quieres liberarte del comer compulsivo y dejar de usar la comida como bálsamo emocional, es imprescindible que sueltes el juicio de «bien» y «mal»

y la mentalidad dieta. Deja de etiquetar la comida como prohibida y defínela por la finalidad que tiene.

TRUCO #4

Añade variedad a tu dieta. Prueba cosas diferentes a las que no estás acostumbrado. Si no has ido nunca a un restaurante japonés, pruébalo. También puedes comprar frutas exóticas (mango, papaya, peras asiáticas…). O comerte una rebanada de pan de algún cereal distinto al habitual.

TRUCO #5

Durante este programa, te animo a que vayas a la nevera y tires todos aquellos alimentos que no te inspiren. Esos alimentos *light, healthy* o que supuestamente no engordan, que llevan tanto tiempo en tu nevera pero que realmente no te apetecen. Que todo lo que haya en tu despensa sea apetecible y delicioso para ti.

Hábito 3: Saborea y come conscientemente

¿Quién quiere saborear y volver a disfrutar de la experiencia del comer? Con este hábito vas a…

- ✓ Comer conscientemente.
- ✓ Hacer que el acto de comer sea una experiencia sensorial.
- ✓ Disfrutar de cada bocado sin hacer otras cosas mientras comes.

Muchas personas me cuentan que su problema es que disfrutan mucho comiendo. Estas, como están a dieta, suelen dedicar gran cantidad de su tiempo a pensar en la comida, excepto mientras comen. En ese momento, es como si entraran en una especie de trance alimentario, sin masticar ni saborear. Ya sabes que esto no es disfrutar de la comida. Decimos que es un momento de placer, pero en los momentos de gula estamos en nuestra película mental intentando aliviar algo, no estamos presentes.

Otras personas me cuentan que su problema es que no disfrutan de la comida. Para estas el reto es aprender a saborear, descubrir qué alimentos les gustan y conectar con las sensaciones de hambre.

Así que este tercer hábito va de saborear y volver a disfrutar de la experiencia del comer, notar el gusto de los alimentos, las texturas, escuchar los sonidos mientas masticas cada bocado. Disfrutar de lo que estás comiendo, independientemente de si pertenece a tu lista negra o de si no es del todo saludable. ¡Que tu forma de consumirlo sí lo sea! Sin juzgarte y sin entrar en el inútil juego de la culpabilidad. Come, saborea y disfruta. Simplemente.

TRUCO #1

Reduce la velocidad a la hora de comer durante las próximas semanas. Los estudios muestran que los norteamericanos invierten 11 minutos en comer en un restaurante de comida rápida. A menudo lo hacen de pie, mientras caminan o conducen, como si tuvieran que liquidar rápido el trámite de comer. Y los europeos vamos por el mismo camino. Sin embargo, el comer debería ser una ceremonia, y concederle la atención que se merece es una forma de agradecer el tener la fortuna de comer y de apreciar la dedicación de quienes han cocinado y te han servido.

¿Cómo reducir la velocidad?

Sé más consciente del proceso de masticar y saborear la comida. Cuando hay comida en el estómago este envía la respuesta hormonal al cerebro de «ya tengo suficiente. Estoy satisfecho. Puedes parar». El cerebro necesita unos 20 minutos para recibir esta señal procedente del estómago. Pero si comemos con avidez, en 11 minutos, el estómago no tiene tiempo de comunicar esa información al cerebro y, mientras tanto, sobreingerimos.

En cambio, al masticar más, comemos más lentamente por lo que alargamos el tiempo dedicado al acto de comer. Más allá de contar las veces masticas, intenta que se forme una pasta en la boca para poder tragarla y digerirla. Cuanto más practiques el *mindful eating*, más pronto recibirás la señal de saciedad, porque estarás atento a las sensaciones corporales y percibirás que cada bocado te resulta menos agradable que el anterior.

Además, en la saliva tenemos unas enzimas que «pre-digieren» los alimentos y empiezan a absorber los nutrientes de los alimentos, por ello se dice que la digestión empieza en la boca, antes de tragar la comida. De modo que si masticas más, la comida permanecerá más tiempo en tu boca y absorberás más nutrientes de los alimentos que si tragas sin apenas masticar.

Y también, al masticar mejor, estarás satisfaciendo varios tipos de hambre: oirás el sonido de masticar crujiente, notarás las diferentes texturas en la boca. Por esta razón las dietas a base de purés o batidos son totalmente insostenibles, pues no satisfacen los sentidos ni los diferentes tipos de hambre, solo el estomacal-celular. En serio, ¿convertirías tu comida favorita en puré?

TRUCO #2

Cuando estás pinchando los macarrones mientras masticas ¿dónde está tu atención? ¿En saborear y masticar lo que tienes en la boca? Está en lo que vendrá después de tragar. Entre bocado y bocado, deja los cubiertos sobre la mesa. Si estás comiendo un bocadillo, déjalo en el plato entre bocado y bocado.

TRUCO #3

Prueba a comer usando unos palillos chinos. Inevitablemente tomarás menos cantidad en cada bocado, te obligará a parar más atención a la comida y comerás más despacio.

Algún día puedes comer con antifaz, comprarte cubiertos distintos, comer con las manos… Aunque en Occidente sea de mala educación, comer con los dedos es una experiencia táctil muy placentera. ¡Juega con la experiencia de comer!

TRUCO #4

Para concentrarte en la comida, al principio es muy recomendable que elimines las distracciones. Evita comer viendo la TV, mientras lees o chateas por teléfono, porque te estás desconectando de la experiencia para conectarte con otra cosa. Cuando comemos distraídos no nos damos cuenta de lo que nos llevamos a la boca y comemos mucha más cantidad. Recuerda la anécdota que te conté de cuando llegué cansada a casa y, mientras veía abducida una serie frente a la TV, me comí una bolsa entera de patatas sin advertirlo.

TRUCO #5

Mientras mastiques, entre bocado y bocado, te puede ayudar levantar la mirada para romper con la sensación de tener todo el plato para ti.

Este hábito no solo te va a permitir saborear la comida, sino conectar con ella e identificar si es buena para ti. Si te satisface realmente, en tu cuerpo se produce una sensación de bienestar.

Hábito 4: Cuando estés saciado, para de comer

✓ Con este hábito vas a adiestrar a tu gen ahorro, mostrándole que no te mueres de hambre si no te lo comes todo y más.
✓ Con la repetición, irás desactivando el automatismo de comer en exceso.

Aunque nuestro cuerpo está diseñado de tal forma que nos hace comer cuando tenemos hambre y nos hace parar cuando estamos saciados, en general comemos hasta estar llenos o hasta que haya desaparecido toda la comida del plato. Veamos cómo evitar que esto suceda:

TRUCO #1

Mientras comas, revisa la escala de hambre y para de comer cuando sientas que estás entre los niveles 3 y 4. Sobre todo nunca llegues al extremo 7. Para practicar los niveles de hambre, puedes separar la comida de tu plato en cuatro cuartos. Cuando llegues al segundo o tercer cuarto, te recordará que sintonices con tu nivel de hambre. El estómago no funciona bien cuando está empachado. Le sienta bien estar cómodamente lleno, en 2/3 partes. Si ves que estás en el nivel 3, quizá descartes un cuarto de comida, porque hay postre y quieres reservar un hueco.

TRUCO #2

En lo que dure este programa, tira lo que te sobre en el plato y deja de tratar a tu cuerpo como una basura solidaria. Uno de los propósitos de este programa es que aprendas a cuidarte mejor, por lo que es esencial que dejes de tratarte como un vertedero de sobras.

Algunos de mis alumnos sienten mucho rechazo por este truco, especialmente por la lástima que les produce tirar la comida, sabiendo que muchas personas pasan hambre en el mundo. Si es tu caso, tengo una solución para ti: coloca una hucha cerca de la basura y cada vez que tires comida, introduce dinero en la hucha. Cuando acabes este programa, lo donas a una ONG. Esto sí puede aportar, pero te aseguro que comerte todo lo que hay en el plato no ayuda en absoluto al hambre mundial. Aprender a gestionar tu forma de comer, comiendo cuando tengas hambre física, disfrutando de cada bocado y dejando de comer cuando estés satisfecho, va a contribuir mucho más a eliminar el hambre mundial. Porque al final comerás mucha menos cantidad y habrá más comida disponible para todos.

 Los restos que dejes, no se pueden delegar a otra persona, ni se pueden guardar en un *tupper*. Tu cerebro tiene que ver el movimiento de tirar la comida en la basura.

No te preocupes, esto solo lo tendrás que practicar las semanas en que dure el programa, el tiempo necesario para que puedas reeducar a tu gen ahorro.

TRUCO #3

Cuando estés comiendo con más gente, intenta ser el último en terminar o fíjate en la persona que come más despacio, y sigue su ritmo.

TRUCO #4

Siéntate tranquilamente en un lugar determinado para comer (no en cualquier lugar ni de cualquier manera), pues si comes de pie, tu cerebro no registrará como comida lo que estés ingiriendo.

Consejos finales

✓ Para ir integrando estos hábitos, te recomiendo que empieces poniendo en práctica uno de los cuatro hábitos cada semana, pues cambiarlos todos de golpe te puede crear estrés. Y ya sabes cómo intentamos calmar el estrés. Elige el hábito que más te haya llamado la atención, el que suponga un mayor desafío para ti o el que más fácil te resulte de adoptar. Si, por el contrario, te sientes con ganas de ponerlos todos en práctica a la vez, ¡adelante! Realmente están muy conectados entre sí.

✓ También te sugiero que empieces a aplicar el hábito (o los hábitos) en una comida al día: en el desayuno, con el tentempié de media mañana, la comida o la cena.

✓ Evita las distracciones. Y simplemente presta toda tu atención a lo que vas a hacer.

✓ No confundas los trucos con los hábitos. El objetivo es que lleves a cabo los cuatro hábitos, sin importar qué trucos uses para alcanzarlos. Al final del capítulo tienes un esquema que resume visualmente los cuatro hábitos y sus trucos correspondientes.

✓ Te advierto que no vas a practicar los cuatro hábito en todas las comidas, en algunas no los cumplirás. No te castigues por no hacerlo perfecto, ni te tomes estos hábitos como nuevas normas a cumplir: «lo he hecho bien», «lo he hecho mal». Como decimos en PNL, no hay resultados buenos ni malos, hay aprendizajes.

✓ Si cuando pares de comer porque crees que estás satisfecho, el gen ahorro te susurra el clásico «Come más por si acaso», no le hagas caso. Recuerda que si pasados unos minutos, vuelves a tener hambre, puedes comer de nuevo. Y come lo que realmente quieras, no lo que crees que debes, de forma consciente y saboreando cada bocado. Cuando intuyas que estás lleno, para.

✓ Ten paciencia y perseverancia, estás confrontando hábitos y creencias muy arraigadas, quizá de toda una vida. Ten en cuenta que la consciencia es como entrenar un músculo: cuanto más lo uses, más fuerte será.

✓ Experimenta y observa qué sucede, qué miedos, qué creencias van surgiendo… Y no olvides anotarlo en tu diario de *mindful eating*.

✓ Si eres escéptico o no confías en esta manera diferente de hacer las cosas, te pido que seas objetivo y realista con lo que llevas haciendo hasta ahora. Honestamente, ¿de verdad es mejor seguir comiendo de la forma en que lo haces? Te animo a que pruebes estos 4 hábitos durante el tiempo en que vamos a estar juntos. Te pido que confíes en el proceso, porque es la manera de reconstruir y reparar tu termostato interior y tu hambre estomacal. Te puedes sorprender de la capacidad que tiene el cuerpo de autocuración. Y al finalizar el programa, podrás decidir libremente si quieres seguir con tus antiguos hábitos.

✓ ¡Prémiate! Celebra cada pequeña conquista. No tienes por qué esperar a notar los cambios o a conseguir resultados para celebrarlo y felicitarte. Como dijo Goethe: «Lo importante no es dónde estamos, sino la dirección en la que nos movemos». El hecho de haber empezado este programa ya es una gran conquista. En vez de culparte por lo que según tú haces mal, ¿por qué no premiarte por los pequeños pasos que vayas dando por el camino? Piensa en qué recompensas te podrías dar cada vez que pongas en práctica alguno de los hábitos. No tienen por qué implicar gastar dinero, pueden ser gestos sencillos como darte besos y abrazos a ti mismo. ¿Cursi? Tal vez, pero es una manera de empezar a tratarte con más amor y cariño.

✓ Y recuerda, ¡nada de básculas!

HÁBITO 1 CUANDO TENGAS HAMBRE FÍSICA, COME		
HÁBITO 2 COME LO QUE DESEES		
HÁBITO 3 SABOREA Y COME CONSCIENTEMENTE		
HÁBITO 4 CUANDO ESTÉS SACIADO, PARA DE COMER		

Una parada en el camino

Si estás en el control, en modo mentalidad dieta, será imposible deshacerte del comer compulsivo y del hambre emocional. Cuando pasas hambre, porque pasas muchas horas sin comer o porque te prohíbes ciertos alimentos, sin escuchar las señales de hambre que te manda tu cuerpo, tu nivel de azúcar en sangre baja. Y cuando te falta glucosa en sangre, sí o sí comerás con ansia. Y luego dirás que no tienes fuerza de voluntad con la comida. La fuerza de voluntad se ha de alimentar, porque depende del azúcar en sangre. Si comes cuando tienes hambre, normalizarás tus niveles de azúcar e inevitablemente, el comer compulsivo disminuirá.

En el bloque que sigue vas a transformar la actitud combativa de La Voz, por el diálogo compasivo y comprensivo del Amor. Pero no me gustaría que esto te desviara de la práctica constante de los 4 hábitos de alimentación consciente, pues son la única forma de que tomes conciencia de qué parte de tu comer compulsivo es consecuencia del control (que te lleva al descontrol y tú lo llamas «ansiedad por comer») y qué parte queda de comer emocional puro.

No te voy a presentar un método paso a paso para deshacerte del hambre emocional, porque no hay dos seres humanos iguales y por lo tanto no hay un mismo abordaje para todo el mundo. Pero para dejar atrás el comer emocionalmente es fundamental que se den estas condiciones:

1. **Nutre bien tus células**, aplicando los hábitos número 1 y 2 (come cuando tengas hambre y come lo que desees). Aportar todos los nutrientes de los que tu cuerpo y tu corazón sienten hambre, satisfará tu hambre estomacal-celular (y desactivará el gen ahorro).

2. **Suelta la mentalidad dieta**. Pon a raya a tu hambre mental y que tu mente deje de ser la única que dirija tus patrones de alimentación. Este punto se logra aplicando los 4 hábitos de alimentación consciente conjuntamente.

   Te lo digo muy seriamente: hasta que no dejes de controlar lo que comes, no te vas a librar del hambre emocional. Solo cuando hayas eliminado el control podrás darte cuenta de qué porcentaje hay de hambre física y qué parte real de comer emocional queda. Solo entonces estarás en condiciones de aprender a satisfacerla.

3. **Sigue dedicando 10 minutos al día a meditar** y, a partir de hoy, te pido que escuches la hipnosis[20] en audio que encontrarás en la web.

---

[20] No te asustes con la palabra hipnosis. Vas a entrar a un estado de profunda relajación, parecido al que te encuentras cuando estás inmerso en un libro o soñando despierto, y permanecerás consciente en todo momento.

Para que tu práctica de alimentación consciente no decaiga, te voy a pedir que te comprometas a poner especial atención a aquellos hábitos que más se te resistan. Te puede ser de utilidad la herramienta de *coaching* «La rueda de la vida» que, como ves, está dividida en ocho «quesitos»: cuatro de ellos representan las 4 fases del hábito (estímulo, respuesta, recompensa y creencia) y los cuatro restantes se relacionan con los 4 hábitos de alimentación consciente.

- El centro de la rueda es 0 y el extremo es 10. Puntúa del 0 al 10 según tu grado de satisfacción actualmente respecto a cada área.

  Por ejemplo, si con el «hábito 3» estás satisfecho porque has integrado bien el *mindful eating* en tu forma de comer, te das una buena puntuación (por ejemplo, te pones un 9 de nota). Luego trazas una línea en el nivel 9 y sombreas ese área. Si resulta que tu puntuación respecto a cómo respondes a los estímulos es bajita (no puedes evitar irte a los donuts tras una discusión) y te pones un 2, igualmente trazas una línea en ese nivel y rellenas el interior.

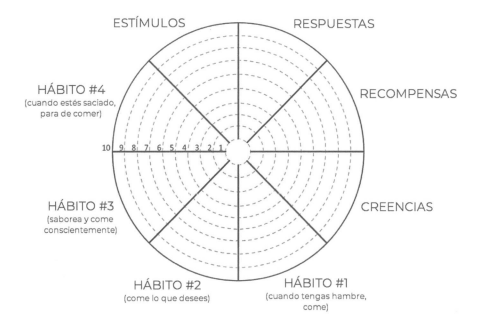

- Una vez tengas puntuada toda la rueda, y teniendo en cuenta las áreas que están en desequilibrio, decide a qué aspecto de tu rueda vas a prestar más atención, tiempo y energía.

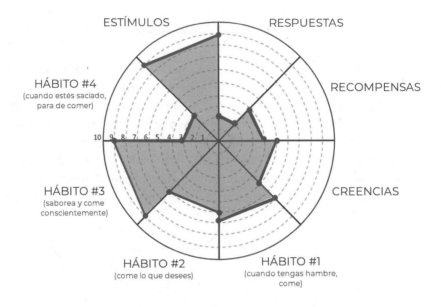

12

Siente lo que intentas evitar sentir con la comida

«Cuantos más apegos dejes caer por el camino de la vida, más cerca estarás de encontrarte a ti mismo».

Walter Riso
Doctor en psicología y autor de libros de divulgación

El vacío

La mayor parte de mi vida adulta he tenido una sensación de incomodidad, de vacío en mi interior. Tímidamente preguntaba a las personas de mi entorno si también sentían ese runrún, pero en general me respondían que no.

Creía que algo no estaba bien en mí. Que siendo tal como realmente era, no valía lo suficiente. De modo que fui desarrollando una coraza para esconder tanta imperfección. Capas y capas de cebolla que con el tiempo me fueron alejando más de mi verdadera esencia, donde residen la felicidad, la paz y el amor.

Lo que aún no sabía era que la sensación de vacío y dolor que sentía en mi interior, era consecuencia de esta separación de mi naturaleza verdadera. La solución que encontré fue intentar acallar ese dolorcito y no notar ese vacío, con diferentes apegos y adicciones que me mantuvieran como un zombi que ni siente ni padece. Siempre tenía un cigarro en la boca y una bebida a mano y cuando no disponía de ellas, picaba algo; lejos de eliminar el malestar, esos parches no hacían más que ampliar esa distancia de mi yo verdadero. Creo que los únicos instantes en que no me llenaba con ese tipo de distracciones eran aquellos en que dormía y cuando hacía el amor.

Era una época en que me sentía perdida, desorientada, sin propósito, sola y muy desconectada. Y cuanto más patentes eran estas sensaciones desagradables, mayores eran mis intentos de ponerles fin mediante parches.

Un buen día decidí renunciar al tabaco. Pero pronto empecé a desarrollar adicción a alimentos muy calóricos y poco nutritivos. Su función era la misma que la del tabaco: anestesiar mis ansias y mi sensación de vacío (también me aportaba un beneficio oculto, te lo explicaré un poco más adelante).

Adicción a la comida

Como hemos visto, los seres humanos hemos sufrido como especie restricción alimentaria durante la mayor parte de nuestra existencia, y, para asegurar nuestra supervivencia, en épocas de escasez nuestro cerebro nos impulsaba a comer más de lo que necesitábamos, por si al día siguiente no cazábamos nada. Así se fue desarrollando un sistema cerebral de recompensa que nos hacía experimentar placer al ver alimentos muy calóricos, los cuales tenían una gran capacidad de mantenernos durante los periodos de hambruna.

Hoy el cerebro sigue teniendo la función prioritaria de garantizar nuestra supervivencia y lo hace a través de dos mecanismos:

- Evitar el dolor o
- Acercarnos al placer

Por ello, aspectos esenciales para nuestra supervivencia como hacer el amor, alimentarnos o respirar profundamente, van ligados al placer (se libera el neurotransmisor serotonina en nuestro cerebro).

 Una investigación demostró que el placer y deseo de comer (especialmente alimentos muy calóricos) activan nuestros circuitos neuronales de recompensa de forma parecida a como lo hacen algunas drogas.

La función cerebral de garantizar la supervivencia evitando el dolor o buscando el placer también hace que, cuando sentimos dolor dentro de nosotros, busquemos generar un placer igual o superior al mal que estamos experimentando, comiendo o bebiendo excesivamente, enganchándonos a las drogas, a emociones, a ciertas personas, comprando compulsivamente, fumando, siendo promiscuos o entreteniéndonos con la infinidad de opciones que la industria del ocio nos ofrece. La forma de expresar la disfunción no es demasiado relevante; lo importante es comprender que debajo de esas conductas se esconde una causa subyacente.

Cuando nos atiborramos de comida, conseguimos un alto nivel de serotonina que nos sirve para evitar mirar de frente el dolor que sentimos en nuestro interior. De modo que al ver cualquier alimento rico en azúcares y grasas, se desencadena una sensación de deseo intenso en nuestro cerebro, que nos impulsa a comer ese alimento. Al comerlo, experimentamos placer porque, además de serotonina, también liberamos endorfinas y dopamina en el cerebro. Todos ellos son neurotransmisores que producen sensaciones agradables o incluso eufóricas.

El problema es que, tras el *subidón* inicial que la sobreingesta de comida nos ha generado, hay infelicidad. No porque la comida por sí misma la cree, sino porque regresamos al dolor que ya estaba en nosotros y que nos llevó a dicha conducta destructiva. Además nos sentimos gordos, culpables y sucios.

Y, nuevamente, estos sentimientos desagradables nos llevan a repetir el ritual de alimentación inconsciente para evadirnos. El cerebro va deseando ese bollo más y más, liberando más sustancias químicas placenteras la siguiente vez que nuestros sentidos detecten ese alimento. A medida que vamos repitiendo este ritual, el cerebro se va volviendo más sensible a la recompensa que nos aporta y, a su vez, vamos desarrollando tolerancia a la dopamina. Este incremento de la resistencia a la dopamina, muy parecido al que experimentan los drogodependientes, hace que necesitemos una dosis cada vez mayor para conseguir el mismo placer que obteníamos al principio. Entonces surge la adicción.

 El mecanismo de recompensa cerebral hace que al ver ciertos alimentos seamos incapaces de resistirnos a ellos, aunque no tengamos hambre física. Pero llega un momento en que el dolor que intentamos acallar se pone de manifiesto más intensamente y la adicción ya no funciona: necesitamos una dosis mayor para aplacarlo. O sustituimos la adicción por otra que tenga efectos más fuertes.

Como todo esto la industria alimentaria lo conoce perfectamente, elabora alimentos atractivos a la vista —se les denominan «alimentos procesados» pero creo que es más preciso llamarlos «productos procesados»—, con un aspecto brillante, un sabor que estimula las papilas gustativas y con una mezcla perfecta de azúcar, grasa y sal, que hace que sean irresistibles para nuestro mecanismo de recompensa. Para que compremos una y otra vez esos productos.

Ahora que conoces todos estos factores, espero que sientas menos culpabilidad o vergüenza por sufrir adicción a determinados alimentos. Son creados para generar esa respuesta de recompensa.

 Aprovecho para sugerirte que elimines la palabra *adicción* de tu vocabulario, pues cuando afirmas «soy adicto a» estás atribuyendo dicha conducta a tu identidad, entiendes que forma parte de ti y es irremediable. En cambio, si dices «tengo el hábito de» abres más posibilidades al cambio.

Así, la comida produce placer, igual que otras adicciones. Pero a diferencia de las drogas, la alimentación está disponible fácilmente, es legal, está a la vista y todos tenemos que afrontarla diariamente. Podemos eliminar de nuestra vida el tabaco, el alcohol u otras drogas, pero no podemos dejar de alimentarnos. Por eso, la adicción a la comida es menos fácil de controlar que otras.

Mi experiencia con las adicciones me ha enseñado que detrás de ellas se esconde un profundo rechazo hacia uno mismo. En el fondo creía que había algo malo en mí y que no valía, por lo que me castigaba a través de la comida, el tabaco y el alcohol (¿recuerdas que con la culpa castigamos algo que consideramos que no está bien?).

Tras años de sufrimiento decidí que debía abordar las verdaderas causas de mi insatisfacción. Empecé por eliminar el ruido, a través de la práctica de la meditación y me llené de valor para abandonar mis adicciones (primero, las más evidentes, y poco a poco las más sutiles), porque sabía que cuando no estaba comiendo, ni bebiendo ni fumando, entraba en contacto con ese vacío.

¿Y qué hacía cuando el vacío, el hambre voraz o la ansiedad se apoderaban de mí? Por primera vez en mi vida estaba dispuesta a sentirme vacía y a convivir con la incomodidad.

Te lo revelo con el siguiente ejercicio.

Ejercicio: Estar con lo que hay

 «El dolor es inevitable, el sufrimiento es opcional».

Buda

Cada uno experimenta la incomodidad a su manera: puede ser una sensación de vacío, un runrún, ansiedad… ¿Cómo notas en tu cuerpo la sensación que te lleva a comer sin hambre? Identifícala y, si quieres, dibújala.

Hoy vas a practicar observar las sensaciones de malestar de tu cuerpo y a localizar el lugar donde las sientes. El objetivo es que aprendas a sentir lo que sientes en este preciso instante, en vez de apartarte de ello a través de la comida. Este ejercicio es clave para gestionar el hambre incontrolable, los atracones y los antojos.

Paso 1: Observa lo que hay

Cuando sientas ganas irrefrenables de comer, observa en qué parte de tu cuerpo está alojada esa sensación. A menudo cuando una emoción desagradable aflora, se siente una sensación de pesadez, tensión o dolor en el estómago o en la zona del corazón. También son lugares habituales la garganta o la cabeza.

¿Dónde se está produciendo esa sensación? ¿Qué te duele? ¿Dónde notas ese dolor en tu cuerpo? ¿Dónde lo sientes? ¿Qué le está pasando a tu cuerpo ahora? Observa dónde se encuentra ese dolor y cómo es.

¿Tiene algún color? Si tuviera una forma, ¿cómo sería? ¿Notas alguna vibración, cosquilleo o pulsación? ¿Qué temperatura tiene?

Describe cómo lo notas. En lugar de decir «Siento una sensación pesada» concreta: «Noto como si tuviera una masa viscosa y negra sobre mi pecho».

Al observarlo, ¿se producen cambios en tu cuerpo?

Tal vez te parezca extraño, pero estás trabajando lo que en PNL se denomina cambio de submodalidades. Es un sencillo pero poderoso ejercicio que te permite modificar tu percepción subjetiva sin necesidad de meterte en el contenido de la experiencia. Fíjate que no te he preguntado qué te ha pasado, cuándo, qué te han dicho, ni qué has hecho. Porque esto son interpretaciones mentales que lo único que hacen es hacer más grande el dolor. En vez de dejarte engañar por ellas, pones atención en sentir lo que sientes basándote en tu experiencia directa ahora: localizando el dolor de forma muy concreta y tangible, visualizándolo como un color, con una forma, con textura, volumen y movimiento.

Esto te permite relativizar la ansiedad por comer: si bien antes esa sensación tenía unas dimensiones monumentales y parecía que se apoderaba de todo tu ser, ahora está ubicada en una parte más pequeña y palpable. Inténtalo.

Paso 2: Abraza lo que hay

Una vez localizada esa sensación incómoda, te invito a que hagas tres respiraciones profundas, coloques una mano en tu pecho y la otra en el abdomen y visualices que la acoges, que la abrazas y que te abres a ella (en vez de rechazarla o evadirla con comida).

Cuando rechazamos o intentamos cambiar algo que nos duele, sentimos una sensación de peso o de presión. «Este problema me pesa», decimos. Pero la verdad es que, lo que realmente nos pesa es la energía concentrada y retenida en nuestro cuerpo (que, por cierto, produce un aumento de nuestro peso a nivel energético).

Al abrazar esa energía que ha estado estancada, causando ese peso, esa presión y, por lo tanto, ese sufrimiento, permites que entre en ti.

 Estar con lo que hay es rendirse a lo que está sucediendo y abandonar la resistencia. Por muy contradictorio que parezca, aceptarte a ti mismo y lo que te sucede ahora mismo, es la única forma de crear las condiciones para que los cambios tengan lugar desde la posición correcta y con la motivación adecuada.

Te recomiendo que realices este ejercicio cada noche al acostarte. No te va a llevar más de 5 minutos.

 Con este ejercicio estás aprendiendo a estar con lo que sientes. En lugar de intentar escapar de ello, observas que hay un malestar, te permites sentirlo, lo abrazas y lo dejas marchar. Cuando somos capaces de experimentar lo que está en el presente, en nuestro cuerpo, aquí y ahora, tal como está, no hay nada que comparar y La Voz desaparece.

13

Supera el hambre emocional

«Tu tarea no es buscar el Amor,
sino buscar y encontrar dentro de ti
todos los muros que has levantado contra él».

Rumi
Poeta místico sufí

¿Qué hay bajo los problemas de imagen corporal? ¿Qué conflictos más significativos alimentan el deseo de perder peso? ¿Tal vez una baja autoestima? ¿La presión ejercida por el valor social de la delgadez? ¿Quizá trastornos emocionales? ¿Conflictos con la madre? En este capítulo descubrirás que si tienes sobrepeso y no logras deshacerte de él puede ser que:

- Tus creencias acerca de la comida, de ti mismo y de tu cuerpo sean erróneas.
- Tu exceso de grasa sea el resultado de estas creencias defectuosas que tal vez precisen de una revisión.

Solemos creer que la causa de nuestros problemas está en el comer de forma emocional, en estar gordas, en no lograr seguir una dieta o en comer ciertos alimentos. Pero la solución no está en eliminar estos problemas, pues a menudo son manifestaciones visibles de otros desajustes ocultos que están por descubrir. Son el resultado, la consecuencia, el nivel superficial o la punta del iceberg. Y como ocurre con los icebergs, no es fácil acertar la profundidad que alcanzan ni qué se esconde bajo ellos.

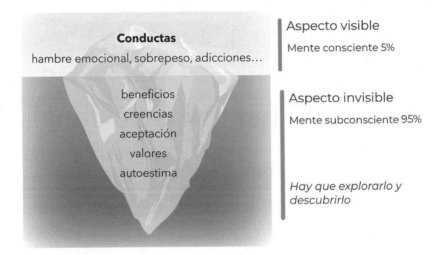

Conductas

hambre emocional, sobrepeso, adicciones...

beneficios
creencias
aceptación
valores
autoestima

Aspecto visible

Mente consciente 5%

Aspecto invisible

Mente subconsciente 95%

Hay que explorarlo y descubrirlo

Hambre y mente

Si bien las sensaciones de hambre o sueño son fisiológicas, la mente es la capacidad que tenemos para experimentar las sensaciones no físicas. Simplificando mucho, podríamos dividir la mente en dos estructuras principales, que funcionan conjuntamente y de forma sincronizada: la mente consciente y la subconsciente.

La mente consciente es la que podemos percibir a simple vista, mientras que el subconsciente es el gran bloque que se esconde por debajo de la línea de flotación y que no se puede apreciar tan fácilmente.

El jardinero

Según el biólogo celular Bruce Lipton: «Creemos que dirigimos nuestras vidas con nuestros deseos y aspiraciones, pero la neurociencia revela un hecho sorprendente: nuestra mente consciente creativa solo dirige nuestras vidas en un 5 %. El 95 % del tiempo, nuestra vida es controlada por las creencias y hábitos que están programados en nuestra mente subconsciente».

Es decir que, aunque tengamos la sensación de que controlamos nuestras vidas, esta capacidad solo ocupa un 5 % de toda nuestra actividad cerebral.

Puedes imaginar la mente consciente como un jardinero que planta semillas en su jardín: la mente subconsciente. Las semillas que siembra son los pensamientos, las palabras que emitimos, los hábitos, las emociones y las creencias. Todo esto que planta en el subconsciente lo cosechamos como resultado en nuestro cuerpo y en nuestra vida, pues son la pantalla en la que se proyectan nuestras creencias.

MENTE CONSCIENTE	
CARACTERÍSTICAS	**FUNCIONES**
• Es objetiva • Es racional • No puede tener más de un pensamiento a la vez	• Elegir • Razonar • Pensar (en un 10 %, el 90 % de los pensamientos restantes son inconscientes) • Aspirar y desear • Crear • Dar órdenes • Diferenciar la propia identidad frente a la identidad de los demás

El jardín

Como su nombre apunta, en el subconsciente las cosas suceden por debajo («sub») de la consciencia. Representa el 95 % de la actividad cerebral y es donde reside nuestra potencia mental.

Es un gran jardín repleto de semillas (o programas subconscientes) que contienen toda la información de lo que experimentamos, hasta el más mínimo detalle. Plantamos semillas constantemente, queramos o no, las 24 horas del día: todos los pensamientos, teorías, creencias, opiniones y sucesos de la vida se almacenan en la mente subconsciente.

Son programas que se ejecutan en la mente subconsciente en piloto automático, de manera «secreta» o en segundo plano. Y a priori no los podemos controlar. El subconsciente no depende de lo que queramos, es neutro, no filtra ni cuestiona si algo es bueno o malo. El filtrado le corresponde al jardinero.

MENTE SUBCONSCIENTE	
CARACTERÍSTICAS	**FUNCIONES**
• Es subjetiva • Trabaja mucho más rápido que la mente consciente (algunos psicólogos afirman que el subconsciente es capaz de captar unos 2 billones de bits de información por segundo) • Puede tener varios pensamientos a la vez	• Sentir • Imaginar • Aprender • Pensar • Memoria y capacidad de concentración • Hacer que nuestro comportamiento sea coherente con la información que tiene

La mayoría de esas semillas son plantadas durante los siete primeros años de vida. Hasta esa edad, éramos como videocámaras con patas que lo grababan absolutamente todo, porque la mente consciente, que tiene la capacidad crítica para discernir si la información que recibimos es cierta para nosotros o no, aún no estaba desarrollada. Una vez dejada atrás la niñez, parte de esas simientes almacenadas en el subconsciente dirigen el 95 % de nuestra vida adulta.

Hasta ahora te he propuesto un arsenal de prácticas orientadas a reconocer los mensajes que te envía tu mente y a entrenar tu parte consciente porque transformar tu consciencia es la clave para superar la alimentación inconsciente. Si logras disciplinarla, pueden ocurrir milagros.

Porque, para indagar en la parte más inconsciente de nuestra mente y poder cambiar los programas que nos contaminan, en primer lugar debemos tomar consciencia de cuáles son esos programas, tarea que le corresponde al jardinero. Para que la pueda llevar a cabo, necesita que seamos observadores, que estemos centrados, conscientes de nosotros mismos y de lo que nos rodea.

¿Qué programas negativos residen en el subconsciente que nos pueden limitar la existencia?

- Nuestros miedos más profundos
- Todo aquello que reprimimos
- Experiencias traumáticas
- Impulsos y tendencias que no controlamos
- Deseos que no nos permitimos reconocer a nivel consciente

Son como el polvo de debajo de la alfombra: sabes que está ahí escondido, aunque no lo quieras ver. Y por mucho que demos la espalda a esos contenidos negativos, siguen permaneciendo ahí y necesitan ser digeridos. De lo contrario, se manifestarán de forma disfuncional en nuestra vida, como por ejemplo, comiendo compulsivamente.

 Estos programas se ejecutan en la mente subconsciente en segundo plano. Es decir que no basta con que entrenemos la consciencia, adquiramos nuevos hábitos, hagamos o dejemos de hacer. Todo esto son conductas, la punta del iceberg. Y como te comentaba antes, las conductas son efectos de causas invisibles, por lo que la sanación total de cualquier hábito compulsivo requiere de un trabajo con las fuerzas conscientes y subconscientes, a partes iguales. Si nos limitáramos a trabajar solo las conductas, estaríamos haciendo un «bypass emocional», un atajo que no eliminaría las causas subyacentes del malestar. Y el problema acabaría retornando.

Ejercicio: Tú y tu basura mental

 Así como sufres descomposición cuando llenas tu estómago de comida basura, cuando tu mente subconsciente está colmada de carencias, miedos, defectos, frustraciones, inseguridades, complejos y traumas, también padeces putrefacción mental y emocional. Y aunque no te lo parezca, esta expele un tufo desagradable.

Con este ejercicio de escucha activa, inspirado en uno que hice en el curso sobre eneagrama *Encantado de conocerme*, de Borja Vilaseca, te invito a que olfatees tu interior y que identifiques y verbalices (en voz alta o por escrito) tu basura mental: aquello de lo que te sientes avergonzado, que consideras que no está bien sentir o pensar, emociones y defectos que no te permites expresar o que intentas esconder. Pero que están ahí.

El objetivo es que comprendas qué dice tu basura mental sobre ti y qué información te aporta acerca de lo que necesitas aprender. Si quieres sanar tu relación contigo mismo has de ser honesto y decirte la verdad. En cuanto percibas tu hedor interior, inhálalo, inspira profundamente y retenlo unos segundos. Luego, espíralo lentamente.

En la web encontrarás este ejercicio en vídeo, en el que te haré las preguntas que te expongo a continuación. Si lo prefieres, puedes pedirle a una persona en quien confíes y con quien te sientas seguro, que te las haga. Solo tiene que escucharte, ni opinar ni responder.

¿Cuál es tu basura mental?
¿Dónde y con quién aparece tu basura?
¿Cómo te limita y qué te hace sentir?
¿Por qué crees que aparece?
¿Para qué te sirve tu basura?
¿Qué piensas hacer con ella?
¿Quién serías sin tu basura?

A continuación te muestro las respuestas que escribí en su momento, para ilustrarte mejor en qué consiste esta práctica.

¿Cuál es tu basura mental?

Siento envidia de las mujeres que considero mejores que yo, más guapas, que han formado un hogar con su pareja e hijos. Que tienen un cuerpo mejor que el mío o que son más exitosas profesionalmente.

¿Dónde y con quién aparece tu basura?

Por ejemplo, mientras estoy tomando algo con mis amigos y aparece una de estas personas que yo considero superiores a mí. Mi expresión cambia, no me siento cómoda ni actúo con naturalidad. Me hago pequeña ante su presencia aunque lo intento disimular.

¿Cómo te limita y qué te hace sentir?

Sabotea lo mejor de mí. Las voces familiares de «Nunca conseguirás construir nada», «No vales» y «Siempre te quedarás sola» apagan mi luz, que pasa a un segundo plano. Me siento ansiosa y triste.

¿Por qué crees que aparece?

Porque siempre he tenido que lidiar con mi baja autoestima. Porque en mi familia hemos tenido tendencia a enjuiciar y aún quedan residuos de este hábito en mi mente.

¿Para qué te sirve tu basura?

Sentirme como una pobre chica que hace lo que puede, pero que no levanta cabeza, me permite mantenerme en mi zona de victimismo, sin atreverme a pasar a la acción, sin responsabilizarme de mi vida. A la espera de que alguien mejor que yo tome las riendas de mi vida.

Creo que la información que me aporta la envidia es el tipo de vida me gustaría vivir pero que aún no he logrado porque no me he atrevido a desplegar mi potencial. Por ello envidio a quienes —aparentemente— sí lo están haciendo.

¿Qué piensas hacer con ella?

Aprender y convertir este defecto en un recordatorio de seguir fortaleciendo mi autoestima, como lo llevo haciendo desde hace mucho tiempo. Siendo consciente de que esos aspectos que tanto envidio están en mí, esperando a ser liberados.

¿Quién serías sin tu basura?

Sería una persona libre.

> Para traer a la superficie de la consciencia la basura mental de tu mente subconsciente, dale al play al vídeo que encontrarás en **www.hambredeamor.com** o pídele a alguien que te haga las preguntas. ¡Ahora te toca a ti!

¿Qué alimenta a tu hábito? (beneficios primarios)

Como te comentaba antes, cuando abandoné el tabaco, sustituí esa sustancia por otra (alimentos muy calóricos) porque no era consciente de que ese hábito estaba sustentado por una recompensa (creía erróneamente que fumar me servía para calmar mi ansiedad e intentar tapar mi eterna sensación de vacío). Por ello, tras dejarlo, inconscientemente adopté otro hábito que me aportara el mismo beneficio: la comida basura.

Pero como no me sentía bien comiendo de esa forma, decidí hacer un estricto plan de entrenamiento físico y alimentarme muy saludablemente. Aunque aparentemente pareciera un sustituto mucho mejor, de nuevo estaba cayendo en otro patrón adictivo: me obsesioné con el deporte y la alimentación *healthy*.

Dado que este sustituto no terminaba de narcotizar mi ansiedad, pronto me sorprendí bebiendo alcohol. Me podía beber una botella de vino entera yo sola, sin despeinarme. Algunas mañanas me descubría tomando una cerveza en la terraza de un bar (costumbre que nunca había tenido antes). De nuevo, estaba cayendo en comportamientos sustitutivos, igualmente problemáticos y autopunitivos.

¿Por qué me encontré con tantas dificultades?

Porque cuando abandoné mi adicción al tabaco, no era consciente del «para qué», de la finalidad de ese hábito, de las ganancias que de una manera u otra obtenía con el tabaco.

A partir de entonces inicié mi andadura en el mundo del desarrollo personal probando todo tipo de terapias y formaciones, pero no acababa de salir de ese estado de infelicidad y de hambre insaciable. Hasta que un buen día mi psicóloga me peguntó: ¿Qué beneficio sacas de ser infeliz? Esa pregunta me molestó. ¿Cómo me iba a beneficiar ser infeliz? ¡Si yo hacía todo lo posible para deshacerme de ese lastre!

 Con el tiempo, comprendí que toda acción que realizamos, consciente o inconscientemente, la llevamos a cabo porque creemos que nos beneficia, que nos aporta algo que consideramos positivo. Que detrás de cualquier acción siempre hay una intención positiva. Y que, si mantenemos un hábito, es porque nuestro cuerpo entiende que es positivo o beneficioso para él (aunque nos haga engordar o nos cause problemas de salud).

Ahora me toca a mí preguntarte:

¿Qué te aporta seguir con tus conductas poco saludables y destructivas? ¿Qué beneficios obtienes de estar gorda o gordo?

Si te preguntara qué beneficio puedes obtener al tomarte unas cervezas y unas bravas con tus amigos en un bar, podrías pensar en infinidad de motivos:

- Alegría
- Amor
- Apoyo
- Celebración
- Compensar
- Desconectar del trabajo
- Distracción
- Felicidad

- Gratificar
- Diversión
- Estabilidad
- Hablar con gente distinta
- Pertenecer a un grupo
- Placer
- Premiar
- Recuerdos del pasado

- Salir de la rutina
- Satisfacción
- Seguridad
- Sentir compañía
- Sentir afecto
- Socializar
- Tranquilidad
- …

Estos estados positivos que experimentas inmediatamente con ese encuentro, se denominan beneficios primarios. El beneficio primario es el placer directo que te proporciona cierto hábito. A estas alturas ya sabes que este goce es un parche que te anestesia temporalmente.

¿Recuerdas el ejercicio de «Para mí la comida es…»? Recupéralo y relee el listado de 10 cosas que la comida representa para ti. Los elementos de tu lista son los beneficios primarios que te aporta la comida, asociaciones que tienes entre la comida y determinados estados emocionales (ya sean agradables o desagradables). Después de leer tu listado de «para mí la comida es», detente y hazte las siguientes preguntas:

 ¿Para qué como cuando no tengo hambre física? ¿Qué me lleva a comer? ¿Qué busco con ese atracón? ¿Qué consigo con él? ¿Cuál es su finalidad? ¿Qué necesito de verdad?

Estas preguntas son parecidas a la que te propuse en el hábito de alimentación consciente número 1 (cuando tengas hambre física, come), para ayudarte a averiguar si tienes hambre real o emocional.

Las respuestas a estas cuestiones son los beneficios primarios que te aporta tu forma de comer. En lugar de recriminarte ¿por qué lo hago? te preguntas por cuál es la finalidad. En vez de culparte, paras y revisas qué te empuja a comer, para sustituir esos beneficiosos que te dan tus hábitos perjudiciales por otras rutinas que te aporten lo mismo. Puedes echar mano del ejercicio de «Tu glotón interior» para elegir hábitos más constructivos que te ayuden a cuidarte mejor.

 El problema con las dependencias no se soluciona reemplazándolas por otras. La solución no está en eliminar la adicción, pues esta es el látigo con el que nos castigamos. La respuesta pasa por tomar consciencia de los beneficios que te aporta ese patrón y por disolver las creencias que orientan tus conductas (lo veremos en la sección sobre «Los programas negativos básicos»).

Muy a menudo, el beneficio que nos aporta un antojo es desconectar de los problemas, reducir el estrés y no pensar en esas situaciones, cosas o personas que van consumiendo nuestra energía día a día, de forma casi imperceptible. De la misma forma que las personas que viven al lado de la vía del tren, están tan acostumbradas al ruido que dejan de oírlo, nosotros acabamos acostumbrándonos a esas pequeñas molestias aparentemente inofensivas. No matan, pero se convierten en pensamientos recurrentes que interfieren en nuestra capacidad de vivir en el presente. Tendemos a postergar el solucionarlos por pereza, dejadez, por creer que no tienen importancia o, por el contrario, por pensar que son muy difíciles de eliminar de nuestra vida. Pero cuanto más tiempo los evitamos, más crecen y mayor es la carga emocional que soportamos.

El siguiente ejercicio te permitirá liberarte de esos ladrones que te roban presencia y vitalidad, tanto física como mental, y dispondrás de una nueva energía renovada. También aumentarás tu capacidad de afrontar las situaciones incómodas, dejando atrás el hábito de comer ante ellas.

EJERCICIO: Ladrones de presente

 ¿Hay temas pendientes, personas o problemas que has aparcado con la esperanza de que por sí solos desaparecerán? Detente unos minutos a pensar en qué elementos te alejan del presente, en todo lo que soportas en tu vida, todo aquello que aguantas por obligación o necesidad. Escribe una lista con 50 elementos que minen tu energía, que te molesten, que te irriten.

1.	26.
2.	27.
3.	28.
4.	29.
5.	30.
6.	31.
7.	32.
8.	33.
9.	34.
10.	35.
11.	36.
12.	37.
13.	38.
14.	39.
15.	40.
16.	41.
17.	42.
18.	43.
19.	44.
20.	45.
21.	46.
22.	47.
23.	48.
24.	49.
25.	50.

¿Tienes calcetines? ¿Cansada de esa chaqueta beige que tan poco te favorece? ¿Tu colchón es incómodo? ¿Y qué me dices de cada vez que ves esa mancha en la pared del pasillo?

El armario que tienes que ordenar, las llamadas de tu hermana que no hace más que criticar, el apego que tienes a una antigua relación sentimental… Por muy insignificante que te parezca, apunta cualquier escape de energía. Nada es poco importante. Es necesario que hagas esta lista por escrito. De momento no pienses en si ese elemento está fuera de tu control, ni en cómo podrías liberarte de él. Si te ha venido a la mente, apúntalo, ¡suéltalo!

Una vez tengas los 50 elementos, comprométete a eliminar 2 de ellos cada semana a lo largo de este programa. Al inicio, elige aquellas cosas que estén en tu área de influencia, sobre las que puedas hacer algo para cambiarlas. Piensa en qué acciones podrías llevar a cabo para liberarte de cada ladrón de presente y cuando lo hayas hecho, apunta la fecha en que lo has hecho en la casilla de «conseguido».

Ladrones de Presente	Acciones que voy a realizar para eliminarlos	¡Conseguido! (fecha)
1.	1. 2. 3.	
2.	1. 2. 3.	

Para liberarte del comer inconsciente y del sobrepeso, es necesario que reduzcas al máximo todo lo que consume la energía en tu vida. La realidad es que podemos cambiar la mayoría de situaciones de forma fácil, pero no lo hacemos porque priorizamos otras cosas.

¿Sus vidas cuánto pesan? Imaginen por un segundo que llevan una mochila. Quiero que noten las correas sobre los hombros, ¿las notan? Ahora quiero que la llenen con todas las cosas que tienen en sus vidas. Empiecen por las que hay en los estantes y los cajones, las tonterías que coleccionan. Noten cómo se acumula el peso.

Ahora cosas más grandes: ropa, pequeños electrodomésticos, lámparas, toallas, la tele. La mochila ya pesa. Ahora, cosas más grandes: el sofá, la cama, alguna mesa…

Métanlo todo dentro: el coche, la casa, un estudio o un apartamento de dos dormitorios. Quiero que introduzcan todo eso dentro de la mochila. Intenten caminar. Es difícil, ¿no?

Pues esto es lo que hacemos con nuestra vida a diario. Nos vamos sobrecargando hasta que no podemos ni movernos. Y no se equivoquen, moverse es vivir.

Ahora voy a prenderle a esa mochila fuego ¿Qué quieren sacar? ¿Las fotos? Las fotos son para la gente que no puede recordar, tomen gasolina y quémenlas. Es más, dejen que se queme todo e imagínense despertando mañana sin nada. Resulta estimulante, ¿no es así?

De la película *Up in the Air.*

 No hace falta que lo tires absolutamente todo pero tampoco que lo guardes todo. ¡Atrévete a deshacerte de aquello que ya no necesitas más y aligera tu mochila emocional!

Hasta ahora hemos visto que comemos inconscientemente por dos tipos de razones:

1. Por hábitos zombis
2. Por beneficios primarios

Si luchas con el hambre emocional o con perder los kilos que te sobran, puede que exista un tercer motivo por el que no lo estás consiguiendo: los beneficios secundarios.

Sobrepeso emocional (beneficios secundarios)

> «La gordura es crear un bunker alrededor de un alma
> que teme que le den en la herida que ya tiene».
>
> Alejandro Jodorowsky

✓ En este apartado tomarás consciencia de que si cargas con un peso excesivo, es porque tu subconsciente —que lucha por tu supervivencia— cree que estar delgado es peligroso.

✓ A partir de ahora vamos a centrarnos en convencer a tu mente subconsciente y a tu cuerpo de que no necesitas protegerte a través de la grasa.

Como acabamos de ver, muchas personas comen emocionalmente para obtener determinados beneficios primarios, porque han asociado la comida a un estado emocional positivo. Pero no todas las personas que comen de forma emocional o compulsiva tienen sobrepeso: conozco a muchos comedores emocionales que están gordos y otros muchos que están delgados. La diferencia radica en que los primeros, además de las ganancias primarias que son más obvias, reciben también lo que la corriente del psicoanálisis de Freud denomina «beneficios secundarios».

Son razones afincadas en tu subconsciente por las que tu cuerpo quiere que estés gorda o gordo. No importa lo que llegues a hacer para perder peso, tu subconsciente se impondrá (recuerda que representa el 95 % de tu poder mental) y siempre ganará. Mientras tu cuerpo quiera estar gordo, hay poca cosa que hacer.

¿Conoces a alguien que se pone enfermo muy a menudo? Puede ser que con esa conducta, por supuesto inconsciente, la persona consiga obtener más atención de sus seres queridos. Este sería el beneficio secundario. En el caso de la estrategia emocional de supervivencia de la gordura, se relaciona con la necesidad de protección: protección de ser herido, de ser criticado, de los abusos, del sexo, de los desprecios...

 El sobrepeso te mantiene a salvo de las tensiones emocionales de la vida en general. Tu cuerpo tiene la necesidad de estar gordo porque tienes miedo de algo. Cuando tu gordura te proporciona ese beneficio secundario de protección, estás padeciendo lo que Jon Gabriel, autor del libro *El método Gabriel*, denomina «obesidad emocional».

 ¿En qué crees que te favorece estar gordo? ¿Qué benefi-
cio te puede aportar el exceso de grasa? ¿Te sentirías a salvo
siendo una persona delgada? Cuando alguien te dice que te
has adelgazado y que te ve genial, ¿sientes incomodidad,
amenaza o con miedo?

La grasa es físicamente una barrera. A nivel fisiológico tiene la misión de
proteger nuestros órganos vitales de golpes, de ataques, de caídas… Y a nivel
emocional, también cumple la misma función: crea distancia, hace de capara-
zón para protegernos de las amenazas o intrusiones que hay en nuestra vida.

Si sientes que alguien, algo o una situación está invadiendo tus límites, la
grasa crea una distancia entre tú y lo que percibes que está violando tu espacio.
Tuve una relación con una persona de carácter dominante y bastante controla-
dor (y yo, como buena víctima que era, me sometía a él). Me sentía invadida por
la relación, tanto en el espacio físico como en el aspecto mental y emocional.
Anhelaba tener mi sitio, pero me sentía encarcelada, sin ningún lugar donde
escapar. Ambos desarrollamos una relación basada en la dependencia emocional. Nos necesitábamos desesperadamente. Con la perspectiva del tiempo veo
que yo solita construí la jaula de oro en la que vivía. Pero en ese momento no
lo percibía de esta forma. Percibía que mis límites eran violentados, por lo que
mi cuerpo creó una protección a través de la grasa, que me hacía sentir a salvo.
La grasa era la expresión física de mi necesidad de poner distancia con mi pareja y con la gente en general. Porque en aquel momento la gente me aterraba y
construí un muro que me resguardara. Obviamente esto era un mecanismo de
supervivencia emocional del que no era consciente.

Un poco más arriba te he hecho la pregunta de ¿en qué crees que te favorece
el exceso de peso? A continuación enumeraré algunos de los beneficios secundarios que pueden estar manteniéndote con sobrepeso, según Jon Gabriel:

1 Ocultarte del mundo: crear una coraza o hacerte invisible

En línea con lo que te acabo de explicar, la grasa puede tener la función
de coraza que te protege de las amenazas del mundo. Muchas personas que
han sufrido abusos físicos o psicológicos han desarrollado sobrepeso porque
la grasa aleja al agresor. Si la persona que ha recibido abusos llega a estar lo
bastante gorda, el abusador perderá el interés en ella.

Pero no es necesario que hayas sufrido abusos para que tengas miedo. Si
tu percepción subjetiva del mundo es que es un lugar peligroso y que tienes
que defenderte, la reacción de tu cuerpo será la misma: grasa protectora. Si es

tu caso, mientras no te sientas a salvo no podrás deshacerte de esa gordura que te mantiene a salvo.

En el caso de las personas que sufren anorexia, la intención oculta es hacerse invisible, que nadie las vea.

2 El pilar de la familia

Muchas mujeres tienen que cuidar a gente mayor, a sus hijos, a sus maridos… Son como el pilar fuerte, grande y robusto que sostiene el núcleo familiar. Una columna es grande y fuerte y si no está sosteniendo, todo se derrumba. De nuevo, es su percepción y muchas veces son ellas quienes asumen tantas responsabilidades.

3 El tamaño manda

Cuando somos niños asociamos que los grandes mandan y de adultos seguimos relacionando «grande» con «autoridad». Formulamos expresiones del tipo: «una gran mujer», «un pez gordo», «un gran líder», «una gran persona».

4 Castigo

Cuando quieres mantener un control muy rígido porque no confías en la vida, cuando no te amas y no sientes que merezcas éxito, respeto, un cuerpo bonito, ni amor, te castigas a ti mismo a través de la comida y permaneciendo con sobrepeso.

5 Rebeldía

Si sientes la obligación de perder peso, porque tu pareja, el médico o tu familia quieren que adelgaces, quizás quieras seguir estando gorda para reafirmar que tú tienes el control de tu vida. Es un acto de rebelión que reza: ¡me he cansado de obedeceros y no os voy a dar el placer de verme adelgazar!

6 Lealtad familiar

Hay familias en que se come de forma poco saludable, en grandes cantidades y en las que predomina el sobrepeso. Cuando intentes desviarte de esta tradición, puede

ser que no adelgaces por lealtad a los tuyos, por no traicionarles siendo diferente a ellos. O por miedo a que estar delgado pueda apartarte de los tuyos.

7 Gestión del dolor

Ante situaciones que no puedes controlar y te causan impotencia (te ha dejado la pareja, no puedes decidir en el trabajo, se ha muerto un ser querido…), tienes la necesidad de controlar algún aspecto de tu vida, adoptando la actitud de «Pues esto sí que me lo voy a comer, ¿quién me va a prohibir a mí que me coma esto?».

8 Salida del mercado

¿Conoces algún caso de una pareja que desde que inició su relación, empezó a engordar? Puede ser una forma de no estar disponible para otros, dejando de ser atractivo para evitar posibles infidelidades. El miembro de naturaleza más infiel es el que suele engordar más.

9 Como excusa

Al estar tan pendiente del peso y la comida, evitas atender otros temas importantes. Tal vez tienes el miedo inconsciente de que, si terminas con los kilos que te sobran, tengas que afrontar otras cosas que no quieres ver (por ejemplo, conflictos de relaciones o de trabajo). La comida puede permitirte no responsabilizarte de tu vida, pues es más fácil atribuirlo todo a la gordura que afrontar los problemas.

10 Para llamar la atención de los demás

Como en el caso que te conté, de que ciertas personas enferman muy habitualmente para obtener más atención de los demás, el tener el «problema» de sobrepeso puede ser también una estrategia para recibir la atención y cariño que tanto anhelamos.

11 Miedo a la pérdida de identidad

Muchas personas que tienen sobrepeso se identifican con él. Como si la gordura fuera lo único que las define. Una alumna de mi curso tomó consciencia de esto: «Toda mi vida he sido la gordita simpática e inofensiva, amiga de mis amigos. Si dejo de estar gorda, ¿quién voy a ser? ¿Seré una amiga amenaza? ¿Seré una más?»

12 Vidas pasadas

El doctor Brian Weiss, médico psiquiatra experto en regresiones a vidas pasadas, afirma que a veces la tendencia al sobrepeso o a desarrollar adicciones, se remonta a vidas anteriores. Cuando le pregunta a un paciente obeso desde cuándo tiene ese problema, la respuesta suele ser «Desde siempre». Como si tuvieran la sensación de que su problema viniera de muy lejos.

Nunca he hecho una regresión, pero si te ha resonado este o alguno de los beneficios secundarios expuestos, no hagas la vista gorda y trabájalo con un buen terapeuta. De lo contrario, tu cuerpo seguirá teniendo la necesidad emocional de estar gordo, y ninguno de los hábitos ni estrategias que hemos visto hasta ahora te funcionarán.

Si en tu subconsciente existen motivos por los que tu cuerpo necesite mantener la gordura, el sobrepeso emocional saboteará cualquier práctica de *mindful eating* y de cambio de hábitos.

¿Qué sería lo peor que podría pasar si comenzaras a perder peso? Tienes que asumir una honestidad y valentía brutales para darte cuenta de si quieres o no ese cambio.

La toma de consciencia de los mecanismos inconscientes que te llevan a engordar es el primer paso para liberarte del sobrepeso emocional. Algunas personas (especialmente las que son muy mentales), con solo reconocer que su miedo es la causa de su sobrepeso, dejan de engordar. Pero no siempre se elimina su mala relación con la comida. Porque, como ya te comenté, poner freno a las fuerzas inconscientes del hambre emocional desde la razón es una batalla casi perdida. En cambio, cuando superes tu sobrepeso emocional, el exceso de grasa desaparecerá, porque ya no necesitarás la gordura para sentirte a salvo y el cambio de hábitos te resultará mucho más sencillo.

EJERCICIO: Derribando el muro

Visualiza tu exceso de grasa como un muro de ladrillos. Tu subconsciente ha sido el albañil que lo ha construido para protegerte de los demás y de la vida. El cemento que ha utilizado ha sido el miedo. Y los ladrillos, están hechos de todas

esas emociones desagradables que analizamos en el capítulo sobre los detonantes emocionales del hambre. Recupera lo que anotaste sobre cada emoción,
léelo de nuevo y pregúntate si alguna de esas emociones no elaboradas puede estar provocando que tu cuerpo se encuentre más cómodo siendo grande.

 Ni tu subconsciente ni tu cuerpo son tus enemigos; sen-
cillamente desempeñan su función de protegerte. En los
periodos de hambruna y de fríos inviernos, activaban el gen
ahorro y otros mecanismos de supervivencia para que nuestro cuerpo engordara a fin de mantenernos con vida en esas
circunstancias tan adversas.

Los programas negativos básicos

Nuestra mente es como un jardín que ha sido descuidado durante mucho
tiempo. En él pueden haber crecido malas hierbas, cada vez más altas, hasta
el punto de que prácticamente no nos dejan ver más allá. Esas malas hierbas
son las creencias limitantes o programas negativos.

Cuando empezaste a meditar, probablemente te diste cuenta del parloteo incesante que hay en tu mente. Y con el ejercicio de «Explorando tu mente» has ido tomando consciencia de cómo te hablas a ti mismo. Puedes haber observado pensamientos que te alientan como «Todo saldrá bien», «Soy capaz», «Lo estoy haciendo lo mejor que sé» y otros que crean una visión pequeña y limitada de ti mismo: «Esto no va a funcionar», «Eres un desastre», «Es imposible perder peso». Estas últimas voces son emitidas por La Voz y cuando las escuchamos muchas veces, acabamos creyendo que son ciertas. Se convierten en creencias limitantes que se instalan en nuestro subconsciente como sensaciones de certeza respecto a algo.

Las primeras nos son útiles y permiten que las cosas fluyan; así que las dejaremos como están. Pero cuando son disfuncionales, como las segundas, constituyen un estorbo que nos impide avanzar. Son programas o creencias negativos y es preciso que los revisemos o los sustituyamos por otros más actualizados y constructivos.

¿Nos damos un paseo por nuestro jardín, para arrancar las malas hierbas que condicionan nuestra vida?

Las creencias son como un manual de funcionamiento de cómo es o cómo tendría que funcionar el mundo. Actúan como filtros a través de los cuales percibimos la realidad. Y como una de las funciones del subconsciente es que nuestro comportamiento sea coherente con la información que tiene, si tu cerebro alberga éxito, lo conseguirás. Si alberga desgracias, eso es lo que encontrarás en el mundo.

Cuando crees que algo es posible que ocurra, abres una serie de posibilidades que pueden permitir que determinadas realidades se produzcan. En cambio, si crees que es difícil o imposible que algo suceda, te acorazas ante esa posibilidad, lo cual garantiza que ese suceso no se produzca, por más que lo desees.

Por ejemplo, imagínate que deseas ahorrar y tomas la decisión consciente de hacerlo. Si muy en el fondo crees que el dinero es malo, que para ti es muy difícil atesorar dinero o

Creencia

Destino

Sentimiento

Personalidad

Actitud

Hábito

Acción

que tu destino es vivir con escasez, esta información inconsciente saboteará cualquier esfuerzo que hagas para conseguir tu propósito de ahorro.

Te pongo otro ejemplo, vano pero ilustrativo. Imagina que Leo Messi tiene la creencia positiva de que es muy buen jugador. Cuando sale al campo, ese sentimiento le hace tener una actitud de campeón: las jugadas y pases que haga (las acciones) serán las propias de un campeón. A base de jugar bien y de ganar partidos, adquirirá el hábito de ser un gran jugador, lo cual configurará su personalidad (en el terreno deportivo). Y esa personalidad acabará determinando su destino (ganar el premio al mejor jugador del mundo).

Es posible que hayas acabado aceptando la creencia de que para ti es imposible estar en tu peso sano, a fuerza de fracasar repetidamente en tus intentos de no comer compulsivamente. Pues este tipo de creencias negativas y disfuncionales son en parte la causa de que no consigas los resultados que tanto deseas.

Así como lo que te sucede en la vida es un reflejo de lo que te está ocurriendo por dentro, la forma en que te relacionas con la comida es también un reflejo de lo que crees sobre la vida. Porque las creencias determinan nuestras acciones, las cuales condicionan nuestra realidad. Cuando son negativas o limitantes, suelen atacar nuestra inteligencia, nuestra valía, nuestro atractivo, nuestra capacidad de ser amados, nuestra sexualidad o cualquier vulnerabilidad que tengamos.

¿Qué crees que te ha llevado a tu vida actual?

Desde que nacemos empezamos a recibir sugestiones sobre cómo actuamos y sobre cómo deberíamos ser. Como hasta los siete años no tenemos desarrollada la capacidad crítica, aceptamos esas sugestiones negativas como verdades. Y de adultos, muchas de las limitaciones que tenemos vienen de esas sugestiones inconscientes convertidas en creencias incontestables.

Piensa en las cosas que crees que han contribuido a crear tu situación actual respecto a la comida. Repasa cómo era la relación de tus padres con la comida, con el cocinar, con los hábitos alimentarios. Cómo vivías los momentos de comer y cenar. Cómo se vivía la alimentación en tu casa, la relación con el cuerpo, qué valores se defendían o se criticaban. Quizá tu madre te decía: «Eres gordita como tu abuela» o «Qué mofletes más grandes, qué niño más sano y fuerte».

La buena noticia es que se pueden desprogramar. Así como arrancamos las malas hierbas del jardín, las creencias negativas también se pueden extirpar y sustituir por una semilla que, si el tiempo acompaña, la cultivamos y regamos, acabará germinando en una nueva planta y florecerá. Una vez plantada, nuestro trabajo consistirá en asegurarnos que esa semilla tenga todos los nutrientes necesarios para que pueda seguir su cometido, el que ya lleva en su propia información energética.

 Todo este tiempo tu subconsciente te ha estado protegiendo. Con la toma de consciencia puedes enseñarle que ya no necesitas más su ayuda. ¡Fuera la protección (la grasa)! ¡El yo consciente sabe cómo protegerte!

A la caza de La Voz

- ✓ Las creencias limitantes impiden que puedas amarte y aceptarte.
- ✓ Quizá no seas capaz de controlar tus pensamientos, ni lo que te metes en la boca. Pero puedes controlar las palabras que salen de tu boca.
- ✓ Vas a tomar conciencia de que La Voz no eres tú. Y de que, además, lo que te dice no es cierto.
- ✓ Poco a poco, vas a ir despojando a La Voz del poder que ejerce sobre ti.

La Voz nos ataca con razonamientos de blanco o negro (siempre/nunca/ jamás/ ningún/todo/nada/imposible), nos manipula con pensamientos vagos, sutiles y difíciles de refutar. Por ejemplo, cuando alguien te dice cuánto te favorece la camisa que llevas, ¿La Voz hace «puntualizaciones» disfrazadas de verdades? «La he comprado en las rebajas» respondes, intentando quitarle importancia al reconocimiento.

 La próxima vez que alguien te haga un cumplido (qué guapa estás, qué buen informe has redactado, qué bueno eres en esto…), por prepotente que te parezca, respóndele con un «gracias». No justifiques. Y si eres capaz de acompañar el «gracias» con una sonrisa, me quito el sombrero.

La Voz es muy sibilina y tiene muchas caras, y en las personas que tienen algún tipo de conflicto en relación con la comida, al peso o al cuerpo, invariablemente comparte ciertos rasgos:

La Voz perfeccionista

Cuando adopta este rol, La Voz se dedica a buscar ejemplos de perfección y a susurrarnos hacia qué ideal deberíamos aspirar. No te compara con personas reales, sino con fantasías. Ve imágenes en las redes sociales, en películas, en revistas y se fija en la gente de la calle: «esto es un ejemplo de perfección y así deberías ser tú». No tiene en cuenta qué precio pagan esos ideales que tanto admira para obtener dicha perfección (por ejemplo, modelos que restringen su dieta hasta niveles insanos, personas que dedican muchísimas horas al día a hacer ejercicio en el gimnasio, fotos que están retocadas con Photoshop, etc.). La Voz perfeccionista cree que conseguirlo es muy fácil y omite el precio de alcanzar esos resultados que te hace perseguir. No es realista, cree que o todo es perfecto o no vale nada.

Usa mucho el verbo «deber»:

- Debes adelgazar ¡ya!
- No deberías tomarte tan en serio lo del *mindful eating*.
- Deberías comer más proteínas.
- Deberías ser tan buena como la Madre Teresa.
- Deberías ser vegetariano.
- No, mejor hazte vegano.
- Deberías beber 2 litros de agua al día.

Las personas en las que predomina La Voz perfeccionista sufren mucha frustración, pues en la vida real la mayoría de ideales no se cumplen.

La Voz hiperactiva

¿Eres de esas personas que siempre están confeccionando listas de lo que tienen que hacer? ¿Tu voz te recuerda incesantemente que tienes que hacer lo que está en tu lista? Cuando tachas tres tareas de tu listado, ¿añades cinco más?

En esta faceta, La Voz se centra en decirnos qué tenemos que hacer para alcanzar nuestro ideal de virtud. Y nos empuja a llevarlo a cabo. Nos hace sentir que nunca hacemos lo suficiente, lo que nos sume en un estado de ansiedad e insatisfacción permanente.

La Voz saboteadora

Aquí La Voz compara, critica, nos da consejos contradictorios porque lo rechaza absolutamente todo. Para ello, a menudo recurre al símil, una figura retórica utilizada para comparar cosas similares entre sí.

- Comes como si no hubiera un mañana.

- Tienes la cara de pan.
- Estás gorda como una vaca.

Este recurso del símil le permite sacar a la luz cosas que te fastidian pero de forma suave, sin llegar a hacerte sentir tan mal. Si te dice «como como si no hubiera un mañana» es menos duro que si La Voz te dijera «comes compulsivamente». En este caso, en vez de sabotearte te sería de utilidad, pues te pondría las pilas para comprometerte a solucionar este problema. Por ello utiliza la comparación, haciendo el ataque inofensivo, incluso gracioso, y perpetuando el problema.

 Si alguien te dijera por la calle «vaca gorda», ¿qué harías? Sin embargo, permites que La Voz te insulte de manera despiadada cada vez que te miras en el espejo. Te propongo que cambies el dicho que reza «Trata a los demás como querrías que te trataran a ti» por «Trátate como querrías que te trataran los demás». Y un buen punto de partida es sustituir el diálogo crítico por el compasivo. No puedes pensar «te amo» y «cara pan» a la vez (recuerda que la mente consciente solo puede tener un pensamiento al mismo tiempo). Así que por favor, no dejes de practicar el ejercicio de decirte «te amo» en el espejo.

 ¿Has detectado alguna creencia limitante que te diga que jamás saldrás de la gordura? ¿Que perder peso es imposible para ti? ¿Que mantener hábitos saludables es muy difícil?

En caso de que no hayas descubierto ningún programa negativo básico, a continuación te propongo las creencias negativas que se albergan habitualmente respecto a la comida, el cuerpo, el sentir, merecer, recibir, sufrir, la abundancia, tener suficiente, descansar…

- Cuando pierda 9 kg seré feliz y todo me irá bien.
- La comida es el mayor placer de mi vida / es lo que más feliz me hace.
- Comer es la mejor manera de premiarme.
- Cuando se trata de comida, no tengo fuerza de voluntad / soy débil / sucumbo a la tentación.
- Cuanto más lleno, más satisfecho.
- Cuando lo hago mal, ya lo hago mal del todo. ¡De perdidos al río!

- Qué van a pensar de mí los demás si me ven comer así.
- Tengo que acabarme todo lo que hay en el plato (porque es de mala educación / «ya que lo he pagado» / hay niños que se mueren de hambre).
- Siempre he sido una glotona o un glotón.
- Si eres gorda o gordo, no destacas.
- Llevar una vida saludable es aburrido / requiere mucho sacrifico.
- No me cuido porque estoy gordo y no merece la pena.
- Mi cuerpo no está hecho para ser delgado, a causa de mi metabolismo / porque retengo líquidos / por genética.
- Para ser atractivo, hay que estar delgado.
- Para adelgazar tengo que comer lo menos posible.
- Comer es un acto social, así que para adelgazar tendré que dejar de socializarme.
- Mi madre era muy delgada y no quiero ser como ella.
- Mi pareja me exige estar delgado.
- En mi casa éramos muchos y había que engullir rápido.
- Mi familia me presionaba para que estuviera delgada como mi hermana.
- Siempre he sido la amiga gordita y simpática.
- A mi edad no hay posibilidad de cambiar.
- Este método es un timo, la gente se engaña si cree que puede adelgazar tan fácilmente.
- Quizás funcione con otras personas, pero conmigo no resultará.
- Siempre me decían que estaba gorda o gordo y a los 12 años empecé con las dietas.
- Yo no he de ser lo primero / priorizarme es ser egoísta / no tengo tiempo para pensar en mí.
- Tengo que ser perfecta o perfecto.
- Mi valía personal depende de mi atractivo / de mi inteligencia / de mis logros / de mi status.
- Cuando me siento mal, me doy atracones.
- Si adelgazo, dejaré de recibir cuidados y atención.
- Si dejo de tener problemas de peso ¿a quién le voy a echar la culpa de mis males?
- Ser libre es hacer lo primero que se te pasa por la cabeza.

El propósito del siguiente ejercicio (inspirado en el ejercicio «Mi caja de creencias» de la formación *Atrévete a comer*) es descuartizar las creencias negativas básicas que estén condicionando tu relación con la comida.

Ejercicio: Arrancando malas hierbas

Te pido que elijas la creencia del listado que consideres que más condiciona tu situación actual o, incluso mejor, que elabores el tuyo propio (te puede dar pistas releer el registro de pensamientos limitantes que has ido elaborando a lo largo del programa).

1 ¿Qué crees?

Escribe el enunciado de tu creencia o pensamiento limitante y léelo.

¿Qué ocurre en tu cuerpo ahora cuando piensas o verbalizas en esta creencia? ¿Dónde notas en tu cuerpo el malestar que te produce este pensamiento?

Permite que repose en ti, que descienda de la mente al cuerpo.

2 ¿De dónde proviene?

Identifica de dónde procede tu creencia. ¿Procede de tu familia, de la religión, de la escuela, de amigos, de experiencias personales, de la sociedad, de medios de comunicación o de otras figuras de autoridad?

Entender de dónde proviene te permite darte cuenta de que ese pensamiento no es tuyo, que es solo eso, un pensamiento. Una vez que sabes que esa creencia no es tuya, puedes empezar a cuestionar si es cierta.

3 ¿Qué ocurre si crees en este pensamiento?

¿Cómo te limita o te entorpece? ¿Qué ves, qué te dices, qué escuchas, qué sientes en el cuerpo y qué emoción surge al creer esta creencia? ¿Cómo reaccionas?

Observa ese sentimiento como si fuera la primera vez que lo sientes, con curiosidad por cómo es y nota las sensaciones de tu cuerpo, si hay algún cosquilleo, calor, frío o si cambia el ritmo de tus pulsaciones. No le pongas ninguna etiqueta que le dé un significado.

4 **¿Tienes la certeza de que es absolutamente cierto? Busca tres ejemplos que lo contradigan**

¿Puedes saber con absoluta certeza que este pensamiento es cierto? Te pido que escribas tres razones que podrían contradecir tu creencia, tres pruebas que muestren que no es verdad. Por ejemplo, si tu creencia es «Solo puedo calmar mi estrés con la comida» podrías encontrar estos contraargumentos:

- Un día en que estuve muy ansiosa llamé a una amiga y, al sentirme escuchada, me serené y no recurrí a la comida.
- Hay personas que cuando están estresadas en lugar de comer salen a correr.
- Durante una época en que meditaba al levantarme, me sentía más en paz y los antojos disminuyeron considerablemente.

5 **¿Qué precio pagas por creer esto?**

¿Cuáles son las consecuencias (en tus relaciones, en tu físico, en tu salud…) de creer ese pensamiento?
¿Quieres esos resultados en tu vida?

6 **¿Cómo te sabotea?**

¿De qué te sirve esta creencia? ¿Es útil para ti? ¿Te acerca o te aleja de tu objetivo? ¿Te ayuda a ser la persona que quieres ser? O, por el contrario, ¿sabotea lo mejor de ti?

7 ¿Quién serías tú si no tuvieras ese pensamiento?

8 ¿Podrías dejar ir esta creencia limitante? ¿Qué podrías hacer con ella?

Escribe la creencia negativa en un papel y haz un ritual que para ti simbolice que te desprendes de tu dolorosa creencia. Puedes romper en pedazos el papel donde la has apuntado y tirarlo a la basura. O prenderle fuego y arrojar las cenizas al váter, al mar o en un río; enterrarlas en el jardín o dejar que se las lleve el viento. Este ritual es importante porque dibuja una línea divisoria entre tu pasado y la persona que eres ahora.

Pero soltar una creencia arraigada lleva tiempo y a menudo es necesario repetir este ejercicio varias veces. Si eres paciente y perseverante acabará por desaparecer.

Si sientes que aún no estás en condiciones de desprenderte de esa creencia limitante, puedes dejarla en cuarentena y tratar de vivir durante unos días o semanas como si no la tuvieras, adoptando la creencia posibilitadora que formularás en el siguiente paso. Observa qué cambia ¿hay más paz, más armonía en tu vida? Y después escoge libremente lo que tú consideres que es más útil para ti.

9 ¿Qué preferirías creer en lugar de esa creencia limitadora?

Concéntrate en tu creencia negativa y tradúcela a una afirmación posibilitadora que te ayude a mantener una relación más saludable con tu cuerpo y la comida.

Una afirmación posibilitadora es la verbalización de un pensamiento útil. Fíjate que digo *útil*: no hablo de afirmaciones positivas que no te crees y con las que sientes que te engañas (esto no sería útil). Se trata de cambiar las creencias limitantes por pensamientos que te ayuden a aumentar la sensación de seguridad y confianza, para que tu cuerpo comprenda que ya no necesita protegerte con la grasa.

Por ejemplo, si tu creencia limitante es «Siempre me tengo que acabar todo lo que hay en el plato» puedes convertirla en la afirmación posibilitadora de «Decido las cantidades que como, escuchando mis sensaciones físicas».

Es importante que tu afirmación esté escrita:

✓ En presente: si la escribes en futuro, estás asumiendo que este no es el momento de comenzar y ese futuro nunca llegará. ¡Siempre será futuro!
✓ En positivo: en lugar de afirmar «Pierdo los kilos que me sobran» dices: «Estoy en mi peso ideal».
✓ Que sea útil: que te ayude a conseguir aquello que deseas en tu vida.

Aquí recojo una serie de afirmaciones posibilitadoras que te pueden inspirar:

- Me merezco una vida satisfactoria.
- Me acepto y me amo tal como soy.
- Soy feliz incondicionalmente.
- Estoy bien tal como soy.
- Me acepto y me amo completa y profundamente, con todos mis problemas y limitaciones.
- Como lo que deseo y estoy en mi peso ideal.
- Cuidarme es amarme.
- Cada día me resulta más fácil llevar un estilo de vida saludable.
- Cada día tengo más voluntad.
- Cuando siento saciedad y satisfacción, paro de comer.
- Creo paz en mi mente y en mi corazón.
- Acepto todos los aspectos de mi vida.
- Me perdono por no ser como me gustaría ser. Me permito ser como soy.
- Me enorgullece ser quien soy.
- La caridad empieza por uno mismo.

- Me merezco el amor.
- Soy mi mejor amiga/amigo.
- Tengo confianza en mí misma/mismo.
- Merezco amarme y ser amada/amado por los demás.
- Asumo la responsabilidad de aceptarme.
- Para mí es importante comer conscientemente y disfrutar de una vida saludable.
- Mi valía no la determina mi peso ni mi figura, sino quién soy yo en realidad.
- Acepto mi cuerpo y mi peso tal como están en este momento.
- Aceptar mi cuerpo y mi peso no significa que los considere perfectos.
- La aceptación surge de mi interior. No la busco fuera.
- Mis imperfecciones son oportunidades de aprender lecciones valiosas.
- Tengo abundancia.
- Ser libre es tener capacidad de decidir.
- Soy competente y tengo confianza en mí.
- [Tu nombre], te amo. Te amo de verdad.
- Yo, _____ [tu nombre], soy_____.

«Una afirmación es una frase fuerte
y positiva que indica que algo ya es».

Shakti Gawain
Pionera y autora sobre el movimiento de la consciencia universal

Estas afirmaciones son sugerencias. Igual que con las creencias negativas, puedes elegir una tal como está, modificarla o adaptarla más a ti. Aunque lo ideal sería que salieran de tu corazón. Ahora sí, escribe la tuya ahora:

Ejercicio: Plantando nuevas semillas

«Todo hombre puede ser, si se lo propone,
escultor de su propio cerebro».

Santiago Ramón y Cajal
*Premio Nobel de Medicina que desarrolló
la «doctrina de la neurona»*

Comprométete a pasar un tiempo cada día repitiendo tu nueva afirmación. Puedes hacerlo a través de diferentes vías:

- Escribe tu afirmación 10 veces seguidas cada día.
- Aprovecha cualquier momento a lo largo del día para repetírtela en voz alta o mentalmente.
- Delante del espejo. De la misma forma que te has estado diciendo en voz alta que te amas frente al espejo, a partir de ahora haz lo mismo con tu propia afirmación.

Con las afirmaciones posibilitadoras no trato de que te convenzas de que te sientes de manera distinta de cómo te sientes realmente. Su función no es el autoengaño, sino que estos mensajes más constructivos penetren en tu consciencia, para que los negativos dejen de acumularse en tu cuerpo. Recuerda que tu cuerpo es una pantalla en la que se proyectan tus creencias.

Cuando empecé a trabajar con las afirmaciones positivas, me sentía ridícula, las veía como una pérdida de tiempo y no me creía lo que me repetía. Lo mismo me ocurría con el ejercicio de mirarme al espejo y decirme «Te amo, Laia». Sentía vergüenza ajena. Sin embargo, tenía una gran capacidad para machacarme con mensajes negativos (no soy suficiente, no valgo…). La Voz no soportaba que me dijera cosas bonitas que alimentaran mi autoestima, por lo que mientras repetía o escribía mis afirmaciones, me ponía objeciones y me hacía reproches.

 Si decirte cosas hermosas también te resulta difícil, te pido que tengas paciencia y que seas amable contigo. Repetir afirmaciones para amarte y amar tu cuerpo está confrontando creencias muy antiguas y arraigadas, que se resisten a renovarse. Así que es normal que no te las creas y que te causen cierto rechazo. Limítate a practicarlas de forma constante a lo largo de un periodo de tiempo.

 ¿Cuánto tiempo? Hasta hace poco se creía que con solo repetir una conducta durante 21 días, formaría parte de nuestra rutina, convirtiéndose en un hábito. ¿Has comprado algún libro que te prometía que en 21 días te harías rico, dejarías de fumar o tendrías un vientre plano? Yo sí. Pero no lo conseguí porque resulta que nuestro cerebro es muy ahorrador (y el mío más, que soy tauro y catalana) y aficionado a los atajos que le permiten realizar las tareas de forma rápida y eficaz, con el mínimo esfuerzo.

Siento ser yo quien te lo diga, pero por mucho que nos guste la vía rápida, lo de los 21 días es simplemente falso. Así lo demuestra un reciente estudio del University College de Londres que afirma que para convertir un nuevo objetivo o actividad en automatismo, son necesarios 66 días de práctica. Aunque en realidad el número de días es menos importante que otros factores como el interés, la intensidad, la perseverancia y las características psicológicas personales. Y obviamente dependerá de la complejidad del hábito que deseamos adquirir. En el caso que nos ocupa, estamos hablando de cambiar años de condicionamiento negativo. Estás plantando nuevas semillas en un terreno renovado y fértil.

 Anota todos y cada uno de los mensajes que La Voz te vaya disparando, aunque parezcan inofensivos. Son tesoros que te dan información de otras creencias negativas que podrás volver a trabajar con el ejercicio anterior.

«Siembra un pensamiento y cosecharás una acción;
siembra una acción y cosecharás un hábito;
siembra un hábito y cosecharás un carácter;
siembra un carácter y cosecharás un destino».

Aforismo

Reprograma tu mente en estado alfa. Un secreto poco conocido

En el ejercicio anterior, has transformado una creencia limitante en una afirmación posibilitadora. Crear nuevas creencias es reprogramar el cerebro desde la mente consciente, lo cual es necesario pero ya sabes que no es una batalla que la razón por sí sola pueda ganar. No tendría sentido fingir que puedes cambiar los patrones que vienes repitiendo desde que naciste con solo pegar afirmaciones positivas en el espejo. Sería insultante para los profesionales de la psicología y los pacientes que con tanto esmero (y dinero) intentamos lidiar con la basura que acarreamos. Ya te dije que no es un camino de rosas y que no hay recetas rápidas.

Pero hay esperanza.

No abandones la lectura, que ahora empieza la fiesta. A pesar de que no sea fácil hacer frente a esas cuestiones por uno mismo, a partir de este apartado del libro vas a acceder a los archivos de tu subconsciente para cambiar tu relación con la comida para siempre.

«Las reacciones físicas son solo una forma en que los problemas
que nos inquietan pueden expresarse inconscientemente».

Carl Gustav Jung
Médico psiquiatra, psicólogo y ensayista

Para hacerlo, vas a tener que aprender un nuevo idioma: el del subconsciente. Como es un nivel simbólico de la mente, no estructura la información de manera lógica y habla su propio lenguaje, basado en sensaciones, emociones e imágenes. Por ejemplo, si quieres dormir por la noche y no puedes, por mucho que te digas «me quiero dormir» no lo vas a conseguir. Más bien al contrario. ¿Controlas tu memoria? Por favor, no memorices este número: 247. No puedes evitar memorizarlo porque para que tu subconsciente te obedezca, tienes que ser muy sutil y hábil.

Ahora toca plantar las nuevas semillas en niveles más profundos y regarlas en estado de relajación hasta que tu mente se inunde de ellas.

En su inspirador libro *Todo es Posible*, el *coach* Luis Pérez Santiago explica que una de las funciones principales de las neuronas consiste en trasmitir los impulsos eléctricos que el cerebro genera. Estos impulsos producen una serie de ritmos que se denominan ondas cerebrales. Y según cuál sea el ritmo de

las ondas cerebrales, accedemos a diferentes estados de consciencia. El científico y psicólogo Hans Berger determinó la existencia de cuatro tipos de ondas cerebrales fundamentales: alfa, beta, theta y delta.

Las ondas beta se producen cuando estamos despiertos, en el estado normal de vigilia. Por ejemplo, ahora que estás desarrollando una actividad consciente (leer este libro) tu cerebro está generando ondas beta (a menos que te estés aburriendo como una ostra).

Ya he mencionado que en estado de consciencia despierta no es fácil hacer cambios profundos en nuestra manera de pensar. Para que tus nuevas afirmaciones se conviertan en parte de tus pensamientos cotidianos de forma más rápida y profunda, deben invadir tu mente subconsciente al mismo tiempo. Veamos cómo hacerlo.

Debes repetirlas en el estado alfa de consciencia. Tu cerebro produce ondas alfa cuando estás muy relajado, por ejemplo, justo antes de dormir, en aquellos momentos en que te quedas «en Babia», o en éxtasis contemplando fijamente el mar o una puesta de sol. También cuando realizas alguna actividad que no requiera mucha concentración, que sea repetitiva y monótona, como conducir[21]. También accedemos a él cuando meditamos.

No estamos durmiendo, sino en un estado que combina una profunda relajación con un estado de alerta.

Por su parte, las ondas theta se producen en un estado aún más profundo de relajación. Cuando nos encontramos en este estado, podemos realizar tareas que no requieren un control consciente de su ejecución (como imaginar, reflexionar o soñar despiertos).

En la frontera entre las ondas alfa y theta reside nuestro potencial creativo. El estado alfa se relaciona con el estado de ensimismamiento en que les surge la inspiración y las ideas geniales a artistas e inventores. Cuando la mente está tranquila y receptiva también se relaciona con la aparición de fuertes intuiciones e incluso revelaciones espirituales.

 Cuando el gran inventor Thomas Alva Edisson se encontraba ante un problema difícil, en lugar de estrujarse el cerebro para encontrar la solución, se acomodaba en su butaca y se echaba una siesta. Lo hacía sosteniendo una bola de metal en la mano, de modo que en el momento en que se dormía (su cerebro entraba en estado alfa-theta), la bola de metal caía al suelo y el ruido lo despertaba. Así se «pillaba» en su estado alfa y podía recabar las ideas que había tenido durante su sesión de «meditación» para construir nuevas soluciones. El pintor Salvador Dalí usaba el mismo truco, el cual bautizó como «dormir sin dormir».

Por último, tenemos las ondas delta, que se generan en nuestra fase de sueño profundo, en la inconsciencia. Es el nivel menos conocido pero para el tema que nos ocupa, nos interesa saber que mientras dormimos integramos los aprendizajes del día en nuestro inconsciente[22].

---

[21] Conducir de noche, repetir mantras o mirar la televisión son actividades monótonas que tienen un efecto hipnótico.

[22] Especialmente los que nos llevamos a la cama justo antes de dormir. De ahí la importancia de cuidar qué leemos, qué vemos por la TV y de qué hablamos antes de acostarnos.

De todos estos estados de consciencia el nivel alfa-theta tiene un potencial de transformación del modo en que pensamos y sentimos muchísimo más grande. Ahí es mucho más fácil y rápido implantar los cambios convenientes hasta que se conviertan en una parte automatizada de nuestra vida cotidiana.

Cuando hagas tu sesión de meditación, en que sientas una sensación muy relajante y agradable, repite mentalmente tu afirmación, palabra o frase que te gustaría integrar.

También puedes aprovechar la potencialidad del estado alfa para practicar la visualización. Crea una imagen visual del aspecto que te gustaría tener; sobre todo ponle intención y emoción. Igual que ocurre con las afirmaciones, aunque al principio visualices sin convicción, a medida que lo practiques con frecuencia, tu cerebro empezará a creer que tienes el aspecto que visualizas. Comprenderá que ya no necesita protegerte con la grasa y entonces desconectará el gen ahorro. Y la pérdida de peso será inevitable.

A diferencia de la visualización, que requiere de tu participación activa (por lo que permaneces en estado beta), con la hipnosis que encontrarás en la página web grabarás aún más profundamente todas las cuestiones que hemos tratado hasta ahora, porque te llevará a nivel theta. Puedes practicarla todas las veces que quieras, y cuanto más la escuches, más te sorprenderás de los cambios que acontecerán.

14

Empezar desde donde estás

Aceptar lo que hay

> «La curiosa paradoja es que cuando me acepto a mí mismo,
> tal y como soy, entonces es cuando puedo cambiar».
>
> Carl Rogers
> *Exponente del enfoque humanista en psicología*

¿Cuántas veces has soñado con lucir un cuerpo más esbelto, rechazando y huyendo del que tienes? ¿Alguna vez has deseado ser una persona distinta a la que eres? ¿Has creído que deberías sentirte de otra manera? ¿Te has intentado forzar a cambiar? ¿Qué tal fue? Seguramente no demasiado bien, porque la motivación para el cambio no funciona desde la no aceptación y tarde o temprano perdemos el control y tiramos por la borda todos los esfuerzos realizados.

En general tratamos de evitar los estados de ánimo y los pensamientos negativos porque huir de lo que nos hace sufrir es un mecanismo natural de supervivencia. Sin embargo, según el Budismo[23], una de las causas del sufrimiento —y de la alimentación inconsciente— es, precisamente, el deseo de escapar al mismo sufrimiento. Tratar de esquivar el dolor solo lo hace más grande.

---

[23] Hago mucha referencia al budismo, pero no soy budista, ya que me cuesta aplicarlo en mi propia vida.

«Todo lo que resistes, persiste».

Carl Gustav Jung

Según el escritor y filósofo Ken Wilber, en lugar de intentar alejar de noso-tros esos pensamientos, emociones o ideas, la respuesta está en reconocer que son parte de nosotros mismos e integrarlos en nuestra consciencia. Cuanto más luchemos y nos resistamos a nuestras partes oscuras, más presentes estarán. Se comportan como niños escandalosos que causan problemas expresamente porque lo único que buscan es atención, aunque sea a través de castigarles. En cambio, si las aceptamos, se sentirán escuchadas e integradas, y dejarán de comportarse como esos niños revoltosos.

Por mi tipo de personalidad y la educación recibida, desarrollé una tenden-cia a evitar enfrentarme a las emociones desagradables porque me abrumaban. Aprendí a mantener mi malestar a distancia, comiendo de forma inconsciente, fumando, buscando la solución en una dieta, trabajando en exceso y buscan-do cariño en mi pareja o en quién fuera. Desde luego, esto era más fácil que enfrentarme a las fuentes de mi malestar. Pero la medicina para el dolor no es el dolor[24]. Es el amor.

Cientos de veces había leído y escuchado que tenía que aceptarme a mí misma, tal y como era. Pero me resultaba muy difícil. En primer lugar, porque no me conocía en absoluto a mí misma. Pero si no sabía quién era, ni qué que-ría, ni qué se me daba bien, ni qué me apasionaba en la vida, ¿cómo me iba a aceptar? Porque, para aceptar o amar algo, primero hay que conocerlo. Al no conocerme, trataba de aceptar un sucedáneo de mi yo verdadero.

En el apartado sobre la culpa vimos que el conocimiento de uno mismo es la clave para liberarnos del lastre de la culpa. Y a partir de dicha sección, hemos ido trabajando con muchas herramientas de autoconocimiento. Pero a veces sucede que, cuando empezamos a mirarnos hacia adentro con los ojos bien abiertos, descubrimos partes de nosotros que nos gustan y otras que no nos gustan tanto. Y lo que solemos hacer es rechazar estos últimos aspec-tos que consideramos inadecuados. Se convierten en nuevos motivos para que La Voz aparezca en escena, juzgándonos más, autodestruyéndonos más y machacándonos más que habitualmente. Intentamos apartarlos de nosotros negándolos.

---

[24] Esta frase la leí en un grafiti por la calle, desconozco su autoría.

A medida que te vayas conociendo más, es preciso que paralelamente aprendas a aceptar todas esas partes de ti que vas descubriendo, las bonitas y las feas.

A través de un profundo viaje de autoconocimiento, especialmente gracias a la terapia que seguí, empecé a verme, a conocerme y a abandonar la idea de quién creía que debía ser. Dejar de intentar ser quien no era me permitió estar en condiciones de aceptarme tal como realmente era, con mis luces y mis sombras. Empecé a abrirme, a vivir la experiencia del malestar, a dejar de huir de mí misma y de las cosas que más temía. Y, paradójicamente, el sufrimiento se fue disolviendo. Solo a partir de entonces empezaron a producirse cambios positivos y sostenibles en mí misma, en mi cuerpo y en mi relación con la comida.

Fui comprendiendo que ni el problema ni la solución estaban en el comer o en dejar de comer, ni en el fumar, ni en el trabajar más o menos. Que la superación de los conflictos con la comida pasaba por amarme tal como era en ese preciso momento.

Aceptación es reconocer la situación tal y como es y permitir que sea lo que es, sin pretender cambiarla. Dejar las cosas tal cual están, asumiendo que la vida sencillamente es. Ni justa ni injusta. Aunque se nos venda lo contrario, ya hemos visto que tenemos escaso control sobre nuestra vida, pues esta se rige por unas fuerzas que no alcanzamos a controlar ni a comprender.

La mayoría de personas creen que aceptarse significa resignarse y no hacer nada para cambiar. Creen que la mano dura es la motivación que les ayudará a adoptar hábitos como la dieta o el deporte. Tienen apego a La Voz porque si dejaran de hacerle caso, se convertirían en perezosos y no se levantarían para ir a trabajar, se comerían todo el bufet, no estudiarían y se abandonarían a la indolencia. Su motivación para el cambio siempre ha nacido de Ella, del desprecio hacia sí mismas, del miedo, la confusión, la tristeza, la frustración o la culpabilidad. Temen que, si aceptan esas partes que tanto odian, les darán permiso para que se queden con ellas. Como si reconocer esos aspectos reforzara su presencia.

Pero lejos de esto, la voz autocrítica genera un efecto de amenaza a la que el cerebro responde generando tensión y estrés y enviando el mensaje de: «Estoy en peligro. ¡Haz algo, cuerpo!». Y el gen ahorro sale a escena, haciendo todo lo posible para protegernos. Entonces entramos en el círculo vicioso de reconfortarnos con aquello de lo que estamos huyendo. Rompemos nuestro propósito de hacer dieta o ejercicio y aparece de nuevo La Voz: «No tienes fuerza de voluntad, ya lo has vuelto a hacer, eres incapaz, eres una floja».

 Existen dos modos de motivarnos: hacerlo desde los mensajes críticos de La Voz, como reacción al miedo o hacerlo desde una forma de motivación superior, basada en la aceptación y la compasión que, como numerosos estudios han demostrado, favorece la acción y es más efectiva como motivadora para mejorar los hábitos frente a la actitud crítica y sancionadora de La Voz.

Los hábitos de alimentación consciente son como un pájaro que vuela con sus dos alas: la aceptación y la compasión.

Ciertamente, la intención de La Voz es ayudarnos a regular nuestras conductas. Pero cuando adquiere demasiado protagonismo en nuestras vidas, su capacidad de destruirnos supera a la de ayudarnos. Mina la confianza en nosotros mismos y absorbe nuestra vitalidad, haciéndonos renunciar a nuestro propósito de cuidarnos. La idea es que aceptes y comprendas esa parte de ti que has estado rechazando por tanto tiempo: tu Yo Gordo.

EJERCICIO: Tú y tu Yo gordo

«Cuando te amas a ti mismo,
dejas de encontrar motivos para luchar,
sufrir y entrar en conflicto con la vida».

Gerardo Schmedling
Filósofo y sociólogo.

Este personaje es esa parte tuya que representa tu hambre emocional, los kilos que te sobran, el vacío, la sensación de descontrol, el ansia que sientes, tu hambre insaciable.

Tu Yo Gordo no es tu enemigo, sino uno de tus muchos «yoes» que no has integrado y que se ha disociado del resto. Esta separación hace que tu Yo Gordo actúe contra tus intereses. Pero no es sino una súplica de amor.

Aceptarlo no supone que consientas su peso. Significa hacerle un hueco en tu corazón. Porque mientras él no se sienta acogido ni escuchado, seguirá contigo. Ha nacido del miedo y ha ido creciendo para captar tu atención: necesita que lo escuches y que lo reconozcas. Te está demandando amor y no se irá a menos que lo aceptes por lo que es. Y solo cuando seas capaz de aceptarlo y amarlo, estarás admitiendo la totalidad de tu ser. Una vez te aceptes completamente, él se sentirá escuchado, y desaparecerá.

 Con el siguiente ejercicio vas a aprender a amar a tu Yo Gordo y vas a ser capaz de consolarlo para que se convierta en tu aliado. Para ello, vas a establecer un diálogo con tu Yo Gordo, desde la honestidad. Este ejercicio es un paso para empezar a resolver la relación entre tu parte que come conscientemente y la que lo hace de forma emocional.

1 Escríbele una carta a tu Yo Gordo expresándole cómo te sientes, qué te hace sentir, cómo ha destrozado tu vida y cuánto le detestas (si es el caso). Expresa todo lo que te nazca, sin filtros, sin ser correcto. Esta carta no la va a leer nadie. Escríbela ahora.
2 Una vez hayas escrito la carta a tu Yo Gordo, permítele que te responda. Coge de nuevo papel y boli, y pregúntale qué quiere decirte. Escribe lo que salga de tu corazón, como si el que hablara fuera tu Yo Gordo.

Una vez le hayas manifestado tu verdad y le hayas permitido responder, descubrirás una verdad fundamental: no te está pidiendo comida, solo te suplica amor. Como aquel niño rebotado que te pide ser reconocido y escuchado.

 ## Ejercicio: Tú y tu cuerpo

«Todo fluye, todo cambia, nada permanece».

Heráclito
Filósofo griego

Muchos de mis clientes tienen un ideal tan fuerte y claro del cuerpo que desearían —o del que tenían cuando iban al instituto o antes de tener hijos— que les cuesta mucho aceptarse tal y como son ahora. Intentan cambiar su cuerpo a través del machaque, alimentando la aversión contra sí mismos. Pero lo único que consiguen es incrementar el comer compulsivo y el sufrimiento.

El reto pasa por aceptar que ese cuerpo del pasado difícilmente volverá. Que ese ideal de físico quizá ya no sea alcanzable hoy.

Ejercicio: El espejo cariñoso

La práctica diaria del siguiente ejercicio te ayudará a dejar de lado las imágenes utópicas del pasado o las idealizaciones del futuro, para que empieces a aceptar quien eres. No tienes por qué esperar a que tu cuerpo te guste para que seas capaz de aceptarlo. Puedes aceptar el cambio para pasar del rechazo a un estado de aceptación neutro.

1. Colócate frente a un espejo de cuerpo entero, en un lugar donde sepas que nadie te va a molestar. Si puedes, mírate sin ropa, pero si te resulta incómodo o violento, vístete con una prenda que te permita ver la forma de tu cuerpo.

2. Elige una parte de tu cuerpo que te guste, de la que incluso sientas orgullo (no importa si son los ojos, la clavícula o las manos). Obsérvala. Descríbela en voz alta. Intenta quedarte delante del espejo el máximo tiempo posible.

3. Una vez hayas observado ese aspecto de tu cuerpo que te gusta, ve ampliando la perspectiva hasta abarcar todo tu cuerpo. Ahora no se trata de centrarte en una parte en concreto. Mira el cuerpo entero que tienes frente a ti y observa cómo te sientes. Quédate unos minutos observándolo en el espejo. Mírate de verdad, sin esconder barriga ni sacar pecho.

4. ¿Cómo te sientes? ¿Qué pensamientos pasan por tu mente? Puede suceder que te sientas alguien estúpido, incómodo o ridículo y que tengas la necesidad de dejar de mirarte. Es una reacción muy habitual. Sé consciente de ella, de cómo te sientes y de los pensamientos que tienes acerca de tu cuerpo, sin juzgar, sin huir y sin cambiar nada de lo que sientes o piensas. Solo observa, aprende a estar con lo que hay.

Hasta ahora hemos comprendido que para cambiar nuestra manera de comer, no basta con modificar nuestros hábitos. Por ello, nos hemos sumergido en las profundidades del iceberg para explorar los beneficios (primarios y secundarios) y las creencias que sustentan nuestras conductas. También hemos empezado a ejercitar el músculo de la aceptación. Si te fijas en la imagen del iceberg del inicio del capítulo 13, aún nos quedan un par de aspectos por indagar: los valores y la autoestima. A ellos nos vamos a dedicar en los capítulos que siguen.

Parte 4

HACIENDO LAS PACES
CON LA COMIDA, CON TU CUERPO
Y CONTIGO

15

La coherencia vital

✓ En este capítulo vas a dejar de hacer oídos sordos a lo que tu cuerpo te está tratando de decir y vas a crear unidad, armonía y equilibrio entre lo que valoras, lo que necesitas y lo que deseas.

«La felicidad es cuando lo que piensas, lo que dices y lo que haces están en armonía».

Mahatma Gandhi

Buceando en tus valores

Tus valores forman parte de la identidad de tu esencia y son la brújula que orienta tus acciones. A diferencia de las creencias, que se expresan en forma de generalizaciones o de «deberías», los valores normalmente se manifiestan en forma de ideas o conceptos como generosidad, honestidad, belleza, familia, amistad, bondad o libertad.

Tus valores son aquello a lo que tú concedes más importancia en tu vida y que la llena de significado. Así como tu columna vertebral es el eje que sustenta tu esqueleto, los valores son la base que sostiene tu alma. No son ideales que hay que perseguir, ni principios que se puedan aprender. Son tu forma de sentir, pensar y actuar y los expresas con tu manera de vivir.

Pero cuando tus valores más importantes no están siendo expresados en tu forma de vivir, o cuando tu forma de sentir, de pensar y de actuar no es acorde a esos valores, no puedes sentir satisfacción ni paz.

Si no tienes una vida plena, ya sabes que tu estómago nunca podrá proporcionarte lo que te falta. Para vivir una vida plena es fundamental que tus valores clave sean honrados cada día y que exista coherencia entre los diferentes planos de tu ser.

COHERENCIA VITAL:

LO QUE SIENTES = LO QUE PIENSAS = LO QUE DICES = LO QUE HACES

Si lo que sientes, lo que piensas, lo que dices y lo que haces no está en sintonía, tu vida no estará alineada con tus valores, y por lo tanto, será insatisfactoria. Por ejemplo, si para ti la sinceridad es un valor clave, y trabajas en un banco en el que tienes que engañar a la gente para vender lo que la empresa te obliga a vender, ¿podrás sentirte en paz? ¿Estarás cómodo en ese trabajo? No, porque tus acciones no están alineadas con uno de tus valores principales.

Ejercicio: Lo que valoro

Con este ejercicio que aprendí de las magníficas *coachs* de *Inti Trainning*, en lugar de pedirte que analices y elijas racionalmente tus valores de un listado, los vas a experimentar, los vas a sentir.

1. Elige 5 imágenes que te gusten (pueden ser fotos de tus seres queridos, de paisajes, de objetos, de viajes…). Escribe en tu libreta de alimentación consciente porqué has elegido cada imagen y qué es lo que te gusta de cada una. Escribe las palabras que te inspira cada imagen, las que te vayan surgiendo al responder la pregunta ¿qué es lo que te gusta de esta imagen?
2. Relee todas las palabras que has anotado y escoge las 8 que más te resuenen.
3. Ahora, haz una cadena de palabras de cada una de las 8 palabras seleccionadas. Por ejemplo, si una de tus palabras elegidas ha sido «creatividad», una posible cadena de palabras podría ser:

CREATIVIDAD

dibujar, bailar, paz, diversión, color, inventar, niña interior, Steve Jobs, fluir, crear, grabar, compartir, imaginar, pintar, libertad…

No tienes que escribir un número determinado de palabras, anota todas las que te salgan de tus tripas, sin pensarlas demasiado.

4 Una vez tengas las cadenas de palabras, de todas las palabras que has escrito, elige las 5 que más te emocionen y anótalas en un listado titulado «mis valores».

MIS VALORES

1. ....
2. ....
3. ....
4. ....
5. ....

5 Ya tienes tus 5 valores más importantes. Ahora reflexiona: ¿Cómo estás viviendo actualmente estos valores? ¿Cuán cerca o lejos está tu vida en este momento de cada valor? ¿Cuánto de satisfecho estás con cada uno de tus valores en tu vida? Teniendo en cuenta estas preguntas, evalúa cada valor del 1 al 10.

6 Ahora selecciona un valor que quieras vivir más intensamente en tu vida. Puedes elegir el que tenga menor puntuación o el que más desees potenciar.

7 Escribe una acción concreta que podrías hacer para vivir más el valor que has elegido.

8 Comprométete a llevar a cabo esa acción en los próximos 2 meses. Se trata de bajar a la tierra ese valor a través de acciones muy específicas.

MI COMPROMISO

Este es el valor que me comprometo a vivir más intensamente en mi vida:

_____

Esta es la acción concreta para vivir más intensamente este valor:

_____

Esta acción te ayudará a que tus valores estén más presentes en tu vida. Puedes hacer este ejercicio con cada uno de tus 5 valores importantes, pero de momento empieza solo por uno.

9 Para tener tus valores presentes y que se conviertan en tu guía de viaje, puedes hacer un mural con imágenes que representen cada uno de tus 5 valores principales. Colócalo cerca de tu mesa de trabajo o en un lugar visible.

Este es mi mural de valores:

 Procuro tenerlo siempre a mano porque es la brújula que me ayuda a la hora de tomar cualquier decisión. Me pregunto: «esto que aparece en mi vida, ¿me acerca o me aleja de mis valores?» Miro el mural y de un golpe de vista tengo la respuesta. Y si hay duda… No hay duda.

Cuando no te sientas pleno, verifica si estás honrando los valores que has anotado en tu lista o en tu mural. Probablemente descubras que alguno de ellos está siendo vulnerado. Identifícalo y conéctalo con una acción concreta para que sientas que ese valor forma parte de tu vida. Ya verás que te sentirás más pleno y, en consecuencia, menos dependerás de la comida ni de otros parches.

En la web **www.hambredeamor.com** encontrarás este mismo ejercicio en vídeo (ver instrucciones en la página 21).

Inventario de necesidades

¿Sabes cubrir tus necesidades? ¿Tiendes a satisfacer las de los demás antes que las tuyas? ¿Conoces la diferencia entre necesidad y deseo?

Vivimos en un mundo que nos lleva a estar muy ocupados, a tener estrés, a estar expuestos a detonantes y toxinas, a dormir poco y a comer comida rápida y procesada. Dejamos que las prisas, la conveniencia y los miedos de la vida moderna dejen a un lado nuestras necesidades, nos desconecten de nuestro yo verdadero y tiremos *pa lante*.

Entonces no conocemos ni satisfacemos apropiadamente nuestras necesidades, por lo que intentamos compensar esa discordancia con comida. Así, muchas veces creemos que necesitamos comer cuando nuestra necesidad real es de afecto, descanso, diversión o descompresión.

¿Quién fue la primera persona que se encargó de cubrir nuestras necesidades? Fue nuestra madre o la figura que desarrollara ese papel. Durante nuestros primeros años de vida la atención de nuestra progenitora estaba centrada en cubrir nuestras necesidades. Pero a veces, de adultos, no hacemos una buena gestión de la maternidad, y seguimos buscando a mamá en los lugares equivocados (en mi caso en la comida, en parejas que se hicieran cargo de mí o en el tabaco). Normalmente en cosas en que la boca estuviera implicada, pues este órgano nos remite directamente al pecho de mamá[25].

Otras veces, intentamos hacer de mamá de los demás, complaciendo a todo el mundo y anteponiendo las necesidades ajenas a las propias. En muchos de estos casos no se trata de una generosidad altruista e incondicional, sino que ayudamos para que el otro cumpla las necesidades que no hemos aprendido a satisfacer por nosotros mismos. «Te ayudo para que me des cariño», «Te hago compañía para que luego tú no me dejes solo», «Te voy a ver al hospital para que digas qué buena persona que soy».

En Occidente podemos creer que «amarse a uno mismo» es una actitud egoísta y narcisista y quizá consideres más admisible «amar al prójimo». Pero te recuerdo que la frase de «Ama a tu prójimo» continúa con «como a ti mismo». Tratarnos con amabilidad no significa no pensar en los demás, sino de tenernos en cuenta al hacerlo. Si tu anhelo es cuidar saludablemente a los demás, debes empezar por cuidarte a ti. Porque uno no puede dar lo que no tiene. ¿Cómo voy a darte amor si no tengo amor por mí mismo? ¿Cómo puedo prestarte dinero si no tengo ni un duro?

---

[25] Esto lo aprendí cuando me hice mi Carta Natal con la magnífica astróloga Elva Abril.

Además, si aprendes a cuidar de tus necesidades, dejarás de recurrir a la comida para sustituir lo que de verdad te nutre. Ya sabes que tu relación con la comida es algo que va mucho más allá de la comida en sí misma. ¡Deja a los demás un poquito en paz y deshazte de la gran carga llevas a cuestas!

Antes de intentar conseguir aquello que deseamos, es imprescindible que aprendamos a hacernos de madre a nosotras mismas. Así que vamos a darnos lo que necesitamos, llenándonos con cosas que nos nutren, además de la comida.

Ejercicio: Lo que necesito

Todos necesitamos nutrirnos. Todo ser humano tiene la necesidad de seguridad y de sentirse a salvo. Todos necesitamos sentir amor y ser valorados. Y todos necesitamos que nuestra vida tenga importancia y sentido.

Las necesidades actúan como potentes impulsores de nuestra conducta, pues el deseo viene de las necesidades. El psicólogo Abraham Maslow, hizo una gran aportación en el campo de la psicología de las necesidades humanas, dividiéndolas en 5 niveles[26] con su «pirámide de necesidades».

① NECESIDAD DE SEGURIDAD / CERTIDUMBRE

Según Maslow y Robbins, lo primero que necesita cubrir el ser humano son las necesidades básicas fisiológicas que le permiten sobrevivir: respiración, alimentación, seguridad física y mental, de empleo, de recursos, de salud, costumbres, control, descanso, sexo, etc.

Evalúa del 1 al 5 cómo de satisfecha tienes la necesidad básica de seguridad:

1	2	3	4	5
Insatisfecha	Satisfecha por debajo de la media	Normal, como la media de la población	Bastante satisfecha	Plenamente satisfecha

---

[26] Como verás a continuación, los he ampliado a 6, basándome en las investigaciones en el campo de las necesidades humanas, llevadas a cabo por el autor de desarrollo personal y orador motivacional Anthony Robbins.

Hoy cubro esta necesidad con:

Por ejemplo, podrías escribir: mis ingresos son suficientes, duermo en un colchón confortable, tengo un trabajo estable, me siento seguro en la casa o barrio en el que vivo.

Si tu puntuación es 3 o inferior, ¿cómo podrías satisfacer mejor esta necesidad?

2 NECESIDAD DE VARIEDAD / INCERTIDUMBRE

Una vez cubiertas las necesidades más básicas, necesitamos aportar sabor a nuestra vida, equilibrar nuestras rutinas con lo inesperado, la novedad, estimular nuestros sentidos y mentes a través de nuevas relaciones, nuevos retos y nuevas experiencias.

Evalúa del 1 al 5 cómo de satisfecha tienes la necesidad de variedad:

1	2	3	4	5
Insatisfecha	Satisfecha por debajo de la media	Normal, como la media de la población	Bastante satisfecha	Plenamente satisfecha

Hoy cubro esta necesidad con:

Por ejemplo, podrías escribir: hago nuevas amistades y relaciones, pruebo diferentes comidas, suelo viajar a diferentes lugares, en mi trabajo desarrollo tareas variadas y estimulantes, me formo y cultivo el aprendizaje.

La manera de satisfacer una necesidad determinada puede ser constructiva o destructiva (en este caso, podría ser con el alcohol u otras adicciones).

Si tu puntuación es 3 o inferior, ¿cómo podrías satisfacer mejor esta necesidad?

③ NECESIDAD DE AMOR Y VINCULACIÓN

Todo ser humano tiene la necesidad de relación, de afecto, de amar y ser amado, de amistad, de ser cuidado y de intimidad sexual. De vinculación con el entorno, de sentirse parte, de pertenecer a un grupo.

Evalúa del 1 al 5 cómo de satisfecha tienes la necesidad de amor:

1	2	3	4	5
Insatisfecha	Satisfecha por debajo de la media	Normal, como la media de la población	Bastante satisfecha	Plenamente satisfecha

Hoy cubro esta necesidad con:

Por ejemplo, podrías escribir: mi familia me da afecto abiertamente, tengo buenas amistades íntimas, soy parte de una comunidad, me vinculo con mis vecinos y compañeros de trabajo, tengo personas con las que puedo compartir mis confidencias, pertenezco a una causa.

Si tu puntuación es 3 o inferior, ¿cómo podrías satisfacer mejor esta necesidad?

④ NECESIDAD DE RECONOCIMIENTO E IMPORTANCIA

Todos necesitamos sentir que los demás nos valoran, ser importantes, especiales y reconocidos. El reconocimiento puede ser a nivel interno (autorreconocimiento) o externo (que los demás nos valoren).

Evalúa del 1 al 5 cómo de satisfecha tienes la necesidad de reconocimiento:

1	2	3	4	5
Insatisfecha	Satisfecha por debajo de la media	Normal, como la media de la población	Bastante satisfecha	Plenamente satisfecha

Hoy cubro esta necesidad con:

Por ejemplo, podrías escribir: me siento útil, siento que los demás aprecian mis actos, hago valer mis derechos, educo bien a mis hijos, en el trabajo me han valorado promoviéndome a un puesto mejor o aumentándome el sueldo, estudio y cultivo mis intereses, me siento respetado por mi entorno, valoro a los demás como me valoro a mí mismo...

Si tu puntuación es 3 o inferior, ¿cómo podrías satisfacer mejor esta necesidad?

 **5 NECESIDAD DE CRECIMIENTO Y AUTORREALIZACIÓN**

Es la necesidad de desplegar nuestro potencial, de explotar nuestros dones, de superar nuestros propios límites y dar lo mejor que hay en nosotros, sin buscar reconocimiento. Aquí termina la búsqueda, ya no hay ningún lugar al que llegar por que estás en el lugar adecuado: aquí y ahora. Lo que piensas, lo que sientes y lo que haces está alineado.

Evalúa del 1 al 5 cómo de satisfecha tienes la necesidad de crecimiento:

1	2	3	4	5
Insatisfecha	Satisfecha por debajo de la media	Normal, como la media de la población	Bastante satisfecha	Plenamente satisfecha

Hoy cubro esta necesidad con:

Por ejemplo, podrías escribir: expreso mi verdad, busco innovar y aportar valor, cultivo mis intereses, lo que hago es lo que soy, estoy satisfecho y aprecio mis logros, me muestro abiertamente y permito que los demás vean quién soy en realidad, mi trabajo es estimulante, tengo aficiones creativas.

Si tu puntuación es 3 o inferior, ¿cómo podrías satisfacer mejor esta necesidad?

6 NECESIDAD DE CONTRIBUCIÓN AL COLECTIVO

Es la necesidad más elevada. Dar, ayudar a los demás, dejar una huella en el mundo, preocuparse por los intereses de la sociedad y transformarla. La contribución es el antídoto del egoísmo y como veremos más adelante, permite satisfacer el resto de necesidades.

Evalúa del 1 al 5 cómo de satisfecha tienes la necesidad de contribución:

1	2	3	4	5
Insatisfecha	Satisfecha por debajo de la media	Normal, como la media de la población	Bastante satisfecha	Plenamente satisfecha

Hoy cubro esta necesidad con:

Por ejemplo, podrías escribir: cultivo una práctica espiritual, me entrego a causas que van más allá de mis intereses egóicos, me siento conectado, me muevo por lo que me dicta la intuición y la curiosidad, investigo y hago aportaciones en mi campo, soy caritativo, participo en proyectos para construir un mundo mejor.

Si tu puntuación es 3 o inferior, ¿cómo podrías satisfacer mejor esta necesidad?

Maslow señalaba que hay niveles de prioridades de las necesidades: para llegar a atender a las necesidades jerárquicamente superiores, primero es necesario satisfacer las necesidades anteriores. Y así lo creía yo: primero me ocupaba de lo que me aportaba estabilidad y seguridad y, una vez disfrutara de una cómoda situación económica, ya me dedicaría a cuestiones más elevadas como la creatividad o el propósito. Pero al no tener satisfechas mis necesidades superiores, como la autorrealización o la contribución, me sentía frustrada, vacía e insatisfecha. Entonces ese estrés se trasladaba a las necesidades inferiores de seguridad y certidumbre, niveles donde reside la comida. Y me refugiaba en ella por no tener sentido en mi vida. Intentaba satisfacer algo que los alimentos físicos, por sí solos, no me podían dar.

Con todo mi respeto por el célebre Abraham Maslow, que en paz descanse, pero descubrí que era más atinado invertir la pirámide: si primero atendemos nuestras necesidades superiores (de crecimiento y contribución), no necesitaremos recurrir a las inferiores[27]. Si buscamos qué cosas nos dan sentido, la confianza, la seguridad y la estabilidad aparecerán como consecuencia.

- Cuando te amas, te ocupas de satisfacer las necesidades que están por debajo de «reconocimiento e importancia».
- Al cuidar tu necesidad de amor no necesitas recurrir a la necesidad inferior de comer (no necesitas comer por cualquier razón que no sea la de nutrirte).
- Cuando hay sentido en tu vida experimentas un palpable aumento de tu energía vital, de tu salud física y emocional.
- Si te levantas por la mañana con un sentido y propósito para el día, el vacío que tratabas de llenar con comida se va desvaneciendo.
- Cuando desarrollas el amor hacia ti mismo, dejas de usar tu cuerpo como foco de autodesprecio y lo conviertes en tu aliado, para que cooperéis a la hora de encontrar una manera mejor de vivir.
- Si tus días te realizan, no necesitas picotear para contrarrestar la monotonía y el aburrimiento.

 Tus necesidades son las que tú necesitas para ti; no son tus deseos, ni tus valores. Y aunque no lo sepas, cada día haces todo lo posible para defender tu necesidad principal.

Todos tenemos estas seis necesidades, pero el orden varía mucho de una persona a otra y dos de ellas suelen ser las dominantes en cada uno de nosotros.

En mi caso siempre me esforzaba por satisfacer mi necesidad número 1 de reconocimiento. Como te conté con la imagen de la cebolla, creía que no estaba bien ser tal como yo era. A causa de mi baja autoestima intentaba hacer cosas grandes e importantes, para obtener el reconocimiento de los demás, en lugar de aprendérmelo a dar yo misma. Cuando descubrí que mi necesidad más importante era esa, la de reconocimiento, comprendí porqué no obtenía otras cosas que deseaba pero que no necesitaba tanto (por ejemplo, me quejaba de no encontrar pareja). Pero no me daba cuenta de que todos los días alimentaba y priorizaba la necesidad sentirme importante y valiosa, antes que la necesidad de amor y vinculación. Al revisar mi escala de prioridades tomé consciencia de que al priorizar tanto unas necesidades, dejaba para después satisfacer otras, tal vez más relevantes para mi momento actual.

---

[27] Asumiendo que vivimos por encima del umbral de pobreza y que nuestras necesidades fisiológicas básicas están satisfechas.

Es muy importante que confecciones tu orden de necesidades y que te asegures de priorizar las que tu yo verdadero te pide actualmente. Y si no es así, puedes reordenarlas.

¿Cuál de los siguientes ejemplos encaja más con tu pirámide ahora[28]?

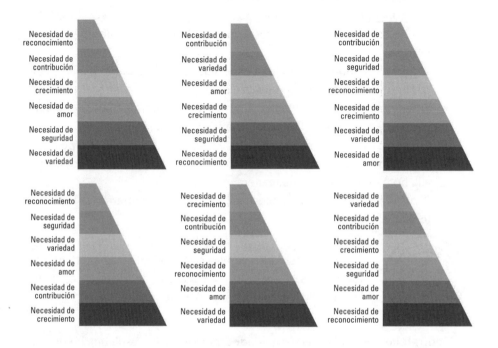

Teniendo en cuenta tu pirámide y el inventario que has hecho antes, observa cómo están de cubiertas tus dos necesidades principales y las ideas que hayas anotado para satisfacerlas mejor. Piensa en acciones concretas y sencillas, como hiciste con el ejercicio de «Lo que valoro».

La idea sería que fueras aumentando la puntuación de satisfacción de tus necesidades superiores para empezar a llenar tu vida de «nutrientes esenciales no físicos». Entenderás mejor de qué te hablo en el próximo apartado sobre los alimentos primarios.

---

[28] Según *El libro del las relaciones* de la astróloga kabbalística Mia Astral, estas son las combinaciones más comunes pero existen miles de variantes. Si no te identificas con ninguna, crea la tuya propia.

Revisar tu inventario a menudo y priorizar satisfacer las necesidades de tu voz interior es el mayor gesto de respeto hacia ti misma. A medida que te hagas más sensible a sus susurros, no tendrás que esperar a escuchar el gruñido de tu cuerpo ni tendrás que silenciarlo con comida.

Escucha a tu cuerpo

El cuerpo humano es la máquina más increíble que existe. Desde el momento en que nacemos, el cuerpo sabe cómo ser un cuerpo, no le tenemos que enseñar a satisfacer sus necesidades de descanso, de tener frío o calor, ni de alimentación. Él solito llora, tiene sed, digiere, suda, bosteza, vomita, estornuda, traga, se ríe y cicatriza. Sabe lo que hace y sabe lo que necesita hacer para estar en su peso y en su talla óptimos. El cuerpo tiene un vasto conocimiento sobre lo que necesitamos para estar satisfechos y sanos, pero parece que los humanos tenemos la necesidad de interferir en su regulación. Dejamos de confiar en él, mientras que solo tendríamos que limitarnos a escucharlo, reconocer las sensaciones a las que debemos responder y aquellas que debemos dejar ir.

Como hemos visto, con la vida que llevamos no es fácil escuchar nuestro cuerpo. Entonces no conocemos sus necesidades ni las satisfacemos apropiadamente, por lo que intentamos evadir y compensar nuestras necesidades insatisfechas con comida. Así, muchas veces creemos que necesitamos comer cuando nuestra necesidad real es afecto, descansar, divertirnos o descomprimir. Y luego, nos imponemos a nuestro cuerpo porque lo consideramos un enemigo que se niega a obedecernos.

La ciencia afirma que la inflamación está en el origen de toda enfermedad. Cuando el sistema inmunitario percibe una agresión, pone en marcha un proceso de inflamación con la intención de frenar ese daño. Es decir, que la inflamación y la enfermedad son actos de amor de nuestro cuerpo, que nos intenta avisar y proteger de algo que nos está dañando. Es una invitación a pararnos, a escucharnos y a que nos cuidemos.

El problema no es el cuerpo, sino nosotros, que interferimos en su natural funcionamiento. Tenemos que dejar de obligarlo a hacer cosas contra su voluntad. El cuerpo es el vehículo que nuestro yo verdadero utiliza para informarnos de cuando debemos parar y atender algún aspecto de nuestra vida que estamos descuidando. Los síntomas son la forma que el cuerpo tiene de pedirnos que nos amemos.

Cuando el cuerpo nos avisa a través de alguna dolencia, ¿cómo descifrar sus mensajes y confiar en él? Cuando sientas una molestia, por muy transitoria que sea, en vez de preguntarnos: ¿por qué a mí?, ¿por qué me tiene que doler esto, ahora que todo iba bien?, ¿si no he hecho ningún esfuerzo, por qué me duele?, relájate y haz brevemente el ejercicio de «Estar con lo que hay». Pregúntale a tu cuerpo qué necesita. Escucha su respuesta con curiosidad y amabilidad. Escríbela. Puedes decir las siguientes palabras: «Esto es lo que mi corazón desea y permito que estos cambios se produzcan en mi vida».

Si no te llega ninguna, no te preocupes, la vida te pondrá en situaciones que te permitirán descubrir qué es lo mejor para ti. Eso sí, tienes que estar abierto a leer la vida y a confiar en lo que te diga.

Lo más sorprendente de todo fue descubrir lo increíblemente agradecido que es el cuerpo porque, al poco que lo empiezas a escuchar y a darle lo que necesita con amor, él se siente a salvo. Y cuando se siente a salvo, tiene la capacidad de reequilibrarse y empezar a deshacerse de los kilos de protección.

¿Alguna vez has estado enamorado? ¿Verdad que la comida pasaba a un segundo plano y no sentías la necesidad de calmar la ansiedad por comer? La razón es que el amor romántico produce una subida de dopamina en el cerebro, igual que cuando sacias necesidades profundas. El enamoramiento podría ser la solución al hambre emocional, pero desafortunadamente no siempre estamos enamorados y aunque lo estemos, según las investigaciones solo durará entre dos o tres años —aunque yo no creo que sea así—. Entonces, ¿por qué no satisfacer nuestras necesidades profundas y que la dopamina sacie nuestra hambre? ¿Por qué no enamorarnos de nosotros mismos y de nuestra vida? ¿Qué te parecería dedicar menos tiempo a pensar en la comida y en tu peso, y más tiempo a apreciar tu vida?

EJERCICIO: Lo que deseo

Empieza completando cada una de las siguientes oraciones, con lo que primero te venga a la mente, sin filtros:

1 Aunque no lo hago muy a menudo, disfruto mucho con _____

_____

2 Si me permitiera relajarme un poco, podría _____

_____

3 Dedicarme tiempo para mí es _____

_____

4 Mi juguete o juego favorito de la infancia era _____

_____

5 Aprender a confiar en mí es _____

_____

6 Si no fuera tan tacaño conmigo, me permitiría _____

_____

7 La forma de vestir que mejor me hace sentir es _____

_____

8 Si no sonara tan absurdo, haría _____

_____

9 Si no fuera tan mayor _____

_____

10 Cada mes invierto en mi autocuidado la cantidad de _____

_____

Ahora coge tu agenda o calendario y escribe un pequeño gesto amable que puedas hacer por ti un día al mes, inspirado en las frases que acabas de completar. Por ejemplo, si has escrito «si no sonara tan absurdo, sería cantante de ópera» porque te encanta la ópera, no es necesario que te apuntes a clases de canto, pero sí podrías regalarte unas entradas a una obra que te haga especial ilusión. Es decir, no es tanto cumplir metas sino dedicarte gestos que te acerquen a aquello que tu corazón desea. Cuando te acostumbres a practicar la amabilidad contigo mismo, notarás ligereza en tu interior.

 Tan importante es saber identificar los deseos y necesidades de tu cuerpo, como el comprometerte a hacerles caso. Así que abre tu agenda y comprométete con esta práctica.

Encuentra una satisfacción duradera: los alimentos primarios

✓ El sentir un hambre insaciable, los antojos, los atracones, la ansiedad por comer o no ser capaces de comer absolutamente nada, son manifestaciones físicas de algo más profundo.
✓ El déficit de necesidades cubiertas, puede ser unos de los aspectos que expliquen el hambre emocional.

Siempre vamos en busca de la satisfacción y muchas veces el comer de forma normal se convierte en comer en exceso, porque intentamos satisfacer la falta de alguna carencia. ¡Pero hay montones de cosas que pueden satisfacernos, a parte de la comida! Al final del capítulo «Consciencia y pérdida de peso» te comenté que el tercer paso para deshacerte del hambre emocional era nutrirte con alimentos primarios. La *coach* de salud holística Nuria Roura, en su libro *Aprende a vivir, aprende a comer,* los define como «fuentes no alimentarias de nutrición» que satisfacen las necesidades de nuestro cuerpo, de nuestra mente y de nuestro corazón.

Para dejar de ansiar tanto la comida, necesitamos llenarnos con distintas clases de satisfacciones.

Los alimentos primarios se suelen dividir en 4 grandes grupos:

① Actividad física regular

Nos hemos convertido en una especie muy sedentaria pero nuestro genoma no ha cambiado tan rápido: sigue programado para movernos, correr detrás de fieras y levantar piedras. Cualquier órgano que no se utilice para la función por la cual fue creado, va mermando. Por ello, un cuerpo que no se mueve, no se puede sentir pleno ni feliz. Además, al hacer ejercicio físico liberamos endorfinas, se impulsa la creación de serotonina y mantenemos el cerebro activo.

Según David Perlmutter, neurólogo especializado en nutrición, para mantener el cerebro activo es mejor hacer ejercicio físico, que ejercicios mentales tipo crucigramas o sudokus.

Cuida tu carruaje. Elige una actividad física que te guste, que te haga sentir bien y que se pueda adaptar a tu vida. Lo más importante es que te muevas de forma regular, un poco cada día. Y es bueno que vayas variando de actividades.

¿Cómo llevas los 10 minutos de movimiento extra diario? Te animo a que incrementes este hábito a 20 minutos.

2 Relaciones

Las relaciones son todas las personas que te rodean y convives: familia, amigos, pareja, compañeros de trabajo, de estudios, etc. No se trata tanto de si sales mucho o no con amigos, ni de si haces muchas actividades en grupo. Se trata más bien de sentir que son relaciones que suman, abiertas, sinceras. ¿Te sientes envuelto de gente? ¿Te sientes arropado, reconfortado, cuidado? ¿Tienes alguien con quien confiar y poderle contar tus inquietudes? ¿Las personas que forman parte de tu vida te están apoyando a la hora de hacer los cambios en tus nuevos hábitos? Si la respuesta es no, intenta pasar menos tiempo con las personas que no te ayudan.

Si en el ejercicio de «Ladrones de presente» apuntaste que alguna relación te resta o te genera malestar, ahora podría ser muy buen momento para poner un poco de distancia.

Además de las relaciones con los demás, también incluye la relación que tienes contigo mismo.

3 Trabajo y desarrollo profesional

¿Tu trabajo suma o resta en tu vida? ¿Pones al servicio de los demás tus talentos y habilidades? ¿Te sientes alineado con tu propósito? ¿Cada mañana, tienes una lucha al levantarte para ir a trabajar? ¿Cuando llegas a casa del trabajo estás extenuado y solo deseas meterte en la cama?

En caso de que estés jubilado o que no tengas necesidad de trabajar, plantéate si inviertes tu tiempo en actividades que te inspiran, que te llenan, te nutren, te dan paz y bienestar. Probablemente en el ejercicio de «Tu glotón interior» anotaste algunas de ellas.

Independientemente de si trabajas o no, puedes estar sufriendo hambre de sentido y de propósito en la vida.

Personalmente me costó mucho trabajo encontrar mi propósito y sentido en la vida, a causa de que pasé muchos años dando la espalda a los mensajes de mi corazón. El vacío que te he mencionado tantas veces que sentía, un anhelo y un fondo de frustración siempre me acompañaban. Me moría de hambre de sentido, lo cual activaba mi gen ahorro.

Siempre escuchaba y leía que todos hemos nacido para hacer algo, que tenemos un talento único y diferencial para aportar al mundo. Algo que nos apasiona, que mientras lo hacemos estamos al 100 % en ello y se nos olvida incluso comer.

Mi intuición sabía que yo tenía esa clase de don: el talento artístico. Pero en su momento, mi Voz lo enterró porque no lo consideraba importante. Porque no lo veía productivo. Porque creía que no podría vivir de él. Desde entonces, el encontrar mis aptitudes y descubrir para qué podía servir, se convirtió una cruzada en mi vida.

Afortunadamente, gracias al proceso de autoconocimiento que he ido viviendo en estos últimos años y a la escritura de este libro, ha resurgido en mí el talento artístico y creativo. Y como resultado de satisfacer mi necesidad de creatividad, la lucha, el vacío y la ansiedad por comer se han disipado. Solo por este motivo ya ha merecido la alegría publicarlo. Gracias lector@ por estar al otro lado.

Estoy convencida de que tú también tienes algo que amas hacer, un don que la vida te ha regalado para que tu existencia tenga un propósito. Si como yo hice, lo rechazas, tu alma seguirá hambrienta de sentido.

④ Práctica espiritual

No tiene por qué implicar seguir una religión, sino cualquier práctica que te invite a aquietar la mente, a conectar contigo y a cultivar la paz interior.

Salir a la naturaleza, meditar, profundizar en alguna filosofía, asistir a un grupo de reflexión, practicar *mindfulness*... Hay infinitos caminos para alimentar tu alma (y recuerda que tienes a tu disposición mis ejercicios en audio en la web).

 Cuantos más alimentos primarios consumas, menos dependerás de la comida y más te librarás de los comportamientos adictivos y del hambre emocional. Por el contrario, cuanto más te llenes de comida para tapar lo que no quieres ver, menos espacio dejarás en tu vida para los alimentos primarios. Porque si vives una vida desprovista de alimentos primarios, no habrá cantidad de comida en el mundo que pueda satisfacer tu hambre de amor y de bienestar. Por mucho que comas, nunca te sentirás saciado porque tu estómago nunca te podrá proveer lo que a tu vida le falta.

Cuando no satisfacemos nuestras necesidades a través de los alimentos primarios, por muchas ganas y fuerza de voluntad que le pongamos, nos resultará muy difícil aplicar los 4 hábitos de alimentación consciente y comer saludablemente.

EJERCICIO: La rueda de la vida

Hasta ahora has tomado consciencia de cuáles son tus valores, necesidades y deseos principales, así como has visto que podemos alimentar nuestra vida con fuentes de nutrición no física (alimentos primarios). Bien, ahora vas a sintetizar de forma gráfica ambos enfoques para detectar qué áreas esenciales de tu vida están más desatendidas, si es que aún no lo has vislumbrado (no te lo reproches, son muchos años de desconexión). Lo haremos a través de una herramienta que ya conoces: «La rueda de la vida».

La rueda de la vida está dividida en 8 «quesitos» que van a representar los pilares más importantes en tu vida. Cada par de triángulos corresponden a uno de los 4 grupos de alimentos primarios.

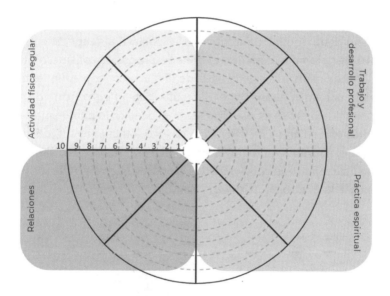

Elige las 8 bases sobre las que se sustenta tu bienestar y escríbelas en cada quesito (intenta que pertenezcan a cada grupo de alimentos primarios).

En mi caso he elegido los siguientes pilares importantes para mi bienestar: dentro del bloque «Actividad física regular» he incluido «alimentación y ejercicio físico» (aunque alimentación no es una actividad física, tiene mucho impacto sobre mi energía, por lo que para mí tiene sentido incorporarla dentro de este apartado). En «Trabajo y desarrollo profesional» he insertado los aspectos de «trabajo con propósito y creatividad». «Práctica espiritual» abarca «naturaleza y meditación» y el apartado de «Relaciones» comprende «familia y amor».

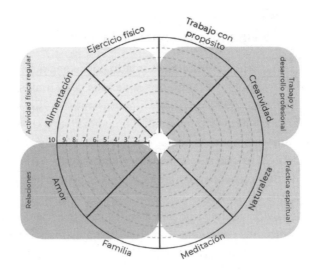

Luego he puntuado mi grado de satisfacción actual respecto a cada área, del 0 al 10. Por ejemplo, como en el área de propósito considero que estoy bien, he hecho dos puntitos en la línea de la rueda correspondiente al nivel 9 y he trazado una línea que los une. Si resulta que mi percepción de satisfacción respecto a la práctica de ejercicio físico es de un 3, lo puntúo marcando los dos puntitos en ese nivel. La valoración es algo totalmente subjetivo: puedo no tener pareja y puntuarme muy bien en el amor, porque me siento en paz respecto a este tema. Una vez puntuados todos los quesitos, relleno la subárea que ha quedado dentro de la rueda.

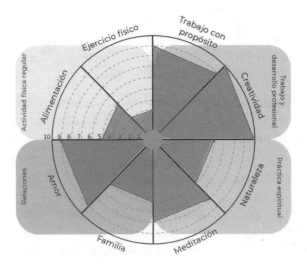

Ahora tengo una visión global de cómo me siento de satisfecha de mi situación vital actual. En primer lugar valoro las áreas que mejor tengo (¡enhorabuena, el trabajo, la creatividad, la meditación y el amor van sobre ruedas!). Y seguidamente, observo las áreas que tienen menor puntuación y decido con cuál empezar a trabajar para alimentar mejor mi vida.

¡Ahora te toca a ti! Sigue el mismo procedimiento y te pido que elijas solo una sola área que quieras atender. De momento, lo dejamos aquí y más adelante retomaremos tu rueda de la vida.

Parte 5

PONTE EN MARCHA

16

Hoja de ruta hacia tu peso natural

«Si proteges tu rutina, con el tiempo ella te protegerá a ti».

Piers Steel
*Profesor, psicólogo y autor sobre motivación
y procrastinación*

Hagamos un breve repaso de las 4 fases del hábito: estímulo, respuesta, recompensa y creencia.

1. El *estímulo*: has aprendido a identificar los detonantes que activan tu modo zombi de alimentación inconsciente. Estos pueden ser externos (lugar en el que te encuentras, personas con las que estás, momento o algo que ocurre) e internos (cómo te sientes, necesidades insatisfechas, reacciones ante otras personas). Cuando vivimos en piloto automático, a menudo no somos conscientes de que hemos empezado a comer inconscientemente; de ahí la importancia de trabajar la consciencia plena a través de prácticas como la meditación o el *mindfulness*.

2. La *respuesta*: al recibir ciertos estímulos tu cerebro quiere evadirte, repitiendo caminos emocionales ya recorridos (ya sea comiendo o con cualquier otro parche). Este es el punto en el que debes poner más esfuerzo para reprogramar tu viejo hábito. Te facilitará la tarea el hecho de desarrollar un plan, como haremos en la siguiente sección.

3. La *recompensa*: has descubierto la recompensa emocional que te aportan tus hábitos y que el truco reside en encontrar esos beneficios en otras conductas que te ayuden a cuidarte mejor.

4 La creencia: para que el cambio de hábitos sea permanente, la creencia que los sustenta debe ser sólida y útil. Porque cuando todo va bien es relativamente fácil mantener los nuevos hábitos, pero si las cosas se tuercen, la tentación de recaer en los antiguos hábitos gana fuerza. Por eso, es de vital importancia que alimentes creencias que te aporten fe en que lo puedes lograr.

El Plan

¿Alguna vez has pensado en qué quieres realmente? ¿Te has planteado qué te gustaría conseguir a ti, como individuo (no como madre, esposa, amiga, hija o trabajadora)?

El Plan es un documento en el que escribirás con detalle lo que quieres conseguir y cómo lo vas a lograr. En él se recoge el objetivo final y los pasos específicos que decidirás llevar a cabo para conseguirlo.

Al inicio del libro te pedí que escribieras tu «para qué», el motivo por el cual querías hacer este programa. Recupera el enunciado que escribiste. Tal vez tu objetivo haya cambiado. No importa. Reescríbelo acorde a lo que ahora sientas.

A la hora de iniciar cualquier cambio de hábitos y mantenerlo, hay que tener un motivo, un objetivo fuerte, una pasión, algo que te mueva mucho y que te de fuerzas para seguir adelante. Así que vas a empezar por definir qué es lo que quieres concretamente. Independientemente de lo que suceda en tu vida ahora, lo primero es localizar el «qué». Y cuando tienes el «qué», si es importante para ti, encontrarás el «cómo» conseguirlo.

 ¿Qué quieres conseguir? ¿Qué problema quieres solucionar? ¿Qué resultado final te gustaría cosechar al terminar el programa? ¿Tienes la vitalidad que quieres? ¿Cómo quieres que sea tu salud? ¿Cuánta energía quieres tener? ¿Qué ejemplo quieres darle a tus hijos? ¿Dónde quieres estar?

Coge lápiz y tu libreta y responde:

① Cuida tus palabras

Cuando en mi curso pido a los alumnos qué quieren conseguir, «para qué» se han apuntado al curso, me suelen decir que quieren perder 10kg, 20Kg, 30Kg, dejar de comer cierto alimento, eliminar un antojo… Pero desde el prisma de la PNL, estos objetivos no están bien formulados. Vamos a aprender a usar el lenguaje adecuadamente. Piénsalo por un momento: si te pregunto por tu reacción al perder algo, ¿qué emociones relacionas con el verbo «perder»? Piensa en tres emociones positivas asociadas a perder.

Probablemente no hayas podido encontrar las tres emociones positivas puesto que la emoción que la pérdida genera es la tristeza. «Perder» se asocia a perder el tiempo, un ser querido, un amor, una amistad, dinero, trabajo, un bien material. Por ello, perder X kilos no es un buen objetivo, pues al asociarlo con la tristeza, tu mente, que tiene la misión de protegerte, no te va ayudar a conseguirlo. Además, lo más normal, es que si pierdes algo quieras recuperarlo. Y el peso no es una excepción.

Así que a la hora de definir un objetivo es mejor centrarnos en aquello que queremos conseguir, no en lo que queremos dejar atrás.

Un objetivo válido es tu estado deseado, escrito en positivo (piensa en lo que sí quieres y no en lo que no quieres) y es la respuesta a la pregunta: ¿Qué es lo que quieres realmente?

Si es necesario, reformula el enunciado de tu objetivo aquí:

Ahora permíteme hacerte otra pregunta: ¿Para qué quieres conseguir lo que te propones? Concreta al máximo tus motivos. Si, por ejemplo, tu objetivo es «mejorar mi autoestima», pregúntate qué sería para ti mejorar tu autoestima y qué aspecto específico mejoraría si tuvieras más autoestima. O si has escrito «tener una mejor salud», precisa qué aspecto de tu salud te gustaría mejorar (quizás tener mejores digestiones, levantarte con más energía por la mañana, ir mejor al baño, dejar de sentir dolor en las rodillas…).

¿Para qué quieres conseguirlo?

El para qué te conecta con tus valores, con las cosas que realmente te importan. En el capítulo sobre la coherencia vital vimos que cuando tus acciones son coherentes con tus valores, te sientes satisfecho. Verifica que tu objetivo esté alineado con tus valores pues, si va en contra de lo que te importa, ¿conseguirlo te proporcionará paz y disfrute? Por supuesto que no.

2 Tarjeta de los beneficios

A lo largo del libro hemos visto que los hábitos no se integran por obediencia, por privación ni por órdenes imperativas. Cumplimos nuestros objetivos cuando nuestro cerebro entiende que son beneficiosos para nosotros y que nos aportan una recompensa. Por ello te será muy útil que escribas un listado de los motivos —beneficios— por los cuales vale la pena lograr tu objetivo.

Mi objetivo me aportará...

Puedes pasar esos beneficios a una cartulina y ponerla en la nevera o en un lugar visible para que, cada vez que la veas, recuerdes para qué quieres llevar a cabo el cambio.

3 Ojo con las generalizaciones

Muchas personas creen que cuando consigan adelgazar o se vean más atractivas, su vida se solucionará y serán por fin felices. Si es tu caso y crees que cuando tengas una figura espectacular conseguirás pareja, vas a poder llevar la ropa que te gusta, tu autoestima aumentará, optarás a un trabajo mejor, te sentirás a gusto contigo misma y viajarás más… Te vas a frustrar mucho. Porque estarás siendo víctima de la falacia de «causalidad inversa»: tomarás el efecto como la causa, mientras que en realidad la supuesta causa, es el efecto.

 Es legítimo y natural que quieras sentirte bien contigo misma, introduciendo hábitos en tu alimentación, en tu figura o en tu estilo de vida. Pero no te confundas, esas cosas no te definen y tu vida no va a ser perfecta cuando consigas ese cuerpo ideal. De hecho, no somos más felices cuando alcanzamos nuestro peso ideal, sino que estamos en nuestro peso ideal cuando somos felices.

Aunque suene muy tópico, necesito recalcar que tu peso, tu aspecto, la curva de tu cintura, la talla de tu pecho o el diámetro de tu trasero son solo son una pequeñísima parte de lo que hace que seas la persona que eres. Tú no eres solo esas cosas. Me he encontrado con muchas personas cuya felicidad depende de lograr ese peso ideal pero, una vez alcanzado, se dan cuenta de que esa talla no les aporta todas esas expectativas que habían depositado en él. Al haber puesto tanta carga emocional en su objetivo, se han aferrado a él, adoptando nuevamente la mentalidad dieta.

«El pájaro no canta porque sea feliz; es feliz porque canta».

William James
Filósofo y profesor de psicología

En una ocasión le preguntaron al gran psicólogo y filósofo William James cuál era el hallazgo más importante en el campo del desarrollo humano en los últimos cien años, a lo que respondió: «Hasta ahora se pensaba que para actuar había que sentir. Hoy se sabe que el sentimiento aparece cuando empezamos a actuar. Este es para mí el descubrimiento más grande del siglo en el campo del desarrollo humano». Entonces, ¿para qué esperar a alcanzar tu figura corporal ideal para ser feliz? ¿Por qué no empezar a encontrar esos resultados (pareja, ropa bonita, autoestima, un mejor trabajo, estar a gusto contigo, viajar…) al mismo tiempo que vas dando pasos hacia tu objetivo?

Isabel, una alumna de mi curso, tenía miedo a mantener relaciones sexuales con los hombres. Ella siempre había creído que eludía las relaciones porque no le gustaba su cuerpo y que si se viera más delgada, se gustaría más y eso haría que se sintiera más segura de sí misma en el sexo. Pero no fue así. A pesar de haber conseguido bajar los kilos que deseaba, seguía evitando cualquier encuentro íntimo. Sí, logró su peso ideal, pero paralelamente no cultivó la confianza en sí misma, ni enfrentó sus emociones, ni aprendió nada sobre sí misma durante el proceso de pérdida de peso. Todos estos problemas pesaban más que su peso corporal.

Si Isabel se hubiese preguntado qué cosas podía empezar a hacer ya para gustarse más (además de perder peso) y que le hicieran sentir más confiada, habría ido encontrando la satisfacción interior, a la par que iba logrando tu objetivo.

No le pidas a tu peso corporal lo que no te puede dar. No esperes a lograr tu objetivo para convertirte en la persona que quieres ser.

4 Filtrando tu objetivo

Ahora que ya tienes claro tu objetivo, permíteme verificar si La Voz está haciendo de las suyas.

a) ¿Te resulta emocionante?
- Si te has puesto un objetivo demasiado pequeño (que no te reta, no te motiva e incluso te aburre), ¿qué podrías añadirle para hacerlo más grande? Piensa en cómo podrías ensancharlo más para que realmente te resulte inspirador (pues si el objetivo no es realmente retador para ti, no habrá motivación). Te puede ayudar preguntarte:
  ¿Es parte de un objetivo superior?
  ¿Por qué es importante para mí lograrlo?
  ¿Cuál es su finalidad última?
- Si, por el contrario, se trata de un objetivo tan grande que te resulta estresante, te estarás poniendo una meta irrealista que no te la vas a creer y que se te va a hacer una montaña, por lo que no vas a mover un dedo para intentar conseguirla. Pregúntate:
  ¿Qué es lo que me impide alcanzarlo?
  Entonces convierte los obstáculos que hayas encontrado en pequeños objetivos, de manera que sean menos grandes y más alcanzables. Elige uno de estos objetivos más pequeños y conviértelo en tu objetivo.
- Si tienes varios objetivos en mente y no sabes cuál elegir, piensa en cuál de ellos quitaría más lastre de tu vida, o te aportaría más alegría, paz y confianza.

A veces, simplemente cambiando el horizonte temporal convertimos una meta demasiado grande en una meta alcanzable. Quizás en un mes no consigo estar preparado para correr una maratón, pero dentro de 12 meses sí sea factible.

Y que La Voz no te sabotee, pues a veces nos hace creer que estamos confundidos para no tener que comprometernos con aquello que realmente anhelamos, pero que creemos que no podemos conseguir.

b) **¿Cuál va a ser su impacto?**

¿Cómo tu objetivo afectará a tus actividades rutinarias? ¿Qué ganarán o perderán los demás?

c) **¿Cómo sabrás que has logrado tu objetivo?**

¿Cuál será la evidencia que te indicará que has llegado?

5 Tu «Yo futuro»

Imagina, visualiza y siente que ya has terminado el programa y que has alcanzado tu estado deseado, con todo lujo de detalle. Observa lo que verías. ¿Cómo es tu mirada, la expresión de tu rostro en el espejo? ¿Qué oyes? ¿Qué te dice la gente al verte así? ¿Qué te dices tú, qué te cuentas a ti mismo? ¿Cómo te sientes? ¿Cómo es tu postura?

Ahora escribe una carta de tu «yo futuro» a tu yo del presente, en la que explicas cómo te sientes ahora que ya has obtenido los resultados que deseabas con el programa. Te das las gracias por haber logrado el objetivo habiendo aplicado los hábitos. En la carta explica porque lo hiciste, como es tu vida ahora que ya lo has conseguido y las 3 razones por las que no dejaste de poner en práctica las tareas y los hábitos del programa.

Esta carta es muy importante. Y te pido que, en lo que resta de programa, la tengas a mano y la leas cada día antes de acostarte.

Escríbela ahora en tu libreta o en una hoja aparte.

6 Lo que te falta

¿Qué te falta para alcanzar eso que tú deseas? ¿Qué te detiene de lograr el objetivo ahora? ¿Qué piensas hacer con esto?

Piensa en estrategias que te permitan lidiar con los obstáculos que puedan aparecer por el camino y que te lleven a volver a tus viejos, pero confortables, hábitos.

Ejemplos: miedo a fracasar, falta de motivación, infravalorar la importancia de conseguirlo, falta de autoestima, ser poco constante, mala gestión del tiempo, falta de fuerza de voluntad, falta de dinero…

7 Lo que ya tienes

¿Qué recursos tienes ya para alcanzar tu objetivo?

Si, por ejemplo, tu objetivo es comer más saludablemente, puede ser que actualmente no lo hagas perfecto, pero probablemente no comas mal a todas horas. ¿Qué es lo que ya estás haciendo bien en este momento? Esto sería un recurso que ya posees.

8 Listado de micropasos

«Un viaje de mil millas comienza con un primer paso».

Lao Tse

Enhorabuena, tu objetivo ha pasado todos los filtros para verificar que es válido. Ahora toca pasar a la acción, definiendo los micropasos que creas que podrías hacer para empezar a conseguir tu objetivo. Aún no estás decidiendo nada, se trata de que explores posibilidades. Así que no te limites, haz una lluvia de ideas de todo lo que creas que necesitarías hacer para conseguir tu objetivo.

Quizás te puedas inspirar con estos ejemplos de objetivos y micropasos:

Ejemplos de objetivos:	Ejemplos de micropasos:
Comer más alimentos frescos y de temporada	• Hacer una pequeña modificación en una comida del día, por ejemplo, tomar fruta que me guste en la merienda. • Observar cómo se siente mi cuerpo tras una semana de comer más fruta.
Entrenar mi atención practicando meditación	• Reservar tiempo en mi agenda para dedicárselo a ese objetivo. • Hacer solo 5 minutos de meditación al día durante una semana. • Ir incrementando 5 minutos semanalmente.
Tener una actitud más positiva y amorosa	• Repetir una de las afirmaciones positivas que he ido elaborando durante el programa. • Ponerme un recordatorio en el móvil o escribir la afirmación en un post it y pegarlo en el espejo.
Ser más activo	• Comprarme unas zapatillas deportivas. • Dar un paseo de 5 minutos por un lugar agradable. • Incrementar semanalmente 5 minutos.

Lluvia de micropasos

¿Podrías encontrar más opciones? ¿Si un amigo estuviera en tu situación, qué le recomendarías hacer? Alguien que te ame incondicionalmente, ¿qué te diría que tienes que hacer para alcanzar el objetivo?

¿Qué personas o entornos te podrían inspirar para buscar más alternativas? ¿Has pensado en alguien que te puede ayudar a conseguirlo? Piensa en entornos y personas que te ayuden a ser quien quieres ser.

Anota todo lo que te venga a la mente, cuantas más opciones mejor.

Algunas opciones más...

Los micropasos deben ser progresivos y tan fáciles que cuando lleguen momentos difíciles, te parezcan superables.

9 Manos a la obra

Lee los micropasos que has escrito y elige uno en particular (o fusiona varios de ellos, pero recuerda, que sean sencillos). Escoge uno para llevar a cabo esta semana. ¿Qué día lo vas a hacer? ¿A qué hora?

El día _____ a las _____ voy a hacer el micropaso:

10 Prémiate

Recuerda que sin recompensa no habrá hábito; todo comportamiento tiene una intención positiva y el cerebro convierte un comportamiento en un hábito si percibe una recompensa al hacerlo, un beneficio. Así que se trata de unir el nuevo hábito al placer (y no al sufrimiento).

Recupera tu rueda de la vida y tu inventario de necesidades y transforma esas necesidades no atendidas en premios. Escribe cómo te vas a premiar, tanto para cada micropaso como al conseguir tu objetivo final. Los premios no tienen porqué ser exclusivamente externos (comprarte ropa, darte un baño con sales, tomarte un helado...) sino que también pueden ser recompensas internas. Por ejemplo, ser consciente de las emociones positivas que te produce el hecho de haber cumplido con tu compromiso, de las sensaciones corporales y emociones que surgen antes, durante y tras haber realizado ese micropaso. También puedes conectar con la satisfacción de compartir con los demás, con el autorreconocimiento por tu logro o por haber honrado tus valores.

Asocia una recompensa concreta a cada paso:

MICROPASO	MICROPREMIO
1.	1.
2.	2.
3.	3.
...	...

Con tu listado de micropasos y de micropremios en mano, anota en tu agenda el micropaso que has elegido llevar a cabo esta semana y también el micropremio que tiene asociado. Luego calendariza el resto de micropasos, uno cada semana y qué micropremios te vas a dar. Nuevamente concreta el día y la hora en que los vas a cumplir.

Y finalmente ha llegado el momento de elegir el homenaje que te vas a dar cuando hayas integrado tu nuevo hábito u objetivo como parte de tu rutina habitual (no racanees):

¿Cómo te vas a premiar por lograr tu objetivo?

Puedes desarrollar tu capacidad de posponer tu recompensa. Por ejemplo, imagina que llevas tiempo ahorrando para comprarte un mueble que te encanta. Ya tienes el dinero, pero en lugar de sucumbir al deseo de comprarlo ya, decides esperar a lograr tu objetivo para comprarlo. Esta capacidad de no ceder a lo primero que se te pasa por la cabeza fortalecerá también tu habilidad de no responder comiendo al mínimo estímulo del hambre.

Además de premiarte, ese mueble se convertirá en un anclaje, algo que te recordará tu logro cada vez que lo veas o lo uses. Habrás conectado tu premio a una experiencia positiva.

RESUMIENDO

	¿Qué quieres conseguir?		
1. Cuida tus palabras	¿Para qué quieres conseguirlo?		
2. Tarjeta de los beneficios	Tu objetivo te aportará...		
3. Ojo con las generalizaciones			
4. Filtrando tu objetivo	a) ¿Te resulta emocionante?		
	No suficiente		
	Demasiado		
	¿Tienes varios objetivos?		
	b) ¿Cuál va a ser su impacto?		
	c) ¿Cómo sabrás que has logrado tu objetivo?		

5. Tu «Yo futuro»	
6. Lo que te falta	
7. Lo que ya tienes	
8. Listado de micropasos	
9. Manos a la obra	El día_____ a las _____ voy a hacer el micropaso:

10. Prémiate	**Micropasos**	**Micropremios**
	¿Cómo te vas a premiar por lograr tu objetivo?	

Autosabotajes

«Nuestro temor más profundo no es que seamos inadecuados. Nuestro temor más profundo es que somos excesivamente poderosos. Es nuestra luz y no nuestra oscuridad la que nos atemoriza. Nos preguntamos: ¿quién soy yo para ser brillante, magnífico, talentoso y fabuloso? En realidad, ¿quién eres para no serlo? Infravalorándote no ayudas al mundo. No hay nada de instructivo en encogerse para que otras personas no se sientan inseguras cerca a ti. Esta grandeza de espíritu no se encuentra solo en algunos de nosotros; está en todos. Y al permitir que brille nuestra propia luz, de forma tácita estamos dando a los demás permiso para hacer lo mismo. Al liberarnos de nuestro propio miedo, automáticamente nuestra presencia libera a otros».

Marianne Williamson
Profesora espiritual, escritora y activista

Todas las personas de este planeta somos seres extraordinarios. Tenemos un gran potencial en nuestro interior que se merece salir ahí fuera y brillar. Pero tenemos miedo a brillar y cada dos por tres boicoteamos ese esplendor.

 En general, las mujeres nos fijamos más en la pérdida de peso que los hombres, y tenemos mayor tendencia a ser críticas con nuestro cuerpo. La revista *Glamour*, a través de una encuesta que realizó a 33.000 mujeres, reveló que el 75 % de las participantes declaraban estar demasiado gordas. Y curiosamente, el 90 % de los asistentes a mis cursos son mujeres.

Siempre me he preguntado a qué se debe esta brecha. ¿Podría deberse a mecanismos biológicos como las hormonas? ¿O a que, a diferencia de los hombres, las mujeres tenemos más depósitos de grasa para favorecer la fertilidad? ¿Tal vez por la importancia cultural que se la da a la apariencia física de las mujeres? ¿Por los roles de género? En el fondo creo que (y esto me lo saco de la manga, no he buscado investigaciones a este respecto), en general, las mujeres tenemos la autoestima más bajita que los hombres y eso nos lleva a proyectar nuestra valía en nuestro físico.

Independientemente de cuál sea tu género, ¿te ha ocurrido alguna vez que, justo en el momento en que estabas en el buen camino hacia lograr un objetivo, reapareció La Voz convenciéndote de que lo que te habías propuesto no era posible para ti?

Por ejemplo, en este punto del programa muchas personas encuentran alguna razón, por no llamarle excusa, para abandonarlo. A pesar de que estaban motivadas y de que habían dado pasos significativos, repentinamente empiezan a olvidarse de seguir los ejercicios, dejan de tener tiempo o les surgen súbitos imprevistos. ¿Qué hace que cuando nos proponemos un cambio, incluso habiendo hecho avances importantes hacia él, abandonemos todo el trabajo realizado? Los autosabotajes.

Cuando afirmamos que queremos conseguir algo pero nuestras acciones nos desvían del camino emprendido, nos estamos saboteando. Nos estamos poniendo la zancadilla a nosotros mismos para no conseguir lo que nos hemos propuesto. Básicamente es La Voz que nos empieza a dar una serie de excusas para alejarnos de nuestro objetivo, disfrazadas de razones muy lógicas y convincentes como:

- No tengo tiempo (para comer conscientemente, para ir al gimnasio, para cuidarme…).
- No tengo fuerza de voluntad.
- No tengo dinero.
- Como en el trabajo y no puedo practicar los hábitos que me he propuesto.
- Tengo que cocinar para los niños.
- Tengo ansiedad.
- No soy constante.
- En mi casa se come muy rápido.
- Siempre postergo mis decisiones.
- Estoy todo el día trabajando.
- Nadie me ayuda con los niños.
- Llego muy tarde a casa.
- Tengo mucha vida social.
- Escribe tu excusa habitual aquí _____.

Como ves, el autosabotaje utiliza la negación de tus necesidades. «No tengo», «no puedo», «no quiero». Cuando afirmas que no tienes fuerza de voluntad, ¿no tienes fuerza de voluntad nunca? ¿No te levantas por las mañanas? ¿No llevas a tus hijos al colegio? ¿No te lavas los dientes aunque tengas un sueño arrollador?

Otra de las excusas más clásicas es «no tengo tiempo». Exactamente tienes 24h. Te invito a que revises cómo empleas tu tiempo. Seguramente descubrirás que no es que no tengas tiempo, es que priorizas otras cosas. Por ejemplo, observa cuánto tiempo destinas al móvil, a navegar por internet o a mirar la TV. Identifica de dónde puedes sacar tiempo para tu autocuidado. A continuación te propongo una práctica que, además de permitirte ganar mucho más tiempo, tendrá un impacto muy beneficioso sobre tu bienestar.

La única dieta que funciona

> «Hay muchas cosas que un hombre sabio deseará desconocer».
>
> Ralph Waldo Emerson
> *Escritor, poeta y filósofo*

Los anuncios de televisión, las revistas femeninas, los programas de radio, las redes sociales y las páginas de Internet se dirigen hacia esa parte de nuestra mente que acepta los mensajes negativos como cuando éramos niños. La televisión tiene un poder hipnótico que nos lleva al estado alfa, donde ya sabes que las ideas y los mensajes se graban más profundamente que en estado beta.

Imágenes de modelos etéreas, anuncios de dietas, historias de gente famosa que gana y pierde peso nos inducen a utilizar nuestro cuerpo como diana donde proyectar nuestro malestar. El mensaje que nos envían, nada subliminal por cierto, es que para ser felices tenemos que estar delgados. El mantra que nos inoculan es que no somos suficiente como somos o como estamos. Que si estuviéramos delgados, nos querrían.

La infoxicación a la que estamos sometidos es una enfermedad de la mente, no del cuerpo. Provoca que, antes de escuchar a nuestro propio cuerpo, escuchemos a publicistas, expertos y celebridades. Por favor, deja de aceptar el mensaje de que deberías cambiar tu cuerpo para ser feliz. Para ello, te propongo un reto:

La dieta mediática

 Emprende un ayuno mediático durante tres meses, desconectando de todos los medios de comunicación. No leas periódicos, revistas, no escuches la radio, ni las noticias en la TV durante tres meses. Además de salud mental ¡no imaginas el tiempo que vas a ganar para dedicarlo a cosas más nutritivas como meditar, ver películas que eleven tu consciencia, realizar actividades creativas o aprovechar para relajarte.

- Abstente de ver las noticias que hacen apología de la violencia.
- Abandona las revistas que engrosan los pensamientos negativos.

- Deja de seguir a *influencers* que muestran sus cuerpos perfectos y que emiten mensajes sexuales a través de las redes sociales.
- Apaga los programas que refuerzan tus defectos con el único fin de lucrarse.
- Deja de escuchar a las mujeres que solo hablan de la perfección y del peso ideal.

¿Cómo está reaccionando tu mente ante este reto? ¿De qué tiene miedo? ¿Tal vez de no estar informada?

Llevo 10 años sin ver noticias ni leer periódicos. Sí, puede que esté desinformada, pero estoy priorizando mi bienestar a comerme la infinidad de noticias sobre cómo la gente sufre día a día. Además, siempre me acabo enterando de las cosas realmente importantes. El tomar distancia de los medios, curiosamente me ha permitidor ser una consumidora más crítica y bien informada; cuando veo noticias o anuncios de refilón, soy mucho más consciente de mi reacción emocional y de cómo los medios nos intentan manipular sembrando el miedo. Me sorprendo de la facilidad con la que la publicidad usa palabras como ligero, natural o nutritivo para vendernos productos procesados. Y de la casi inexistente publicidad de frutas y hortalizas, productos ecológicos o cereales integrales.

Sabotajes de los demás

Es bastante habitual que, cuando decides hacer un cambio en tu vida, las personas de tu entorno (pareja, padres, amigos, hijos) te intenten sabotear. Nadie te pregunta ni te acompaña. Cada uno te explica lo que cree, te da su opinión.

Cuando empecé a cambiar mi forma de alimentarme, notaba que a mi familia le molestaba. Decían: «Te estás obsesionando», «Hay que comer de todo», «Laia ahora hace comidas exóticas», «Te van a faltar proteínas», «Tienes anorexia», «Come un poquito de pastel anda, por un día no pasa nada».

Si te encuentras en esta situación, es importante que comprendas que lejos de no desear tu bien, su respuesta proviene de su miedo:

- Miedo a que con el cambio pierdan algo de ti, de tu antiguo yo.
- Miedo a que cambies tanto que también cambie tu relación con ellos.
- Y, sobre todo, miedo a que tu transformación les obligue a hacer cambios en sí mismos y tengan que renunciar a cosas que no quieren afrontar.

¿Cómo no caer en los sabotajes de los demás?

- Puede que el hecho de empezar a escucharte más a ti en lugar de a los demás, les cree contrariedad. Piensa que no están acostumbrados y que solo es cuestión de tiempo. Y ten muy presente que es su miedo, tiene más que ver con ellos que contigo.
- Si tu cambio ha sido iniciado, mantenido y promovido por ti, lo harás con confianza y con un fuerte compromiso contigo. No pierdas de vista el objetivo que te empuja a llevarlo a cabo (por ello te recomendaba que coloques imágenes que representen los beneficios de conseguir lo que te has propuesto).
- Y sí, es lamentable pero algunas personas se sienten más cómodas con tu aspecto y tu comportamiento antiguo. Pero complacerlas implicará traicionarte a ti misma y volver al comer emocional y al malestar. Tú decides a quién prefieres complacer.

Tips antirrecaída

1. Si tienes un mal día y lo echas todo por la borda, no desesperes. Es natural que suceda y forma parte del proceso. Alcanzar objetivos es como bailar un vals: damos tres pasos para atrás por cada paso que damos hacia adelante. ¡Pero seguimos bailando! Además, un mal día puede reafirmarte en tu determinación para seguir con tu objetivo. Y a partir de ese bache, resulta mucho más fácil mantener tu compromiso.

2. Céntrate en el proceso, no en el resultado final. Cuando te encuentres evitando lo que tienes que hacer, por pereza o incomodidad, pon tu atención en el proceso de construcción, en los micropasos. Por ejemplo, en lugar de pensar en tu objetivo de estar en forma, dite: «voy a hacer un paseo de 20 minutos».
   A tu zombi interior le gustan los procesos, porque los puede realizar sin necesidad de pensar. Así conviertes a tu zombi en tu aliado.

3. Cuando te vengas abajo, haz unas respiraciones profundas, felicítate por todo lo que estás consiguiendo y perdónate por tu debilidad.

4. Realiza a menudo el siguiente ejercicio de contraste mental: coloca imágenes en tu casa o en el trabajo que te hagan tener muy presente la diferencia entre dónde estás ahora y dónde quieres estar. Fotos que te muestren dónde quieres estar y otras que te recuerden cómo es la vida que tienes actualmente, que en realidad no te hace feliz y por ello estás saliendo de ella.

⑤ Con la visualización. Una forma muy efectiva de prepararte mentalmente es la herramienta de la visualización, una técnica que utilizan los deportistas para entrenarse mentalmente tanto para la ejecución de la prueba, el partido o el campeonato, como para conseguir el objetivo final, que es ganar.

> Para obtener el máximo beneficio de la visualización, accede a
> **www.hambredeamor.com** y descarga gratuitamente el audio
> «Salir a comer fuera» (ver instrucciones en la página 21).

Ejercicio: Salir a comer fuera

«El descubrimiento de un nuevo plato confiere más felicidad a la humanidad que el descubrimiento de una nueva estrella».

Jean Anthelme Brillat-Savarin
Escritor que planteó la gastronomía como un arte, filosofía o como forma de vida

Hoy en día, cada dos por tres tenemos comidas y cenas en restaurantes, en las que la comida saludable no suele abundar. El simple hecho de comer en compañía de otros o fuera de casa, puede ser una fuente de preocupación, porque sabes que probablemente incumplirás tus hábitos de alimentación consciente y elegirás platos que nunca comes estando sola o en casa.

Los alumnos de mis cursos a menudo me comentan: «A veces como antes de salir de casa para no comer demasiado… Aunque no me sirve de mucho». «Tengo miedo cuando pienso en salir a cenar con mis amigos, porque voy a comer demasiado». Porque a veces ocurre que, de alguna manera, sentimos como si nuestros acompañantes nos dieran permiso para comer los alimentos que nosotros no nos permitimos. O comemos cosas poco saludables, que normalmente no pediríamos, simplemente para acompañar a la otra persona.

En ocasiones nos limitamos a la hora de pedir lo que realmente deseamos comer por miedo a que nos juzguen: «Qué van a pensar de mí… ¡que soy una comilona!».

Detrás de este tipo de preocupaciones hay miedo. Vamos a afrontarlo anticipándonos al evento de salir a comer fuera con la capacidad que todos los seres humanos poseemos, de prepararnos mentalmente antes de comer fuera y en compañía, para evitar que tenga un impacto sobre el nuestro peso y nuestro estado de ánimo.

Antes de ir a un evento en el que puede haber descontrol con la comida y la bebida, escucha la visualización que encontrarás en la web para afrontarlo con una sensación de calma, disfrutando de la comida y de la compañía, sin comer en exceso ni sentirte culpable.

6 Soy consciente de que la energía inicial que tenemos a la hora de proponernos un cambio, es común que se vaya debilitando poco a poco. Por ello, para ayudarte a no renunciar en los momentos de desaliento, tienes a tu disposición dos regalitos:

a. El grupo secreto de Facebook «Adiós Hambre Emocional» en el que podrás relacionarte con una comunidad formada por personas de mentalidad parecida a la tuya, que comparte el mismo propósito que tú, con una visión proactiva de la vida. El apoyo de un grupo va a alimentar muy favorablemente tu creencia y fe en que puedes conseguirlo. Busca en Facebook «Adiós Hambre Emocional» y solicita tu acceso[29].

b. Como agradecimiento por haber confiado en mi programa y como premio por haber emprendido este viaje hacia el amor, para facilitarte la práctica de todo lo que estamos aprendiendo te ofrezco un descuento del 50 % para mi curso *online* «Adiós Hambre Emocional», basado en este libro.

CURSO DE ALIMENTACIÓN CONSCIENTE

CUPÓN DE DESCUENTO

50%

DESCUENTO

Válido para el curso en modalidad online.
Accede a hambredeamor.com e introduce el
código «ADIOSHAMBREEMOCIONAL»

---

[29] Se te pedirá una contraseña para entrar, introduce la misma que en la web «ADIOS HAMBREEMOCIONAL».

Parte 6

PONIENDO FIN A LA GUERRA

«Las verdaderas batallas se libran en el interior».

Sócrates

17

Compasión, gratitud y autorregulación

En el capítulo «Siente lo que intentas evitar sentir con la comida» te conté mi experiencia con el vacío y que descubrí que tras las adicciones se escondía un profundo rechazo hacia mí misma. A fuerza de practicar repetidamente el ejercicio «estar con lo que hay», pude hacer otro hallazgo: al atreverme a conectar con ese vacío, aparecía el miedo.

Pero… ¿De qué tenía miedo?

La verdad, aún no lo sé y tampoco me importa demasiado el contenido de ese temor, porque tengo la cura para el miedo: el amor. Intuyo que es una cuestión espiritual y, por lo tanto, la solución verdadera tiene que ser también espiritual. Pero estamos en la recta final del libro y no me voy a enredar con este tipo de asuntos. Porque la intención de este programa es abordar lo más directo e inmediato que tenemos: el cuerpo, las sensaciones físicas y las emociones. Centrémonos primero en reequilibrar nuestro coche, porque, si como conductores no tenemos la capacidad de tomar el mando de nuestro cuerpo físico, ¿cómo vamos a manejar niveles más complejos como el alma o el espíritu? De momento, prefiero construir la casa por los cimientos; quién sabe si en un futuro libro enfocaré el hambre desde una visión más espiritual.

Solo permíteme mencionar brevemente unas pinceladas de las prácticas menos terrenales que me han ayudado a pasar de una alimentación disfuncional a una relación plena y en paz con la comida.

La compasión con uno mismo como motor del cambio

«Ámame cuando menos lo merezca porque
es cuando más lo necesito».

Proverbio chino

La raíz latina de la palabra *compasión* significa «sufrir con» otra persona y, en la psicología occidental, Goetz la definió como «El sentimiento que surge al presenciar el sufrimiento de otro y que conlleva un deseo de ayudar».

Se suele confundir con lástima o pena por alguien, pero quien siente esto en cierto modo se coloca en una posición de superioridad respecto al otro. En cambio, las enseñanzas budistas dicen que la compasión es «darse cuenta del sufrimiento y desear que se reduzca, estando en el mismo plano el sufrimiento de uno mismo con el del otro». Es decir, se siente entre iguales y existe conexión con el que sufre.

También se suele solapar con el concepto de empatía, pero no es exactamente lo mismo. Si bien gracias a la empatía somos capaces de entender y sentir las emociones de los demás, con la compasión nos identificamos con el dolor del otro, concretamente. Y además, sentimos el deseo de hacer algo por aliviarlo.

De ahí nació una corriente del *mindfulness* basada en la autocompasión, que nos invita a tratarnos con amabilidad y respeto, reconociendo lo que tenemos en común con otras entidades vivas. Igual que ocurre con la compasión, la autocompasión no significa ser autoindulgente, sentir lástima o ser excesivamente complaciente con uno mismo. Nos ayuda a responder con amor y comprensión hacia nuestro dolor, igual que lo hacemos hacia los demás.

 Si tu mejor amiga te explicara que se siente afligida y angustiada porque se ha comido un paquete entero de galletas, ¿qué palabras le dirías? ¿Qué tono utilizarías para consolarla? ¿Qué actitud tendrías para hacer que se sintiera mejor? ¿Acaso le responderías «lo has hecho fatal. No tienes fuerza de voluntad. Eres una gorda»?

Estoy segura de que serías amable con ella y le dirías palabras de consuelo, reconfortantes y compasivas para aliviar su sufrimiento.

Ahora recuerda alguna ocasión en que hayas sido tú quien ha comido en exceso. ¿Qué te decías en tu fuero interno? ¿Qué tono usaste? ¿Qué palabras?

Probablemente no fuiste tan amorosa como lo serías con tu amiga, sino que dejaste vía libre a La Voz para que te lanzara mensajes críticos y cargados de reproches.

En el apartado «Inventario de necesidades» vimos la importancia de aprender a hacernos de madre a nosotras mismas. ¿Cómo te hubiese gustado que tu madre te consolara cuando no actuaste como te gusta? ¿Qué palabras de confort hubieses necesitado recibir cuando algo no te salía bien? Es triste que un niño no reciba el apoyo conveniente en los momentos difíciles, pero igual de triste es que un adulto no se lo sepa dar a sí mismo.

Así que puedes seguir lanzándote mensajes de autoexigencia del tipo «Soy débil», «Nunca me puedo equivocar», «Tengo que ser el mejor en todo», «Lo tengo que conseguir solo», «No tengo fuerza de voluntad», «Lo primero son las obligaciones», o puedes optar por hablarte con amabilidad: «No pasa nada, todos nos equivocamos». «Lo importante es que lo estás intentando». «No lo has hecho bien, pero mañana será otro día y lo podrás volver a intentar». ¿Desde cuál de estos dos discursos internos te puede ser más fácil seguir avanzando hacia tu propósito de cuidarte mejor?

> «Si quieres que otros sean felices practica la compasión; y si quieres ser feliz tú, practica la compasión».
>
> Tenzin Gyatso
> *14° Dalai-Lama del Tibet*

La autoexigencia es opuesta a la autocompasión porque se centra en «quién deberías ser» distanciándote de «quién eres en realidad». Y como vimos con el dibujo de la cebolla, en esta distancia hay dolor, miedo y vacío, los cuales aumentan las probabilidades de que echemos mano al chocolate.

 La autocompasión es dejar de ser tan autoexigentes, de presionarnos tanto, de obligarnos a hacer cosas, de fustigarnos por no hacerlas, de creer que no somos lo bastante buenos. Por el contrario, es tratarnos bien, desde una posición de amabilidad en lugar de usar el diálogo castigador y combativo de La Voz.

Sé que no es fácil ser tolerante con uno mismo cuando te has dado un atracón de patatas fritas, pero juzgarte no te permitirá avanzar en el camino de cuidarte mejor. En los momentos en que lo que dices, haces o piensas no te gusta, es decisivo que tengas autocompasión, sin juzgarte y sin intentar cambiar lo que eres. Trátate con amor y respeto, con una actitud compresiva hacia tu propio sufrimiento. Acepta la experiencia tal como es, ni buena ni mala, justo en el momento en el que se origina.

Cuando las cosas no salgan como esperabas, recuerda cómo sería el tono que utilizarías con tu mejor amigo, si estuviera en tu misma situación. Tal vez le dirías, cosas como «Esto que sientes es doloroso, pero pasará», «A todos nos puede pasar algo así», «Equivocarnos es humano», «Siempre intentas hacerlo lo mejor posible, pero a veces no sale tan bien como quisieras, y no te debes culpar por ello», etc... Es importante que el tono que utilices sea amable y cálido.

Autocompasión y alimentación consciente

Al principio, comer de forma consciente, implicando todos los sentidos en el acto de comer, en las sensaciones y emociones que nos despiertan los alimentos, no es tarea fácil. Si esta práctica no va acompañada de aceptación y compasión, se puede convertir en igual de lacerante que el hecho de hacer dieta. Para evitarlo, te sugiero que tengas muy presentes las siguientes actitudes autocompasivas:

- Cuando intentamos comer conscientemente y nos damos cuenta de que la mente se ha distraído… en lugar de culparnos, volvemos con cariño y paciencia a los sabores y a las señales de hambre y saciedad, diciéndonos que estamos aprendiendo a comer de una forma distinta y que es normal que al principio nos cueste.
- Cuando hacemos algo de lo que nos arrepintamos… en vez de castigarnos nos tratamos como lo haríamos con nuestro mejor amigo: «está bien, todos nos equivocamos».
- Cuando meditamos y a los 2 minutos la mente divaga… traemos de vuelta la atención a la respiración, con ternura y sin pelearnos.
- Cuando no hemos sido capaces de comer como nos gustaría, pronunciamos alguna afirmación amable.

EJERCICIO: **Meditación de la autocompasión**

Cuando La Voz se apodere de tu mente porque las cosas no sean como tu ideal de perfección, practica el siguiente ejercicio de autocompasión.

Cierra los ojos, haz unas respiraciones profundas y conecta con el dolor que estás sintiendo. Intenta ubicar en qué parte del cuerpo notas esa sensación.

Luego, repite en voz alta o mentalmente las siguientes frases. Recuerda hablarte como lo harías con la persona a la que quieres, cuando tratas de consolarla:

Sé amable contigo mismo/a
Sé comprensivo/a contigo mismo/a
Ten seguridad
Acepta tu vida tal y como es en este momento.

Después de haberte consolado activamente con la compasión, sé consciente de cómo te sientes y de los cambios que se han producido en tu cuerpo, mente y tú corazón.

En **www.hambredeamor.com** tienes acceso a la hermosa meditación de la compasión y del amor incondicional. Descárgala gratuitamente (ver instrucciones en la página 21).

Creando plenitud: La gratitud

La mayoría de nosotros no valoramos nuestro cuerpo ni el hecho de gozar de buena salud. Los que habitamos sociedades materialmente desarrolladas, en las que tenemos tanto de todo, parece que tenemos debilitado el sentido de la gratitud y solo valoramos gozar de buena salud por contraste: prestamos atención al cuerpo cuando enfermamos y, cuando nos recuperamos, lo olvidamos de nuevo, porque damos por hecho que funcione con normalidad. Cuando alguien de nuestra edad cae en una grave enfermedad o muere, por unos días tomamos consciencia de la fragilidad de la salud y de que la vida es temporal. Pero pronto hacemos borrón y cuenta nueva y caemos nuevamente en el viejo diálogo contra nuestro cuerpo cuando no está a la altura de nuestras expectativas.

En los países desarrollados la verdadera epidemia del siglo xxi no es la obesidad, el cáncer o los problemas cardíacos, sino el aislamiento, la soledad y la depresión. Esta última es mucho más frecuente que otras enfermedades más temidas, como el sida o el cáncer: actualmente 450 millones de personas están directamente afectadas por un trastorno mental y en Estados Unidos el consumo de antidepresivos ha aumentado un 400 % en los últimos 20 años. Y según la OMS cada año se suicidan alrededor de 800.000 personas.

La depresión es un fuerte desencadenante del comer en exceso, así como lo son el estrés y la soledad, aspectos muy característicos del estilo de vida moderno. Pero ponemos el foco de atención en el sobrepeso y la obesidad. Los gobiernos han desarrollado gran cantidad de políticas educativas sobre alimentación saludable destinadas a reducir la obesidad. En general, somos personas formadas y disponemos de muchísima información sobre qué alimentos nos conducen al sobrepeso, la obesidad, la hipertensión y las cardiopatías. Pero aun así el problema sigue aumentando.

El monje budista Andy Puddicombe, en su excelente libro *Dieta Mindfulness*, explica que «más de 1500 millones de personas tienen sobrepeso u obesidad. Esto es, casi el 25 % de la población mundial está amenazada por el exceso de peso. (…) De modo que actualmente en el mundo existen el doble de personas que se enfrentan a riesgos para su salud por comer en exceso o por falta de ejercicio que personas que sufren hambre y malnutrición por falta de alimentos y de los nutrientes adecuados».

¿Qué está ocurriendo? ¿Qué es lo que se nos está escapando? Mi opinión es que si pusiéramos más atención en sanar la insatisfacción que gobierna nuestras encarceladas vidas y recuperáramos el contacto con valores como la gratitud, la compasión, el altruismo y la benevolencia, probablemente no estaríamos tan gordos. Porque entregar el corazón contrarresta el sentimiento de soledad[29] nacido del aislamiento en el que vivimos, y precursor del malestar y del comer emocional. Investigaciones recientes afirman que cuando las

---

[29] El documental *La teoría sueca del amor* indaga en los orígenes de la soledad que invade a la sociedad sueca. En las sociedades «avanzadas» creemos que la independencia da la felicidad, por lo que rompemos los lazos que nos unen a los demás. Pero, tal como indicó un estudio de Cruz Roja, el 40 % de los suecos se siente abandonado y uno de cada cuatro muere sin que nadie reclame su cadáver.

personas buscamos no solo nuestro propio interés, sino también el respeto, el apoyo, el agradecimiento y la compasión hacia los demás, satisfacemos mejor nuestras propias necesidades básicas y experimentamos mayor sensación de bienestar.

Y aunque puedas haber escuchado un montón de veces que el agradecimiento es la clave de la felicidad, quizás te preguntes: ¿Cómo voy a agradecer con el cuerpo y la vida que tengo? El secreto está en que la gratitud engendra gratitud; del mismo modo que nuestro peso ideal llega cuando somos más felices, cuanto más practicamos el agradecimiento, cada vez encontramos más motivos para seguir agradeciendo.

Ejercicio: Cinco ejercicios para fortalecer la gratitud

«Come en plena consciencia y serás merecedor de la Tierra y del cielo».

Thich Nhat Hanh
Maestro budista

Antes hemos visto que cuando los humanos tenemos demasiado, parece que cada vez nuestras vidas nos satisfacen menos y nuestro sentido de la gratitud se atrofia. No obstante, podemos realizar varias prácticas para entrenar el músculo de la gratitud, para vivir una existencia satisfactoria y libre de sufrimiento.

1. Sé consciente de la presencia de tu comida, agradece tenerla. Antes de lanzarte a engullir, observa tu plato e imagina el trabajo que ha supuesto que lo tengas ahí, enfrente de ti. Desde el cultivo hasta el transporte de los alimentos, pasando por su preparación. Todas las manos que han intervenido para que esa comida esté en tu mesa. Agradece este hecho y, seguidamente, come poniendo en práctica los 4 hábitos de alimentación consciente. Es una forma de mostrar agradecimiento y valorar el laborioso trabajo de todos los seres que han participado en el proceso.

2. Coge un tarro de cristal y cada semana inserta en él un papelito en el que hayas escrito algo por lo que sientas agradecimiento. Al finalizar el mes, abre el tarro y lee todas tus notas.

3. Aprovecha tus momentos de meditación para inhalar gratitud y expulsar todo aquello que te aleja de ella.

4 Cada día, al levantarte o antes de salir de la ducha, da las gracias por vivir la experiencia de un nuevo día o por algo concreto que te haga ilusión de ese día.

5 EJERCICIO: Carta a tu cuerpo

 Me gustaría pedirte un último ejercicio, personalmente. Antes de que cierres el libro, haz una pausa y escríbele una carta de gratitud a tu subestimado cuerpo. Puedes empezar la carta diciendo «Querido cuerpo, siento que… te pido perdón por… te doy las gracias por…».

Dile lo que quieras. No es necesario que sea muy extensa. Escríbela a mano.

Comparto contigo la preciosa carta que una alumna escribió a su cuerpo:

Querido cuerpo:

He estado enfadada contigo durante mucho tiempo y me ha resultado difícil perdonarte. En algún momento cedí todo mi poder a mi mente desbocada, quien tomó el mando y dirigió nuestra existencia. A partir de entonces, fui acumulando capas y capas de cebolla, de dolor, de grasa y de sufrimiento que me distanciaban y desconectaban de ti, de nuestro corazón, donde residen la felicidad, la paz y el bienestar.

Me pegué una máscara en la cara para mostrar al mundo, que me iba distanciando más y más de nuestra verdadera naturaleza. En esa distancia se iba ensanchando un enorme vacío que intentaba llenar con la comida y con otras sustancias.

¡Y yo que creía que tu celulitis y tu flacidez eran la raíz de todos mis problemas! Pero ahora comprendo que no eran más que una señal de que estaba yendo en contra de mí misma. No sabía interpretar tus mensajes. Perdóname, cuerpecito.

Ahora sé que eras la pantalla que me mostraba todo aquello que no me hacía feliz. Y que los kilos de grasa eran el escudo emocional que me protegía de los demás.

Gracias a que cultivé la calma y el silencio pude ver con claridad que la mente había adquirido demasiado protagonismo en nuestras vidas. Y que nos estaba destruyendo.

Dejamos de hacer aquellas cosas que nos encantaban, como bailar, darnos masajes y abrazos y pintar. Mi confianza en ti, en mí, fue socavada.

Pero aprendí a verte, a sentirte y a escucharte y coloqué la mente al servicio de nuestro corazón, nuestro gran aliado. Empecé por deshacerme de esa falda que guardaba en el armario desde el 2001. Renuncié a intentar meterte en tejanos imposibles.

Me distancié de ciertas personas y de ciertas situaciones que me empujaban hacia abajo.

De forma lenta y casi imperceptible, dejé de decir «No tengo tiempo para cuidarte» y me atreví a parar, a darte descanso, a tener tiempo libre.

Desistí de desear que fueras diferente, y comencé a aceptarte en tu totalidad, incluidos tus michelines, tus pechos caídos y tus rodillas torcidas.

Ahora agradezco a mi vientre que haya sido el receptáculo de lo que más quiero en el mundo. Me visto con sostenes sexys y agradezco a mis rodillas todo el peso que han tenido que cargar.

Te pido perdón por todo el daño que te he hecho. Te doy las gracias por tu resistencia. Has hecho gala de una gran capacidad de recuperación. Pero ya no necesito protección. La protección que llevas tanto tiempo anhelando te la voy a dar yo, ¡ya estoy aquí! Yo soy tú.

Ahora sé que el amor es lo único real y que nada puede destruirlo.

Te amo por estar siempre ahí.

Siempre tuya,

Tu guerrera

Tras haber redactado una carta desde tu mente consciente a tu cuerpo, permítele que te conteste. Pídele a tu cuerpo que te escriba lo que quiere decirte, igual que hiciste con tu Yo Gordo. Tu subconsciente posee el mensaje que debes escuchar y conoce las imágenes que necesitas ver. Permítele a tu cuerpo que se exprese a través de ti. Escucha con atención la voz del cuerpo hacia ti y escribe aquello que encuentres en su interior. Las respuestas están ahí.

18

En conclusión... Permítete comer y sé feliz

Si con este programa consigues al menos tres cosas, habrá merecido la alegría haberlo escrito:

1. Comer lo que desees cuando tengas hambre
2. Sentir y satisfacer tus emociones desagradables
3. Estar a gusto con la persona y con el cuerpo que eres hoy

Y si continúas alimentando:

- Tu cuerpo con comida que te nutre
- Tu corazón con compasión, agradecimiento y amor
- Tu consciencia con la práctica de la atención plena

Tendrás una vida y un cuerpo en sintonía con sus leyes naturales, con tus valores, con tus creencias posibilitadoras, con tus pensamientos útiles, con las emociones bien atendidas y con la confianza en ti misma que te permitirán vivir la vida plena y feliz que te mereces.

Gracias por haber llegado hasta aquí.

«Me arrepiento de las dietas, de los platos deliciosos rechazados por vanidad, tanto como lamento las ocasiones de hacer el amor que he dejado pasar por ocuparme de tareas pendientes o por virtud puritana».

Isabel Allende

Bibliografía seleccionada

Álava Reyes, Mª Jesús: *La inutilidad del sufrimiento*, La Esfera de los Libros, Madrid, 2002.

—: *Lo mejor de tu vida eres tú*, La Esfera de los Libros, Madrid, 2018.

Bradford, Montse: *La alimentación y las emociones*, Océano, México, 2017.

Byron, K., y Stephen, M.: *Amar lo que es: Cuatro preguntas que pueden cambiar tu vida*, Books4pocket, Barcelona, 2009.

Campillo Álvarez, José Enrique: *El mono obeso: La evolución humana y las enfermedades de la opulencia*, Urano, Barcelona, 2010.

Campos Navarro, Eva: *Alicia en el país de las rosquillas: Un viaje interior a través de tus kilos de más*, Urano, Barcelona, 2013.

Chopra, Deepak: *¿De qué tienes hambre?: La solución Chopra para la pérdida de peso permanente, el bienestar y el alimento del alma*, Urano, Barcelona, 2014.

Chozen Bays, Jan: *Comer atentos: Guía para redescubrir una relación sana con los alimentos*, Kairós, Barcelona, 2013.

DiSalvo, David: *Qué hace feliz a tu cerebro. Y por qué deberías hacer lo contrario*, Edaf, Madrid, 2014.

Duhigg, Charles: *El poder de los hábitos: Por qué hacemos lo que hacemos en la vida y en la empresa*, Vergara, Barcelona, 2012.

Fleta, Y., y Giménez, J.: *Coaching nutricional: Haz que tu dieta funcione*, Debolsillo, Barcelona, 2015.

Gabriel, Jon: *El método Gabriel: Transforma tu cuerpo sin hacer dieta*, Urano, Barcelona, 2010.

Georgievich Somov, Pavel: *Eating the moment: 141 mindful practices to overcome overeating one meal at a time*, New Harbinger Publications, 2008.

Goleman, Daniel: *Iniciación al mindfulness*, Kairós, Barcelona, 2015.

—: *Focus*, Kairós, Barcelona, 2013.

Grain, Helen: *Mindfulness. La magia del momento*, Plataforma Editorial, Barcelona, 2016.

Hay, L., Khadro, A., y Dane, H.: *Pensamientos y alimentos*, Urano, Barcelona, 2015.

Kabat-Zinn, John: *Mindfuness en la vida cotidiana*, Paidós, Barcelona, 2010.

Larruy, Antonio J.: *Vivir sin pensar, vivir en plenitud: Respuestas del alma a las preguntas de la vida*, Cuadrilátero de libros, Lectio, Barcelona, 2014.

Lombarte, L., y Fleta, Y.: *Las emociones se sientan a la mesa*, Comanegra, 2019.

Mckenna, Paul: *Puedo hacerte adelgazar*, Espasa, Madrid, 2010.

Nha Than, T., y Cheung, L.: *Saborear: Mindfulness para comer y vivir bien*, Oniro, Barcelona, 2011.

Pérez Santiago, Luis: *Todo es posible: Aprende a gestionar tu vida con el control mental y el Método Silva*, Edaf, Madrid, 2016.

Puddicombe, Andy: *Dieta mindfulness: Alimentación consciente con el método headspace*, Edaf, Madrid, 2014.

Punset, Eduardo: *El viaje al poder de la mente*, Destino, Barcelona, 2010.

—: *El alma está en el cerebro*, Destino, Barcelona, 2012.

Quintero, J., Félix-Alcántara M. P., Banzo Arguis, C., Fernández Rojo, S., y Mora Mínguez, F.: *Hambre, emociones y cerebro: Comer con la cabeza*, EMSE EDAPP S.L., 2018.

Roth, Geenen: *Cuando la comida es más que comida: Un camino espiritual para perder peso y recuperar la autoestima*, B4p, 2017.

Roura, Nuria: *Aprende a vivir, aprende a comer: Transforma tu vida, tu salud y tu relación con la comida*, Zenith, 2017.

Simón Pérez, Vicente: *Vivir con plena atención. De la aceptación a la presencia*, Desclée de Brouwer, Bilbao, 2009.

Soria, Cristina: *No son las dietas, son los hábitos: Trabaja tu interior para mantener un estilo de vida saludable*, Espasa, Madrid, 2018.

Williamson, Marianne: *La dieta del alma: 21 lecciones espirituales que pondrán fin para siempre a tus problemas de peso*, Books4pocket, Barcelona, 2016.

Agradecimientos

Hemos acabado hablando de agradecimiento, y yo deseo dar las gracias a todas las personas que, directa o indirectamente, han contribuido en el nacimiento de este libro. En particular, me gustaría expresar mi agradecimiento:

A todas las personas que han seguido el curso o similar, que tanto me habéis enseñado y divertido durante nuestras sesiones. Gracias por confiar en mi trabajo. Sois mis verdaderas maestras y vuestras historias han inspirado la mayoría de enseñanzas que comparto en este libro. ¡Vuestros éxitos me animan diariamente a seguir trabajando en este proyecto!

A la fiel comunidad de suscriptores, tanto de mi web hambredeamor.com como de mis redes sociales. Me alimenta conversar y compartir virtualmente con vosotros.

A todos los autores, cuyos textos he consultado sin su permiso y que han participado pasivamente en este libro. Todos sois mencionados en la bibliografía.

A la doctora Carmen S. Alegría, por tu apoyo y por tu bello prólogo.

A mi psicóloga Ana (te la recomiendo). Gracias a la terapia contigo he aprendido a aceptarme y a amarme por lo que soy y por lo que no soy.

A Luis. A tu lado me he dado cuenta de qué significa el amor incondicional y la emancipación emocional. Gracias por todo lo que me has enseñado.

Gracias a mis padres, por nutrirme siempre que lo he necesitado.

A mis hermanos, Joan, Núria, Marcel y Guillem, por toda una vida juntos. Gracias en especial a Joan, por corregir el libro con tanta agudeza y rapidez. Y también a Marcel, por el aliento y el apoyo incondicional que me has brindado siempre. Me siento orgullosa de la familia que tenemos.

A Marta, por tu apoyo desinteresado desde el primer curso que impartí. Eres la mejor organizadora de eventos que existe. Y gracias por los cafés, los vinos y las risas compartidas.

Gracias a mi cuerpo, por ser tan agradecido y bonito, y por aguantarme durante todos estos años. A pesar de todo lo que te he maltratado, has hecho gala de una gran sabiduría e increíble capacidad de reequilibrio.

Gracias a todos los centros que habéis confiado en ofrecer mis talleres de alimentación consciente y *mindful eating*.

Gracias a la editorial Edaf, por darme la oportunidad de compartir mi creatividad y por tener el valor de publicar un libro distinto sobre alimentación consciente y adelgazamiento.

Y por último, pero no menos importante, muchas gracias a ti, lectora, lector, por haber confiado en mí, y por tu compromiso con tu misión de ser más feliz.

Otros títulos

INTELIGENTEMENTE

21 ESTRATEGIAS PARA
DESCANSAR, SENTIRSE BIEN
Y ALCANZAR EL ÉXITO

SHAWN STEVENSON

PRÓLOGO DE SARA GOTTFRIED, M.D.

PERSONAS
ALTAMENTE
SENSIBLES

La guía práctica personal
para el día a día

Sylvia Harke